COLEÇÃO

amo Direito®

Raciocínio Lógico e Matemática

PARA CONCURSOS

COLEÇÃO

amo Direito®

Pedro Campos

Raciocínio Lógico e Matemática

PARA CONCURSOS

EDITORA RIDEEL

Quem tem Rideel tem mais.

EXPEDIENTE

FUNDADOR **Italo Amadio (*in memoriam*)**

DIRETORA EDITORIAL **Katia Amadio**

EDITORAS **Janaína Batista**
Mayara Sobrane

EDITORA ASSISTENTE **Mônica Ibiapino**

PROJETO GRÁFICO **Sergio A. Pereira**

DIAGRAMAÇÃO **WK Comunicação**

Dados Internacionais de Catalogação na Publicação (CIP)
(Câmara Brasileira do Livro, SP, Brasil)

Campos, Pedro
Raciocínio lógico e matemática / Pedro Campos. -- São Paulo : Rideel, 2023.
(Amo Direito / coordenação de André Estefam, Ricardo Baronovsky)

ISBN 978-65-5738-873-0

1. Raciocínio lógico 2. Matemática I. Título II. Estefam, André III. Baronovsky, Ricardo IV. Série

CDD 511
23-1725 CDU 510

Índice para catálogo sistemático:
1. Raciocínio lógico

EDITORA RIDEEL

ABDR
EDITORA AFILIADA

e-mail: sac@rideel.com.br
www.editorarideel.com.br

1 3 5 7 9 8 6 4 2
0 4 2 3

Agradecimentos

Agradeço a minha família e todos que me apoiaram no desenvolver desta obra.

Sobre o autor

PEDRO CAMPOS

Professor de Raciocínio Lógico, Matemática, Matemática Financeira e Física. Graduado em Física de reatores no Instituto de Pesquisas Energéticas e Nucleares.

Desde os 20 anos de idade fez com que milhares de alunos entendessem Raciocínio Lógico Matemático e outras disciplinas de exatas para que tivessem mais de um aliado na sua aprovação de um concurso.

Apresentação

Prezados leitores e caras leitoras,

A Coleção Amo Direito foi concebida com o propósito de dar a você o que existe de melhor e mais atualizado em doutrina, em todas as disciplinas cobradas em concursos públicos, de média e alta *performances*.

Os professores foram cuidadosamente selecionados, de maneira a formar um time que reúne autores com experiência docente, atuação prática e que são referência nacional em sua área de atuação.

A coleção apresenta, ainda, diversos atributos essenciais para facilitar o estudo e a fixação do conteúdo: objetividade e priorização de temas de maior incidência nos concursos públicos, esquemas gráficos, destaque para trechos relevantes nos parágrafos, permitindo leitura dinâmica, **questões** recentes de provas para treino e aprendizado.

Destacamos, também, a parceria com o *Amo Direito*, maior perfil jurídico das redes sociais, para trabalhar como aliado na divulgação de conteúdo jurídico para concurseiros.

Coordenadores
André Estefam e Ricardo Baronovsky

Acesse vídeos dos autores

Sumário

MATEMÁTICA

INTRODUÇÃO

A Contabilidade com certeza é uma das mais antigas áreas de desenvolvimento do conhecimento humano, uma vez que se dispõe a controlar os patrimônios, o que sempre foi de interesse geral das diversas sociedades.

Por outro lado, a disciplina Contabilidade, outrora cobrada somente em concursos bem específicos, como da área fiscal ou para cargos privativos de contabilista, vem sendo cada vez exigida em concursos em geral, não obstante ainda desperte temores dos candidatos, seja pelo fato de terem pouco contato com ela ao longo da vida, seja pela infundada fama que muitas vezes a acompanha.

No entanto, a Contabilidade, como toda ciência, segue um ordenamento lógico que, uma vez compreendido, permitirá ao candidato o entendimento dos seus diversos desdobramentos.

Para isso, porém, é necessário que se siga uma ordem de estudos, partindo dos conceitos mais básicos e aprofundando-se aos poucos, como forma de garantir um melhor aproveitamento dos estudos. Por conta disso, é importante que o leitor busque compreender bem o que foi exposto até aquele momento, antes de avançar para outros tópicos, evitando que a deficiência no aprendizado de assuntos anteriores dificulte ou impeça seu avanço na compreensão da matéria.

RACIOCÍNIO LÓGICO

CAPÍTULO 1
LÓGICA PROPOSICIONAL

Proposições

Embora seja um conceito aceito sem **definição**, podemos dizer que proposição é toda sentença que possa ser classificada como **verdadeira ou falsa**, ou seja, possua um **valor lógico**.

Exemplos:

- A Alemanha foi campeã mundial de futebol em 201. (proposição verdadeira).
- 7 < 3 (proposição falsa).

Assim, **não** serão proposições:

- **Sentenças exclamativas:**

  Fala galera!

  Que frio!
- **Sentenças interrogativas:**

  Que horas são?

  Qual o seu nome?
- **Sentenças imperativas (ordens e pedidos):**

  Façam as **questões**.

  Rogai por nós, pecadores, agora e na hora de nossa morte.
- **Promessas:**

  Prometo que você vai conseguir.

  Eu prometo que voltarei.
- **Sentenças optativas:**

  Que seja feliz!

  Que Deus lhe acompanhe!
- **Sentenças abertas:**

  $x > 3$.

  Ele já sabe.

Exercício-modelo

1. Das sentenças a seguir, assinale quais são **proposições**.

A) A vida não é eterna.

B) Luiza, verifique os cadastros dos funcionários.

C) $4 < 1$.

D) O Brasil foi campeão de futebol em 2010.

E) Quantas pessoas há nesta sala?

F) $x > 2$.

Resolução

A) Proposição.
B) Não é proposição (sentença imperativa).
C) Proposição.
D) Proposição.
E) Não é proposição (sentença interrogativa).
F) Não é proposição (sentença aberta).

1.1.1. Os três princípios da lógica

A lógica proposicional (lógica que se baseia na análise e no julgamento de proposições) possui sua base fundamentada em três princípios, **identidade, não contradição** e **terceiro excluído.**

- **Princípio da identidade:**

  Uma proposição **verdadeira** será **verdadeira** e uma proposição **falsa** será **falsa.**

- **Princípio da não contradição:**

  Uma proposição nunca será **verdadeira** e **falsa** ao mesmo tempo.

- **Princípio do terceiro excluído:**

  Uma proposição será **verdadeira** ou **falsa, não** existe outra possibilidade.

Exercícios-modelo

2. Aristóteles disse certa vez que "Quem diz de uma coisa que é ou que não é ou dirá o verdadeiro, ou dirá o falso. Mas, se existisse um termo médio entre os dois contraditórios, nem do ser nem do não ser poder-se-ia dizer que é ou que não é".
Essa frase se refere ao princípio:

A) da não contradição.
B) da identidade.
C) da lógica.
D) do terceiro excluído.
E) da probabilidade.

Gabarito: d

3. "Cada coisa é aquilo que é"

O princípio lógico citado na frase anterior é o:

A) da não contradição.

B) da identidade.

C) da lógica.

D) do terceiro excluído.

E) da probabilidade.

Gabarito: b

1.1.2. Proposição simples

A proposição simples é formada por uma única ideia – o julgamento de seu valor lógico depende unicamente do conhecimento da informação apresentada.

Exemplos:

- Pelé é o nome de um planeta (proposição falsa).
- 4 + 7 = 1. (proposição verdadeira).

1.1.3. Proposição composta

A proposição composta é formada pela junção de duas ou mais proposições simples por meio de conectivos lógicos. Existem cinco tipos de conectivos que geram cinco tipos de proposições compostas diferentes, cujo valor lógico final depende não somente do valor lógico das proposições simples unidas mas também do conectivo lógico utilizado na junção.

Exemplos:

- Sou feliz e canto.
- Se estudar muito, então serei aprovado.

Para entender completamente a atribuição do valor lógico de uma proposição composta, é preciso conhecer o conceito de tabela-verdade que veremos a seguir.

Memorização e revisão	
Não serão proposições	• **Sentenças exclamativas.** • **Sentenças interrogativas.** • **Sentenças imperativas.** • **Promessas.** • **Sentenças optativas.** • **Sentenças abertas.**
Os três princípios da lógica	• **Identidade.** • **Não contradição.** • **Terceiro excluído.**

Memorização e revisão	
Proposição simples	é formada por uma única ideia – seu julgamento depende unicamente do conhecimento da informação.
Proposição composta	É formada pela junção de duas ou mais proposições simples por meio de conectivos lógicos.

Tabela-verdade

É uma tabela que serve para representar **todas** as possibilidades de valores lógicos para uma ou mais proposições simples.

Para simplificarmos a tabela, utilizamos letras para representar as proposições simples envolvidas.

Exemplos de tabela-verdade:

- **Tabela-verdade para uma proposição simples:**

p = Bruno é feliz.

p	
V	Bruno é feliz.
F	Bruno não é feliz.

Nota:

podemos representar uma tabela-verdade para uma proposição por meio do diagrama a seguir.

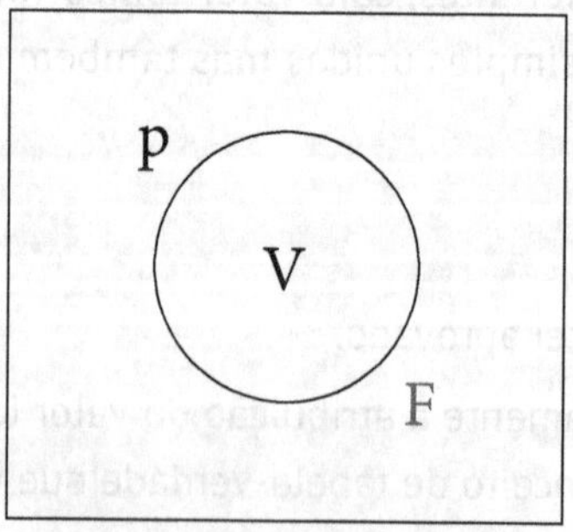

- **Tabela-verdade para duas proposições simples:**

p = Bruno é feliz.

q = Hoje não está sol.

p	*q*	
V	**V**	Bruno é feliz e hoje não está sol.
V	**F**	Bruno é feliz e hoje está sol.
F	**V**	Bruno não é feliz e hoje não está sol.
F	**F**	Bruno não é feliz e hoje está sol.

Nota:

podemos representar uma tabela-verdade para duas proposições por meio do diagrama a seguir.

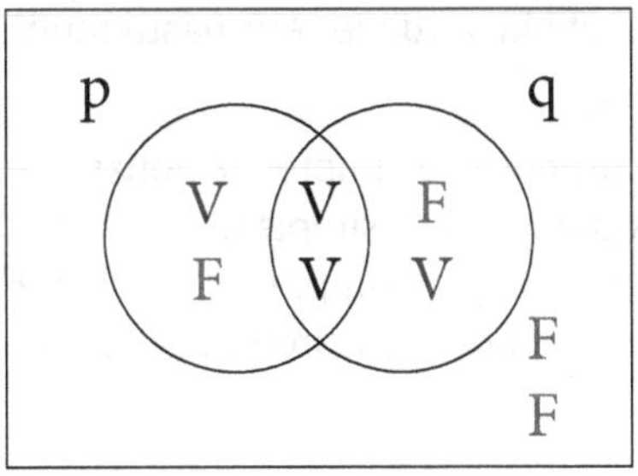

- **Tabela-verdade para três proposições simples:**

  p = Bruno é feliz.

  q = Hoje não está sol.

  r = Vou para a praia.

p	q	r	
V	V	V	Bruno é feliz, hoje não está sol e vou para a praia.
V	V	F	Bruno é feliz, hoje não está sol e não vou para a praia.
V	F	V	Bruno é feliz, hoje está sol e vou para a praia.
V	F	F	Bruno é feliz, hoje está sol e não vou para a praia.
F	V	V	Bruno não é feliz, hoje não está sol e vou para a praia.
F	V	F	Bruno não é feliz, hoje não está sol e não vou para a praia.
F	F	V	Bruno não é feliz, hoje está sol e vou para a praia.
F	F	F	Bruno não é feliz, hoje está sol e não vou para a praia.

Nota:

podemos representar uma tabela-verdade para três proposições por meio do diagrama a seguir.

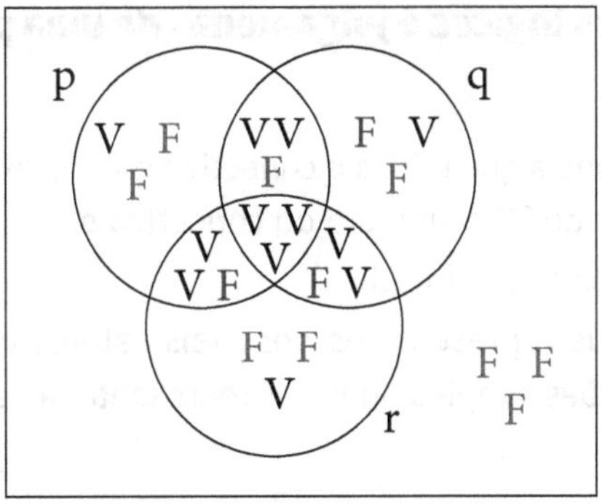

1.2.1. Número de linhas de uma tabela-verdade

Observando os exemplos anteriores, é fácil perceber que, quanto maior o número de proposições simples que a tabela possuir, maior será seu número de linhas (situações). Como cada proposição simples possui duas possibilidades (verdadeiro e falso), para prever o número de linhas que uma tabela-verdade terá, basta multiplicar um **2** para cada proposição simples envolvida. Assim:

- Tabela-verdade para uma proposição simples: 2 linhas.
- Tabela-verdade para duas proposições simples: $2 \cdot 2 = 2^2 = 4$ linhas.
- Tabela-verdade para três proposições simples: $2 \cdot 2 \cdot 2 = 2^3 = 8$ linhas.
- Tabela-verdade para quatro proposições simples: $2 \cdot 2 \cdot 2 \cdot 2 = 2^4 = 16$ linhas.

.
.
.

- Tabela-verdade para dez proposições simples:

  $2 \cdot 2 \cdot 2 \cdot 2 \cdot 2 \cdot 2 \cdot 2 \cdot 2 \cdot 2 \cdot 2 = 2^{10} = 1.024$ linhas

Exercício-modelo

4. Qual o número de linhas de uma tabela-verdade utilizada para determinar o valor lógico de uma proposição composta formada por 4 (quatro) proposições simples?

A) 16

B) 24

C) 48

D) 8

E) 4

Resolução

Uma proposição composta formada por quatro proposições simples terá um total de $2^4 = 16$ linhas em sua tabela-verdade. Portanto, a resposta correta é a *a*.

1.2.2. Conectivos lógicos e julgamento de uma proposição composta

1.2.2.1. Conjunção

É a proposição composta que utiliza o conectivo **e**, todo conectivo possui um símbolo para sua representação, sendo "^" o símbolo do conectivo **e**.

Exemplo: Hoje é sábado **e** está sol.

A tabela-verdade que representa os possíveis valores lógicos de uma conjunção formada por duas proposições simples pode ser representada da seguinte forma:

p	*q*	*p* ^ *q*
V	V	V
V	F	F
F	V	F
F	F	F

Analisando a tabela, podemos perceber que "as conjunções somente serão verdadeiras quando as duas proposições simples envolvidas forem verdadeiras".

Nota: poodemos representar a conjunção por meio do diagrama a seguir.

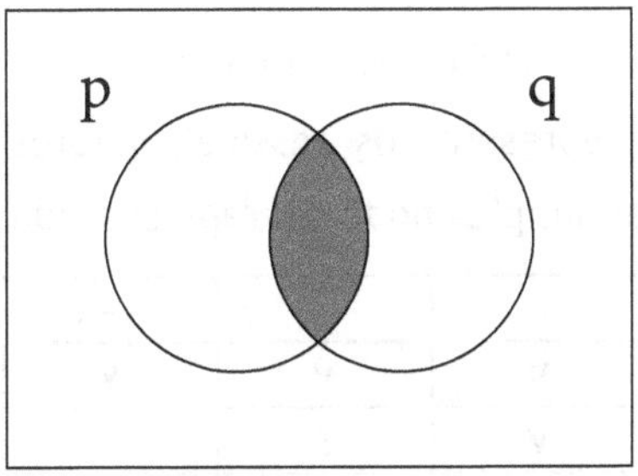

1.2.2.2. Disjunção inclusiva

É a proposição composta que utiliza o conectivo **ou**, que é representado pelo símbolo "v".

Exemplo: Hoje é sábado **ou** está sol.

A tabela-verdade que representa os possíveis valores lógicos de uma disjunção inclusiva formada por duas proposições simples pode ser representada da seguinte forma:

p	*q*	*p* v *q*
V	F	F
F	F	F
F	F	F
F	F	F

Analisando a tabela, podemos perceber que "as disjunções inclusivas somente serão falsas quando as duas proposições simples envolvidas forem falsas".

Nota:

podemos representar a disjunção inclusiva por meio do diagrama a seguir.

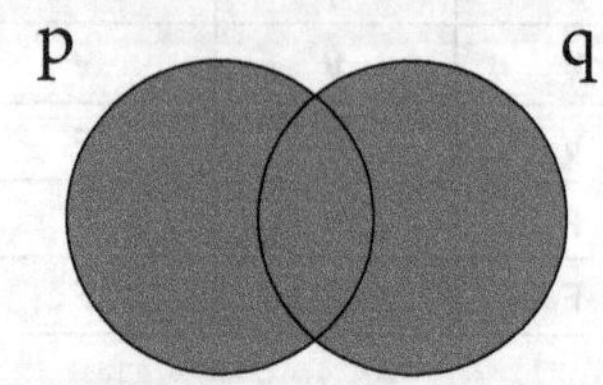

1.2.2.3. Implicação ou condicional

É a proposição composta que utiliza o conectivo Se..., então, que é representado pelo símbolo "→".

Exemplo: Se hoje está sol, **então** vou para a praia.

A tabela-verdade que representa os possíveis valores lógicos de uma implicação formada por duas proposições simples pode ser representada da seguinte forma:

p	*q*	**p → q**
V	**V**	**V**
V	**F**	**F**
F	**V**	**V**
F	**F**	**V**

Analisando a tabela, podemos perceber que "as implicações somente serão falsas quando a primeira proposição envolvida (*p*), nomeada antecedente, for verdadeira e a segunda proposição (*q*), nomeada consequente, for falsa".

Nota:

podemos representar a implicação por meio do diagrama a seguir.

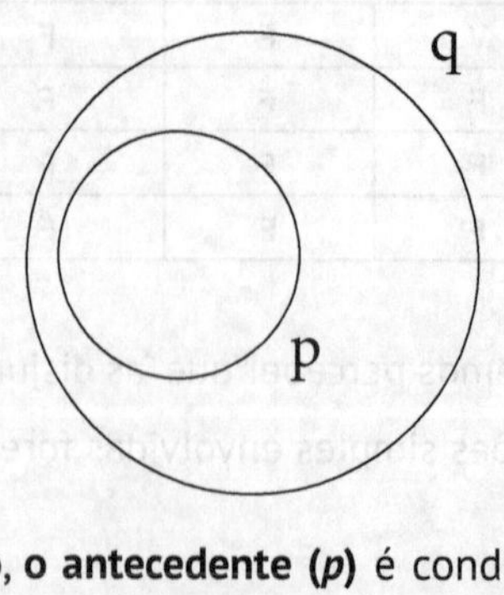

Note que, na implicação, **o antecedente (*p*)** é condição **suficiente** para que o consequente (*q*) aconteça, mas não uma condição necessária. Já **o consequente (*q*)** é condição **necessária** para o antecedente (*p*), mas não condição suficiente.

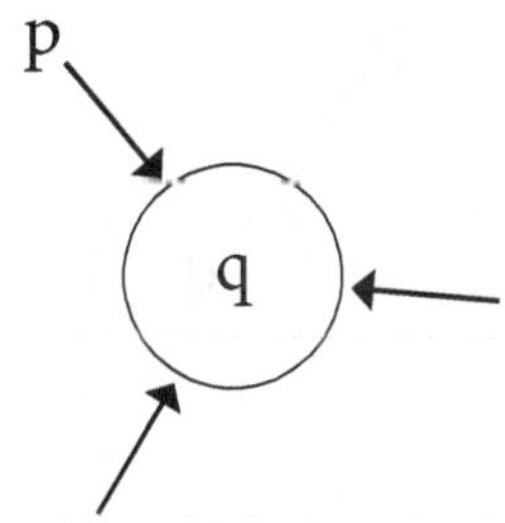

1.2.2.4. Bi-implicação ou bicondicional

É a proposição composta que utiliza o conectivo se, e somente se, que é representado pelo símbolo "↔".

Exemplo: Vou para a praia se, e somente se, estiver sol.

A tabela-verdade que representa os possíveis valores lógicos de uma bi-implicação formada por duas proposições simples pode ser representada da seguinte forma:

p	*q*	p ↔ q
V	**V**	**V**
V	**F**	**F**
F	**V**	**F**
F	**F**	**V**

Analisando a tabela, podemos perceber que "as bi-implicações somente serão verdadeiras quando as duas proposições forem iguais, ou seja, possuírem o mesmo valor lógico".

Nota: podemos representar a bi-implicação por meio do diagrama a seguir.

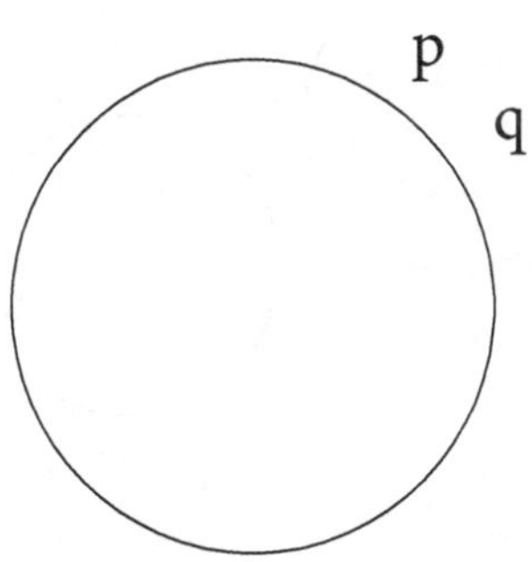

Note que, na bi-implicação, a **primeira proposição (*p*)** é condição **necessária e suficiente** para que a segunda proposição (*q*) aconteça, e a **segunda proposição (*q*)** é condição **necessária e suficiente** para que a primeira proposição (*p*) aconteça.

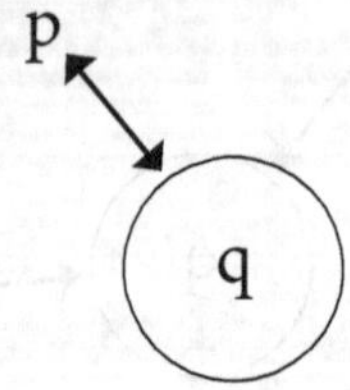

1.2.2.5. Disjunção exclusiva

É a proposição composta que utiliza o conectivo **ou... ou...**, que é representado pelo símbolo "$\veebar$".

Exemplo: Ou hoje é sábado, **ou** está sol.

A tabela-verdade que representa os possíveis valores lógicos de uma disjunção exclusiva formada por duas proposições simples pode ser representada da seguinte forma:

p	q	$p \veebar q$
V	F	F
F	F	F
F	F	F
F	F	F

Analisando a tabela, podemos perceber que "as disjunções exclusivas somente serão verdadeiras quando as duas proposições forem diferentes, ou seja, possuírem valores lógicos contrários".

Nota: podemos representar a disjunção exclusiva por meio do diagrama a seguir.

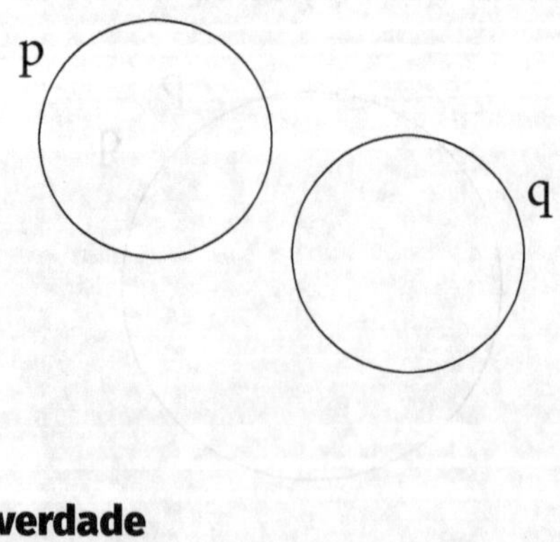

1.2.3. A tabela-verdade

Fazendo a junção de todas as tabelas anteriores, podemos criar uma tabela-verdade que organize o valor lógico de todas as possíveis proposições compostas formadas por duas proposições simples.

Proporção 1	Proporção 2	Conjunção	Dusjunção (inclusiva)	Implicação ou condicional	Bi-implicação ou bicondicional	Disjunção (exclusiva)
		$\wedge$	$\vee$	$\rightarrow$	$\leftrightarrow$	$\veebar$
p	q	e	ou	Se... então...	se, e somente se	Ou... ou...
V	V	V	V	V	V	F
V	F	F	V	F	F	V
F	V	F	V	V	F	V
F	F	F	F	V	V	F

Para facilitar a memorização da tabela-verdade, podemos utilizar as seguintes frases:

- **e:** só será verdadeira quando as duas proposições forem verdadeiras.
- **ou:** só será falsa quando as duas proposições forem falsas.
- **se... então:** só será falsa quando a primeira proposição (o antecedentE) for verdadeira e a segunda proposição (o consequentE) falsa – "**V**era **F**ischer é **F**alsa".
- **se, e somente se:** só será verdadeira quando as duas proposições forem iguais (mesmo valor lógico).
- **ou... ou...:** só será verdadeira quando as duas proposições forem diferentes (valores lógicos contrários).

Resolução

A) Incorreta. As conjunções só serão **verdadeiras** quando ambos os conjuntos forem **verdadeiros.**

B) Incorreta. Uma implicação será **falsa** quando o antecedente for verdadeiro e o consequente for **falso** – "Vera Fischer".

C) Incorreta. As disjunções só serão **falsas** quando ambos os conjuntos forem **falsos.**

D) Incorreta. Só há um caso em que as implicações são **falsas** – "Vera Fischer".

E) Correta. As implicações são verdadeiras quando o antecedente é falso.

Exercício-modelo

5. Sobre as tabelas de verdade dos conectivos de disjunção (inclusiva), conjunção e implicação (material), assinale a alternativa correta:

A) As conjunções só são falsas quando ambos os conjuntos são falsos.

B) Não existe implicação falsa com antecedente verdadeiro.

C) As disjunções são falsas quando algum dos disjuntos é falso.

D) Só há um caso em que as implicações são verdadeiras.

E) As implicações são verdadeiras quando o antecedente é falso.

Memorização e revisão	
Número de linhas de uma tabela-verdade	Basta multiplicar "2." para cada proposição simples envolvida.
Proposição com o "e"	Só será verdadeira quando as duas proposições forem verdadeiras.
Proposição com o "ou"	Só será falsa quando as duas proposições forem falsas.
Proposição com o "Se... então"	Só será falsa quando a primeira proposição for verdadeira e a segunda falsa.
Proposição com o "se, e somente se"	Só será verdadeira quando as duas proposições forem iguais (mesmo valor lógico).
Proposição com o "Ou... ou"	Só será verdadeira quando as duas proposições forem diferentes (valores lógicos contrários).

Estruturas lógicas

Estrutura lógica é uma estrutura de ideias organizadas por meio de proposições em que, seguindo o raciocínio das frases e julgando as proposições apresentadas, é possível a obtenção de informações a partir dela.

Por ser um tema totalmente prático utilizando a teoria de julgamento de proposições já apresentada anteriormente, o estudo de **estruturas lógicas** é feito mediante a **resolução** de **questões**.

Exercícios-modelo

6. Considere **verdadeiras** as quatro afirmações seguintes:

I. Ou Luíza é médica, ou Márcia é advogada.

II. Carlos não é dentista e Luiz é engenheiro.

III. Se Carlos é dentista, então Márcia não é advogada.

IV. Luíza não é médica.

A partir dessas afirmações, pode-se concluir corretamente que:

a) Luiz é engenheiro e Carlos é dentista.
b) Márcia é advogada e Luiz é engenheiro.
c) nem Luíza é médica nem Luiz é engenheiro.
d) Luíza não é médica, mas é dentista.
e) Carlos é dentista ou Márcia não é advogada.

Resolução

Considerando as proposições do enunciado como verdadeiras, temos

I. Ou Luíza é médica, ou Márcia é advogada = **V**

II. Carlos não é dentista e Luiz é engenheiro = **V**

III. Se Carlos é dentista, então Márcia não é advogada = **V**

IV. Luíza não é médica = **V**

Como a proposição IV é uma proposição simples, podemos afirmar que a informação "Luíza não é médica" é verdadeira.

I. Ou Luíza é médica, ou Márcia é advogada = **V**

II. Carlos não é dentista e Luiz é engenheiro = **V**

III. Se Carlos é dentista, então Márcia não é advogada = **V**

IV. Luíza não é médica = **V**

Na afirmação I, temos uma proposição que utiliza "Ou... ou". Esse conectivo "só será verdadeiro quando as duas proposições forem diferentes". Assim, para respeitar um valor lógico final verdadeiro, com a primeira proposição falsa, "Márcia é advogada" será uma proposição verdadeira.

I. Ou Luíza é médica, ou Márcia é advogada = **V**

II. Carlos não é dentista e Luiz é engenheiro = **V**

III. Se Carlos é dentista, então Márcia não é advogada = **V**

IV. Luíza não é médica = **V**

Na frase III, temos uma proposição com o "Se... então". Esse conectivo "só será falso quando a primeira proposição for verdadeira e a segunda falsa". Assim, para respeitar um valor lógico final verdadeiro, com a segunda proposição falsa, "Carlos é dentista" será uma proposição falsa.

I. Ou Luíza é médica, ou Márcia é advogada = **V**

II. Carlos não é dentista e Luiz é engenheiro = **V**

III. Se Carlos é dentista, então Márcia não é advogada = **V**

IV. Luíza não é médica = **V**

Por fim, como II é uma proposição com o conectivo "e", seu valor lógico "só será verdadeiro quando as duas proposições forem verdadeiras". Assim, "Luiz é engenheiro" será uma proposição verdadeira.

I. Ou Luíza é médica, ou Márcia é advogada = **V**

II. Carlos não é dentista e Luiz é engenheiro = **V**

III. Se Carlos é dentista, então Márcia não é advogada = **V**

IV. Luíza não é médica = **V**

Repare que poderíamos ter iniciado a questão pela análise da proposição II em vez da IV.

Analise as alternativas e identifique a correta:

A) Luiz é engenheiro (V) e Carlos é dentista (F) = falso.

B) Márcia é advogada (V) e Luiz é engenheiro (V) = verdadeiro.

C) Nem Luíza é médica (V) nem Luiz é engenheiro (F) = falso.

D) Luíza não é médica (V), mas é dentista (indeterminado) = indeterminado.

E) Carlos é dentista (F) ou Márcia não é advogada (F) = falso.

Gabarito: b

7. Se Maria é bonita, então Carlos é rico. Se Ana é feliz, então José é um herói. Sabe-se que Maria é bonita e Ana não é feliz. Logo, pode-se afirmar corretamente que

A) Carlos é rico ou José é um herói.

B) Carlos não é rico.

C) José não é um herói.

D) José não é um herói e Carlos é rico.

E) José é um herói.

Resolução

Considerando as proposições do enunciado como verdadeiras, temos:

Se Maria é bonita, então Carlos é rico = **V**

Se Ana é feliz, então José é um herói = **V**

Maria é bonita e Ana não é feliz = **V**

Como a terceira proposição tem o conectivo "e", seu valor lógico "só será verdadeiro quando as duas proposições forem verdadeiras". Portanto, podemos afirmar que "Maria é bonita" é uma proposição verdadeira, assim como "Ana não é feliz".

Se Maria é bonita (**V**), então Carlos é rico = **V**

Se Ana é feliz (**F**), então José é um herói = **V**

Maria é bonita (**V**) e Ana não é feliz (**V**) = **V**

Na primeira proposição, temos "Se... então". Esse conectivo "só será falso quando a primeira proposição for verdadeira e a segunda falsa". Assim, para respeitar um valor lógico final verdadeiro, com a primeira proposição verdadeira, "Carlos é rico" será uma proposição verdadeira.

Na segunda proposição, também temos "Se... então", porém, com a primeira proposição falsa, independentemente de a frase "José é um herói" ser verdadeira ou falsa, a nossa proposição com o "Se... então" sempre será verdadeira. Logo, *não podemos afirmar o valor lógico de "José é um herói"*.

Se Maria é bonita, então Carlos é rico = **V** (é = **V**)

Se Ana é feliz, então ~~José é um herói~~ = **V** (é = **F**)

Maria é bonita e Ana não é feliz = **V** (é = **V**; não é = **V**)

Analise as alternativas a assinale a correta:

A) Carlos é rico (V) ou José é um herói (indeterminado) = verdadeiro.

B) Carlos não é rico = falso.

C) José não é um herói = indeterminado.

D) José não é um herói (indeterminado) e Carlos é rico (V) = indeterminado.

E) José é um herói = indeterminado.

Observação: a proposição da alternativa *a* será verdadeira, pois uma proposição com o "ou" só será falsa quando as duas proposições forem falsas. Assim, "Carlos é rico" ser verdadeiro já será condição suficiente para a proposição ser verdadeira.

Gabarito: a

8. As seguintes premissas referem-se a uma argumentação hipotética:

- Se Paulo é inocente, então João ou Jair é culpado.
- Se João é culpado, então Jair é inocente.
- Se Jair é culpado, então, no depoimento de José e no de Maria, todas as afirmações de José eram verdadeiras e todas as afirmações de Maria eram falsas.

Com referência a essas premissas, se Maria, em seu depoimento, disse que Paulo é inocente e se Paulo for, de fato, inocente, então é correto afirmar que Jair é culpado?

Resolução

Como Maria disse que Paulo é inocente e ele é, de fato, inocente, Maria disse a verdade. Assim, a premissa "No depoimento de José e no de Maria, todas as afirmações de José eram verdadeiras e todas as afirmações de Maria eram falsas" será falsa (F).

Utilizando a terceira premissa do enunciado, temos:

Se "Jair é culpado", então, "no depoimento de José e no de Maria, todas as afirmações de José eram verdadeiras e todas as afirmações de Maria eram falsas" = V.

Se "Jair é culpado", então F = V.

Para a condicional "Se... então" ser verdadeira, com o consequente (segunda proposição) falso, a primeira proposição, o antecedente, deve ser F também ($F \rightarrow F = V$). Logo: Jair é culpado = F.

Gabarito: é **incorreto** afirmar que Jair é culpado.

Negação de proposições

Seja *p* uma proposição qualquer, chamamos de ~*p* ou ¬p a **negação** da proposição *p*, ou seja, a proposição que possui valor lógico contrário à proposição *p*, independentemente do que aconteça.

Exemplos:

- *p* = A Alemanha foi campeã mundial de futebol em 2014.
- ~*p* = A Alemanha **não** foi campeã mundial de futebol em 2014.
- *q* = Hoje **não** está sol.
- ~*q* = Hoje está sol.

1.4.1. Negação da conjunção

Para a negação de uma conjunção (proposição composta que utiliza o conectivo "e"), é necessário fazer a negação de ambos os conjuntos (proposições simples dentro de uma conjunção) e modificar o conectivo "e" para o conectivo "ou".

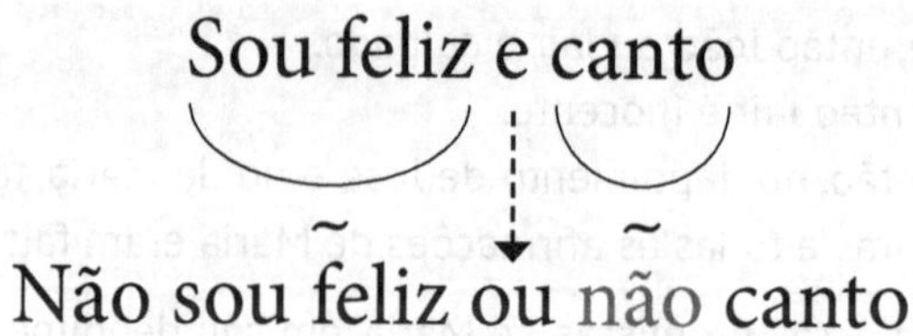

Exemplo: A negação da proposição composta "Hoje é sábado e **não** está sol" será "Hoje **não** é sábado ou está sol".

Assim, na forma simbólica, podemos dizer que:

$$\sim(p \wedge q) = \sim p \vee \sim q$$

1.4.2. Negação da disjunção inclusiva

Para a negação de uma disjunção inclusiva (proposição composta que utiliza o conectivo "ou"), é necessário fazer a negação de ambos os disjuntos (proposições simples dentro de uma disjunção inclusivA) e modificar o conectivo "ou" para o conectivo "e".

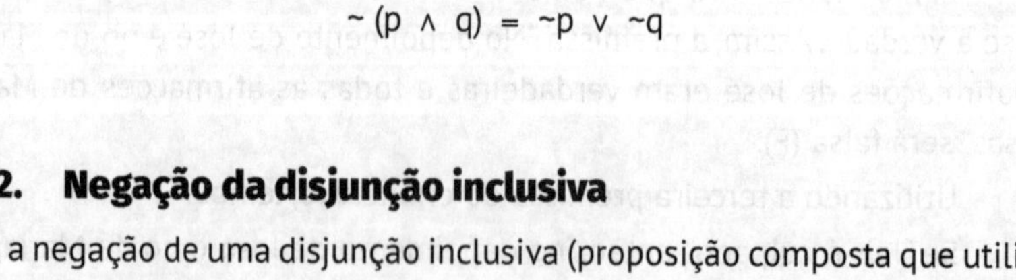

Exemplo: A negação da proposição composta "Vou comer a torta ou comer o pudim" será "**Não** vou comer a torta e **não** vou comer o pudim".

Assim, na forma simbólica, podemos dizer que:

$$\sim(p \vee q) = \sim p \wedge \sim q$$

Nota:

as regras de negação das conjunções e disjunções inclusivas são conhecidas como **leis de de Morgan**.

- Primeira Lei de de Morgan: $\sim(p \wedge q) = \sim p \vee \sim q$
- Segunda Lei de de Morgan: $\sim(p \vee q) = \sim p \wedge \sim q$

1.4.3. Negação da implicação

Para a negação de uma implicação (proposição composta que utiliza o conectivo "Se... então"), é necessário fazer a negação do consequente (segunda proposição simples dentro de uma implicação "proposição *q*"), manter o valor lógico do antecedente (primeira proposição simples dentro de uma implicação "proposição *p*") e modificar o conectivo "Se... então" para o conectivo "e".

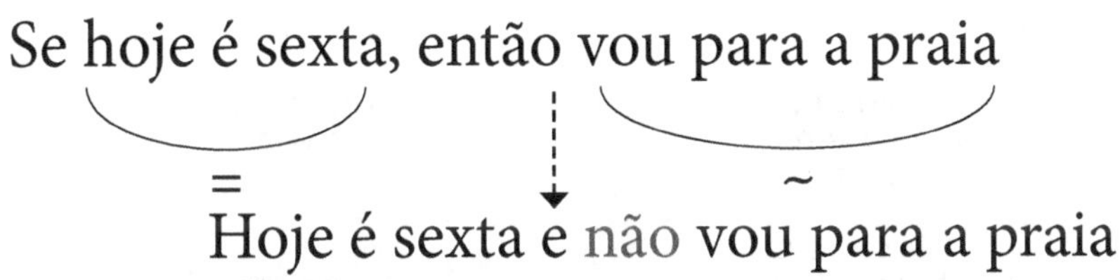

Exemplo: A negação da proposição composta "Se minha mãe briga comigo, então fico triste" será "Minha mãe briga comigo e **não** fico triste".

Assim, na forma simbólica, podemos dizer que:

$$\sim(p \rightarrow q) = p \wedge \sim q$$

1.4.4. Negação da bi-implicação

Existem várias formas de negação de uma bi-implicação (proposição composta que utiliza o conectivo "se, e somente se"), entre as quais se destacam duas em especial, podemos simplesmente trocar o conectivo "se, e somente se" pelo conectivo "Ou... ou" (disjunção exclusiva). Entretanto, se, além de trocarmos o conectivo, quisermos fazer a negação das duas proposições simples envolvidas, também chegaremos em uma forma de negação válida.

SOU FELIZ,
SE, E SOMENTE SE,
CANTO
||
NÃO **SOU FELIZ,**
SE, E SOMENTE SE,
CANTO

~ ⇨

OU SOU FELIZ,
OU CANTO
||
OU NÃO SOU FELIZ,
OU NÃO CANTO

Exemplo: A negação da proposição composta "Vou dançar **se, e somente se,** cantar" poderá ser "**Ou** vou dançar, **ou** vou cantar" ou "**Ou não** vou dançar, **ou não** vou cantar".

Assim, na forma simbólica, podemos dizer que:

$$\sim(p \leftrightarrow q) = p \veebar q = \sim p \veebar \sim q$$

1.4.5. *Negação da disjunção exclusiva*

Analogamente à bi-implicação, podemos negar a disjunção exclusiva (proposição composta que utiliza o conectivo "Ou... ou") simplesmente modificando o conectivo para "se, e somente se". No entanto, se, além de trocarmos o conectivo, quisermos fazer a negação das duas proposições simples envolvidas, também chegaremos em uma forma de negação válida.

SOU FELIZ,
SE, E SOMENTE SE,
CANTO
||
NÃO **SOU FELIZ,**
SE, E SOMENTE SE,
CANTO

⇦ ~

OU SOU FELIZ,
OU CANTO
||
OU NÃO SOU FELIZ,
OU NÃO CANTO

Exemplo: A negação da proposição composta "**Ou** vou dançar, **ou** vou cantar" poderá ser "Vou dançar **se, e somente se,** cantar" ou "**Não** vou dançar **se, e somente se, não** cantar".

Assim, na forma simbólica, podemos dizer que:

$$\sim(p \veebar q) = p \leftrightarrow q = \sim p \leftrightarrow \sim q$$

1.4.6. *Tabela para a negação de proposições compostas*

Fazendo a junção de todos os casos anteriores, podemos criar a seguinte tabela para a negação das proposições compostas.

Proposição	Negação
$p \wedge q$	$\sim p \vee \sim q$
$p \vee q$	$\sim p \wedge \sim q$
$p \rightarrow q$	$\sim p \wedge \sim q$
$p \leftrightarrow q$	$p \veebar q$ ou $\sim p \veebar \sim q$
$p \veebar q$	$p \leftrightarrow q$ ou $\sim p \leftrightarrow \sim q$

Exercício-modelo

9. A negação da proposição "Se Renato caminha, então Mauro é maluco" é logicamente equivalente à proposição:

A) Renato não caminha e Mauro não é maluco.

B) Renato caminha e Mauro não é maluco.

C) Renato caminha ou Mauro não é maluco.

D) Se Renato não caminha, então Mauro não é maluco.

E) Renato não caminha ou Mauro é maluco.

Resolução

Aplicando a regra de negação para uma proposição que utiliza o conectivo "Se... então" (mantém a primeira, vira "e" e nega a segunda).

Se Renato caminha, então Mauro é maluco.

= (Renato caminha), e ~(Mauro é maluco).

Assim:

Renato caminha e Mauro não é maluco.

Gabarito: b

1.4.7. *Quantificadores lógicos*

Quantificadores são modificadores que dão a ideia de quantidade. Eles não são proposições nem conectivos, e a presença deles não afeta a natureza "simples" da proposição.

No capítulo de **lógica de argumentação**, falaremos com mais calma sobre o funcionamento dos quantificadores. Por ora, nosso interesse está na interferência dos quantificadores no sentido de uma proposição simples e, consequentemente, em sua regra de negação.

Para podermos aplicar as regras de negação para proposições com quantificadores, primeiro vamos conhecer as quatro formas de proposições que possuem quantificador lógico:

- Universal positiva ou afirmativa (**Todos** os alunos entenderam).
- Universal negativa (**Nenhum** dia choveu).
- Particular positiva ou afirmativa (**Algum** gato mia).
- Particular negativa (**Algum** cachorro **não** late).

1.4.7.1. Negação de proposições com quantificadores lógicos

Para fazermos a negação dessas quatro formas de proposições, precisamos seguir as seguintes regras:

1. A negação de uma proposição universal será uma proposição particular e a negação de uma proposição particular será uma proposição universal.
2. A negação de uma proposição positiva será uma proposição negativa e a negação de uma proposição negativa será uma proposição positiva.

Assim:

- A negação de uma proposição **universal positiva** será uma **particular negativa**.

  Exemplo: A negação de "Toda ave voa" será "Alguma ave não voa".
- A negação de uma proposição **universal negativa** será uma **particular positiva**.

  Exemplo: A negação de "Nenhum esforço é necessário" será "Algum esforço é necessário".
- A negação de uma proposição **particular positiva** será uma **universal negativa**.

  Exemplo: A negação de "Alguma dúvida" será "Nenhuma dúvida".
- A negação de uma proposição **particular negativa** será uma **universal positiva**.

  Exemplo: A negação de "Alguém não entendeu" será "Todos entenderam".

Resumo

Negação dos Quantificadores Lógicos

positiva ⇄ negativa

universal ⇄ particular

Universal positiva ou afirmativa (*Todos ; Tudo ; Qualquer*)

Universal negativa (*Nenhum ; Todos...não ; Nada que ; Ninguém*)

Particular positiva ou afirmativa (*Algum ; Pelo menos um ; Alguém*)

Partitular negativa (*Algum...não ; Pelo menos um...não*)

Exercício-modelo

10. Alguns gatos não são pardos, e aqueles que não são pardos miam alto.

Uma afirmação que corresponde a uma negação lógica da afirmação anterior é:

A) Os gatos pardos miam alto ou todos os gatos não são pardos.

B) Nenhum gato mia alto e todos os gatos são pardos.

C) Todos os gatos são pardos ou os gatos que não são pardos não miam alto.

D) Todos os gatos que miam alto são pardos.

E) Qualquer animal que mia alto é gato e quase sempre ele é pardo

Resolução

Aplicando a regra de negação para uma proposição que utiliza o conectivo "e" (nega as duas e troca por "ou"):

~(Alguns gatos não são pardos), ou ~(aqueles que não são pardos miam alto).

~(Alguns gatos não são pardos) = **todos** os gatos são pardos (**negação da particular negativa**).

~(aqueles que não são pardos miam alto) = aqueles que não são pardos **não** miam alto.

Assim:

Todos os gatos são pardos ou aqueles que não são pardos não miam alto.

Gabarito: c

Memorização e revisão	
Negação	Inverte o valor lógico de uma proposição.
Negação do "e"	Nega as duas proposições e troca pelo "ou".
Negação do "ou"	Nega as duas proposições e troca pelo "e".
Negação do "Se... então"	Mantém a primeira proposição, troca o conectivo pelo "e" e nega a segunda proposição.
Negação do "se, e somente se"	Troca o conectivo pelo "Ou... ou".
Negação do "Ou... ou"	Troca o conectivo pelo "se, e somente se".
Negação do "Todos"	Algum não.
Negação do "Nenhum"	Algum.
Negação do "Algum"	Nenhum.
Negação do "Algum não"	Todos.

1.5. Equivalência de proposições

Proposições equivalentes ou equivalências são proposições que possuem o mesmo sentido e valor lógico.

Exemplo: A proposição "Eu sou feliz" é equivalente à proposição "Eu não sou infeliz".

Quando falamos de equivalência para concursos públicos, o tema cobrado é a equivalência aplicada para proposições compostas. Nesse caso, existem duas formas de se construir essa equivalência.

1. **Regra do "nega, nega, troca, troca"**

Em uma proposição com o conectivo "Se... então" (implicação), nós vamos negar o antecedente, negar o consequente e trocar eles de lugar (antecedente se torna consequente e vice-versa). Repare que, nesse caso, o conectivo continua sendo o "Se... então". Assim:

$$p \rightarrow q = \sim q \rightarrow \sim p$$

"**Se** estiver sol, vou para a praia. = **Se não** fui para a praia, **não** estava sol."

2. **Regra do "ou"**

Quando negamos duas vezes uma proposição, esta volta a ter o seu valor lógico inicial. Esse pensamento é irrelevante para a maioria dos casos, pois, ao negarmos duas vezes a proposição, ela volta a ser como era inicialmente, porém, para as implicações, isso é diferente. Ao negarmos uma implicação duas vezes, construímos uma proposição com o conectivo "ou", mas que conserva o sentido original da frase com o "Se... então", sendo essas proposições equivalentes.

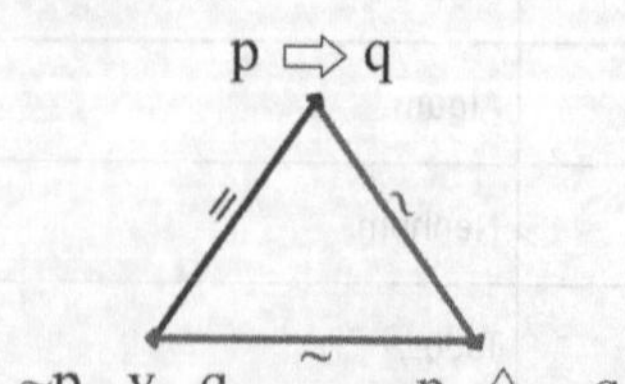

Assim, na segunda regra de equivalência vamos, em cima de uma proposição com o "Se... então", negar seu antecedente, alterar o conectivo para o "ou" e manter o consequente da forma que estava.

$$p \rightarrow q = \sim p \vee q$$

"**Se** você colocar o dedo no bolo, ficará de castigo. = **Não** coloque o dedo no bolo **ou** ficará de castigo."

Aplicando as duas regras de equivalência na mesma frase, temos a seguinte relação:

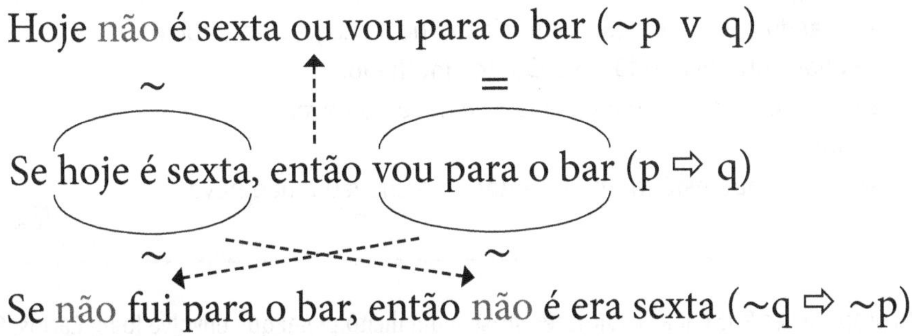

Pela relação, é fácil perceber que:

$$\sim q \rightarrow \sim p = \sim p \vee q$$

"**Se** João **não** é bandido, ele **não** foi preso. = João **não** foi preso **ou** ele é bandido."

Assim, podemos dizer que:

$$p \rightarrow q = \sim q \rightarrow \sim p = \sim p \vee q$$

Exercícios-modelo

11. A afirmação "Se João chegou, então Maria está atrasada" equivale logicamente a:

A) Se João não chegou, Maria está atrasada.
B) João chegou e Maria não está atrasada.
C) João chegou ou Maria não está atrasada.
D) João não chegou ou Maria está atrasada
E) Se João chegou, então Maria não está atrasada.

Resolução

Aplicando a regra de equivalência do "ou" (nega a primeira, vira "ou" e mantém a segunda):

Se João chegou, então Maria está atrasada.

~(João chegou) **ou** =(Maria está atrasada).

Assim:

João não chegou ou Maria está atrasada.

Gabarito: d

12. Considere a seguinte proposição: "Se chove ou neva, então o chão fica molhado". Assim, pode-se afirmar que:

A) Se o chão está molhado, então choveu ou nevou.
B) Se o chão está molhado, então choveu e nevou.
C) Se o chão está seco, então choveu ou nevou.
D) Se o chão está seco, então não choveu ou não nevou.
E) Se o chão está seco, então não choveu e não nevou.

Resolução

Aplicando a regra de equivalência do "nega, nega, troca, troca":
Se chove ou neva, então o chão fica molhado.
Se ~(o chão fica molhado), então ~(chove ou neva).
Assim:
Se o chão não está molhado, então não choveu e não nevou.

Gabarito: e

13. As proposições P, Q e R a seguir referem-se a um ilícito penal que envolve João, Carlos, Paulo e Maria:

- P: "João e Carlos não são culpados."
- Q: "Paulo não é mentiroso".
- R: "Maria é inocente."

Considerando que ~X representa a negação da proposição X, é correto afirmar que as proposições P∧(~Q)→(~R) e R→[Q∧(~P)] são equivalentes?

Resolução

Aplicando a regra de equivalência do "nega, nega, troca, troca" na proposição "P∧(~Q)→(~R)", temos a equivalente "R→[(~P)vQ]", que não condiz com a proposição apresentada no enunciado.

Gabarito: é **incorreto** afirmar que as proposições P∧(~Q)→(~R) e R→[Q∧(~P)] são equivalentes.

14. É correto afirmar que a proposição "O bom jornalista não faz reportagem em benefício próprio nem deixa de fazer aquela que prejudique seus interesses" é logicamente equivalente à proposição "Não é verdade que o bom jornalista faça reportagem em benefício próprio ou que deixe de fazer aquela que prejudique seus interesses"?

Resolução

"(...) o bom jornalista faça reportagem em benefício próprio" = A.

"(...) deixe de fazer aquela que prejudique seus interesses" = B.

"Não é verdade que o bom jornalista faça reportagem em benefício próprio ou que deixe de fazer aquela que prejudique seus interesses" = ~(A v B).

Aplicando a regra de negação para ~(A v B), temos:

A regra de negação de uma proposição com "ou" nega as duas proposições e o conectivo se transforma em "e".

~(A v B) = ~A ^ ~B

~A ^ ~B = "O bom jornalista não faz reportagem em benefício próprio nem deixa de fazer aquela que prejudique seus interesses."

Assim, as duas proposições **são equivalentes (iguais)**.

Memorização e revisão	
Equivalência	Proposições que possuem o mesmo sentido lógico.
Primeira regra de equivalência	p → q = ~ q → ~ p (nega, nega, troca troca)
Segunda regra de equivalência	p → q = ~ p v q (regra do "ou")

1.6. Tautologia, contradição e contingência

Uma proposição composta será classificada em uma – e apenas uma – entre três possibilidades:

- **Tautologia**

É uma proposição composta cujo valor lógico final na tabela-verdade será sempre **verdade**.

Exemplos:

- A porta está aberta ou fechada.
- Se você está feliz, você está feliz.

p	~p	p v ~p
V	F	V
F	V	V

- **Contradição**

É uma proposição composta cujo valor lógico final na tabela-verdade será sempre **falso**.

Exemplos:

- Ele é inocente e culpado.
- Sai de férias se, e somente se, não sai de férias.

p	~p	p ^ ~p
V	F	F
F	V	F

- **Contingência**

É uma proposição composta cujo valor lógico final na tabela-verdade poderá ser **verdade** ou **falso**, dependendo do valor individual das proposições simples envolvidas.

Exemplos:

- o Hoje está sol e vou nadar.
- o Se Renata é bailarina, Jonas é feliz.

Observação:

a maioria das proposições compostas serão contingências, sendo a tautologia e a contradição casos especiais.

p	q	p ^ q
V	V	V
V	F	F
F	V	F
F	F	F

Exercícios-modelo

15. As proposições P, Q e R a seguir referem-se a um ilícito penal que envolve João, Carlos, Paulo e Maria:

- P: "João e Carlos não são culpados".
- Q: "Paulo não é mentiroso".
- R: "Maria é inocente".

Considerando que ~X representa a negação da proposição X, é certo afirmar que, independentemente de quem seja culpado, a proposição {P→ (~Q)}→{QV[(~Q)VR]} será sempre verdadeira, isto é, será uma tautologia?

Resolução

Construindo a tabela-verdade da proposição apresentada temos:

P	Q	~Q	R	P→(~Q)	(~Q)VR	QV[(~Q)VR]	{P→(~Q)}→{QV[(~Q)VR]}
V	V	F	V	F	V	V	V
V	V	F	F	F	F	V	V
V	F	V	V	V	V	V	V
F	V	F	V	V	V	V	V
V	F	V	F	V	V	V	V
F	V	F	F	V	F	V	V
F	F	V	V	V	V	V	V
F	F	V	F	V	V	V	V

Como a proposição "{P→(~Q)}→{QV[(~Q)VR]}" sempre apresenta valores verdadeiros para qualquer valores de P, Q e R, **ela representa uma tautologia.**

16. Considerando que P, Q e R sejam proposições simples, é correto concluir, a partir do preenchimento da tabela-verdade a seguir, que a proposição P∧Q∧R->P∨Q é uma tautologia?

P	Q	R	P∧Q∧R	P∨Q	P∧Q∧R→P∨Q
V	V	V			
V	V	F			
V	F	V			
V	F	F			
F	V	V			
F	V	F			
F	F	V			
F	F	F			

Resolução

Completando a tabela-verdade apresentada no enunciado, temos:

P	Q	R	P∧Q∧R	P∨Q	P∧Q∧R→P∨Q
V	V	V	V	V	V
V	V	F	F	V	V
V	F	V	F	V	V
V	F	F	F	V	V
F	V	V	F	V	V
F	V	F	F	V	V
F	F	V	F	F	V
F	F	F	F	F	V

Como tautologia é uma proposição composta cujo valor lógico final, na tabela-verdade, será sempre verdade, **a proposição P∧Q∧R->P∨Q é uma tautologia**.

17. Considerando p e q duas proposições quaisquer, assinale a alternativa que representa, logicamente, uma tautologia.

A) $\tilde{\ } p \wedge p$

B) $\tilde{\ } p \wedge \tilde{\ } q$

C) $(p \wedge q) \rightarrow (p \vee q)$

D) $(p \vee q) \rightarrow (p \wedge q)$

E) $p \vee q$

Resolução

Construindo a tabela-verdade para as proposições das alternativas, temos:

A) $\tilde{\ } p \wedge p$ (contradição)

P	~P	~P ^ P
V	F	F
F	V	F

B) $\tilde{\ } p \wedge \tilde{\ } q$ (contingência)

P	Q	~P	~Q	~P ^ ~Q
V	V	F	F	F
V	F	F	V	F
F	V	V	F	F
F	F	V	V	V

C) $(p \wedge q) \rightarrow (p \vee q)$ (tautologia)

P	Q	P ^ Q	P V Q	(P ^ Q) →(P V Q)
V	V	V	V	V
V	F	F	V	V
F	V	F	V	V
F	F	F	F	V

D) $(p \vee q) \rightarrow (p \wedge q)$ (contingência)

P	Q	P V Q	P ^ Q	(P V Q) →(P ^ Q)
V	V	V	V	V
V	F	V	F	F
F	V	V	F	F
F	F	F	F	V

E) $p \vee q$ (contingência)

P	Q	P V P
V	V	V
V	F	V
F	V	V
F	F	F

Gabarito: C

18. Com relação a estruturas lógicas, lógica de argumentação e lógica proposicional, é correto afirmar que a proposição $[p \wedge q] \rightarrow [p \vee (\sim q)]$, em que $(\sim q)$ denota a negação da proposição q, só apresenta resultado verdadeiro quando a proposição p é verdadeira e a proposição q é falsa?

Resolução

Construindo a tabela-verdade para a proposição apresentada, temos.

P	Q	~Q	P ^ Q	P ^ ~Q	(P ^ Q) →(P V ~Q)
V	V	F	V	V	V
V	F	V	F	V	V
F	V	F	F	F	V
F	F	V	F	V	V

Assim, a afirmação "a proposição $[p \wedge q] \rightarrow [p \vee (\sim q)]$, em que $(\sim q)$ denota a negação da proposição q, só apresenta resultado verdadeiro quando a proposição p é verdadeira e a proposição q é falsa" está **incorreta.**

19. Considerando ~ para a negação, ∨ para a disjunção inclusiva, & para a conjunção e ⊃ para a implicação material, qual das seguintes formas sentenciais é uma tautologia?

A) X ⊃ (X & Y)

B) ~X & ~~X

C) Y ⊃ (X ⊃ Y)

D) X & (Y ∨ X)

E) Y ⊃ (Y ⊃ X)

Resolução

Construindo a tabela-verdade para as proposições das alternativas, temos:

A) Contingência

X	Y	X & Y	X → (X & Y)
V	V	V	V
V	F	F	F
F	V	F	V
F	F	F	V

B) Contradição

X	~X	~X & X
V	F	F
F	V	F

C) Tautologia

X	Y	X → Y	Y → (X → Y)
V	V	V	V
V	F	F	V
F	V	V	V
F	F	V	V

D) Contingência

X	Y	X ∨ Y	Y & (X ∨ Y)
V	V	V	V
V	F	V	V
F	V	V	F
F	F	F	F

E) Contingência

X	Y	X → Y	Y → (Y → X)
V	V	V	V
V	F	V	V
F	V	F	F
F	F	V	V

Gabarito: C

Memorização e revisão	
Tautologia	É uma proposição composta cujo valor lógico final na tabela-verdade será sempre **verdade**.
Contradição	É uma proposição composta cujo valor lógico final na tabela-verdade será sempre **falso**.
Contingência	É uma proposição composta cujo valor lógico final na tabela-verdade poderá ser **verdade** ou **falso**.

Nota:

CAPÍTULO 2.
LÓGICA DE ARGUMENTAÇÃO

2.1. Argumento

Argumento é o nome dado a um conjunto de premissas, seguidas de uma conclusão. Esse argumento poderá ser **válido** ou **inválido**.

- **Argumento v**álido: a veracidade das premissas **garante** a veracidade da conclusão. Por exemplo:

  Todo homem é mortal.

  Pedro é homem.

  Logo, Pedro é mortal.

  Repare que, no argumento válido, nem as premissas nem a conclusão serão necessariamente verdadeiras.

- **Argumento inválido:** a veracidade das premissas **não garante** a veracidade da conclusão. Por exemplo:

  Renata é uma mulher.

  Renata usa óculos.

  Logo, toda mulher usa óculos.

  Repare que, no argumento inválido, a conclusão não precisa ser necessariamente falsa. No exemplo, simplesmente não podemos afirmar que toda mulher usa óculos.

2.2. Diagramas lógicos e quantificadores

Para podermos trabalhar com a validação de um argumento, é importante entendermos o funcionamento dos quantificadores lógicos. Quantificadores são modificadores que dão a ideia de quantidade e, muitas vezes, para seu maior entendimento, são associados a diagramas lógicos, desenhos que representam o funcionamento do quantificador.

2.2.1. Universal positiva ou afirmativa (todo A é B)

Equivalências: "Qualquer A é B"; "Nenhum A não é B"; "Tudo que é A é B".

Indica que todos os elementos de um conjunto A fazem parte do conjunto B. Assim, temos o seguinte diagrama:

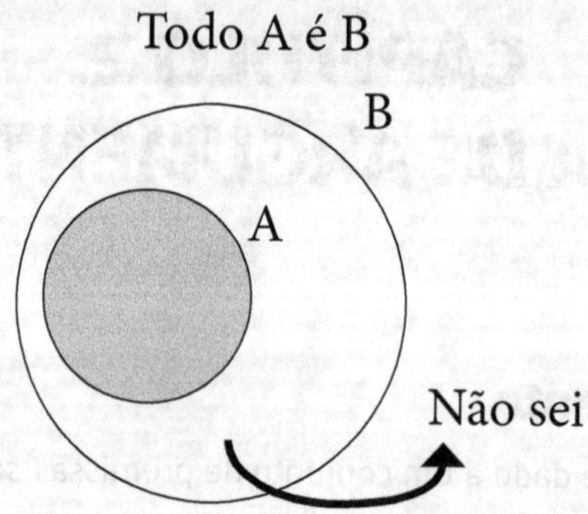

Repare que o quantificador e seu diagrama indicam que "todos os elementos de A fazem parte do conjunto B", mas não descrevem os demais elementos de B. Dessa forma, não podemos afirmar se existem ou não elementos de B que não fazem parte de A.

De toda proposição que envolve um quantificador, podemos tirar algumas conclusões, algumas **válidas** (conclusões **corretas**) e outras **inválidas** (conclusões **erradas**). Logo:

- **Conclusões válidas:**

  Algum A é B.

  Algum B é A.

- **Conclusões Inválidas (não podemos afirmar):**

  Todo B é A.

  Algum B não é A.

Nota:

não podemos "ler" uma proposição universal positiva ao contrário, ou seja, "Todo cão late" não significa que "Tudo que late é cão".

2.2.2. Universal negativa (nenhum A é B)

Equivalências: "Todo A não é B"; "Ninguém de A é B"; "Nada que seja A é B".

Indica que todos os elementos de um conjunto A **não** fazem parte do conjunto B. Assim, temos o seguinte diagrama:

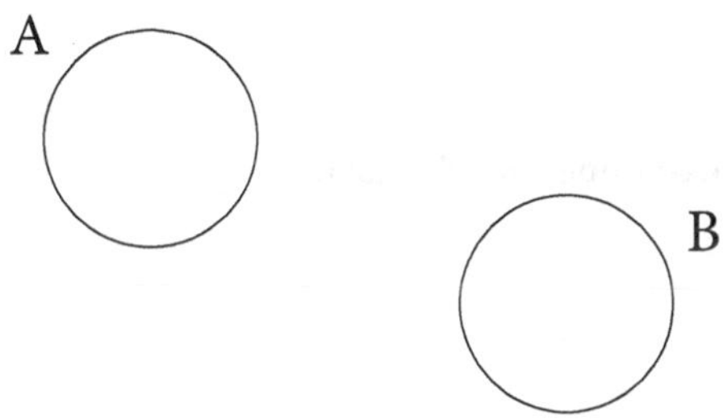

- **Conclusões válidas:**

  Algum A não é B.

  Algum B não é A.

  Nenhum B é A.

Nota:

a proposição universal negativa pode ser "lida" ao contrário, ou seja, "Nenhum cão voa" significa que "Nada que voa é cão".

2.2.3. Particular positiva ou afirmativa (algum A é B)

Equivalências: "Existe A que é B"; "Pelo menos um A é B"; "Alguém de A é B".

Indica que alguns elementos de um conjunto A fazem parte do conjunto B. Assim, temos o seguinte diagrama:

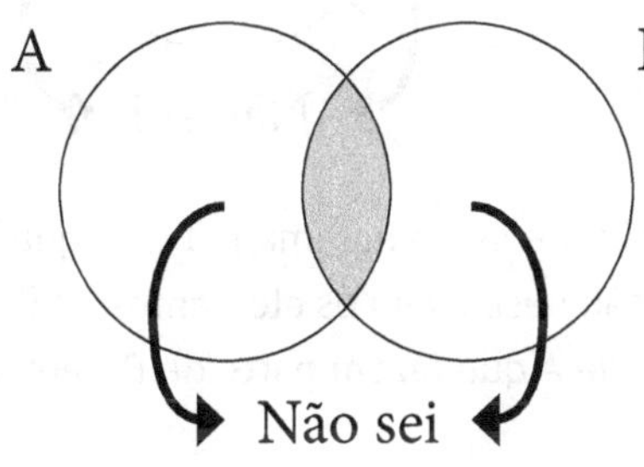

Repare que o quantificador e seu diagrama indicam que "Algum elemento de A faz parte do conjunto B", mas não descrevem os demais elementos de A ou de B. Portanto, não podemos afirmar se existem elementos de A que não fazem parte de B nem se existem elementos de B que não fazem parte de A.

Importante:

da frase "Algum A é B", **não** podemos concluir que "Algum A não é B".

- **Conclusão válida:**

  Algum B é A.

- **Conclusões inválidas (não podemos afirmar):**

  Algum A não é B.

  Algum B não é A.

  Todo A é B.

  Todo B é A.

Nota:

a proposição particular positiva pode ser "lida" ao contrário, ou seja, "Algum cão late" significa que "Alguma coisa que late é cão".

2.2.4. Particular negativa (algum A não é B)

Equivalências: "Existe A que não é B"; "Pelo menos um A não é B"; "Alguém de A não é B".

Indica que alguns elementos de um conjunto A não fazem parte do conjunto B. Assim, temos o seguinte diagrama:

Repare que o quantificador e seu diagrama indicam que "Algum elemento de A não faz parte do conjunto B", mas não descrevem os elementos de B. Desse modo, não podemos afirmar se existem elementos de A que fazem parte de B nem se existem elementos de B que não fazem parte de A.

- **Conclusões inválidas (não podemos afirmar):**

  Algum A é B.

  Algum B não é A.

  Nenhum A é B.

Nota:

a proposição particular negativa não pode ser "lida" ao contrário, ou seja, "Algum cão não late" não significa que "Alguma coisa que late não é cão".

Exercícios-modelo

1. Sabe-se que existe pelo menos um homem que é corajoso. Sabe-se também que todo corajoso é determinado. Segue-se que, portanto, necessariamente:

A) todo determinado é corajoso.

B) algum homem não é determinado.

C) algum homem é determinado.

D) todo determinado é homem.

E) nada que seja determinado é homem.

Resolução

Construindo o diagrama para as premissas apresentadas:

I. Existe pelo menos um homem que é corajoso.

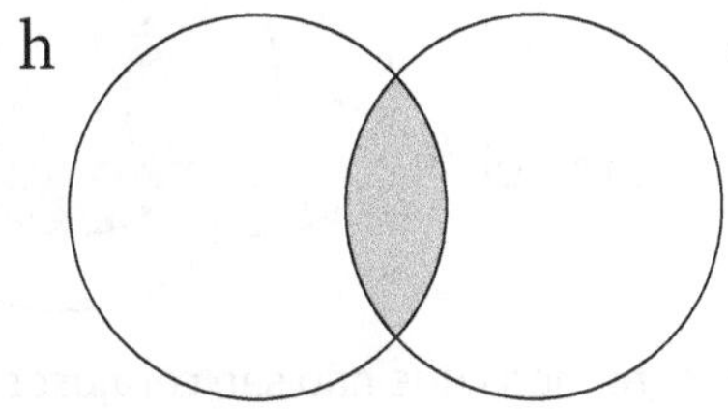

II. Todo corajoso é determinado.

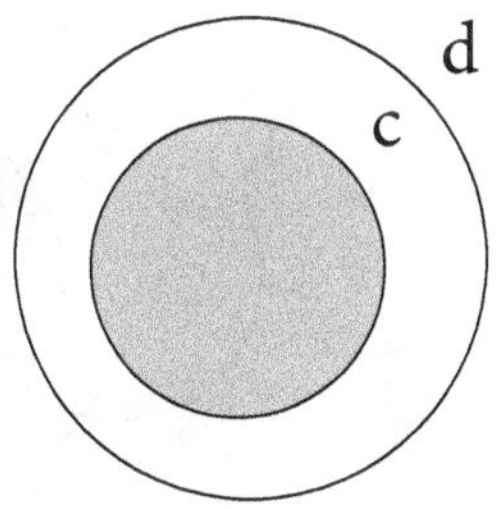

Unindo os dois diagramas, temos:

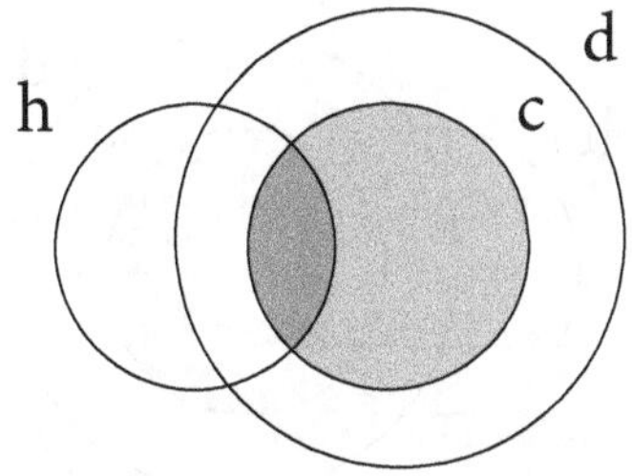

Analisando as alternativas:

A) todo determinado é corajoso (não podemos afirmar).

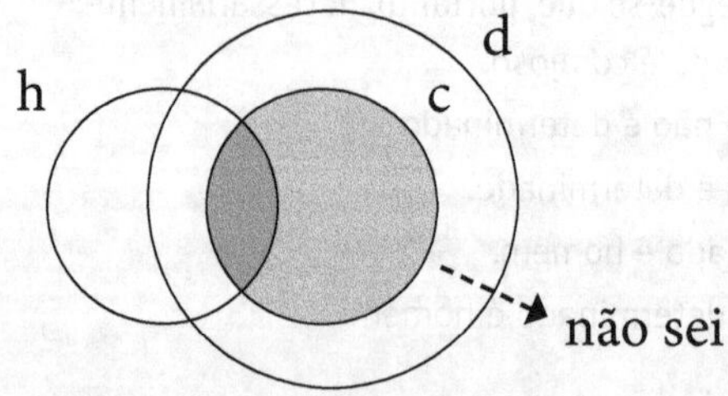

Podemos ou não ter pessoas determinadas que não são corajosos. Assim, não podemos afirmar.

B) algum homem não é determinado (não podemos afirmar).

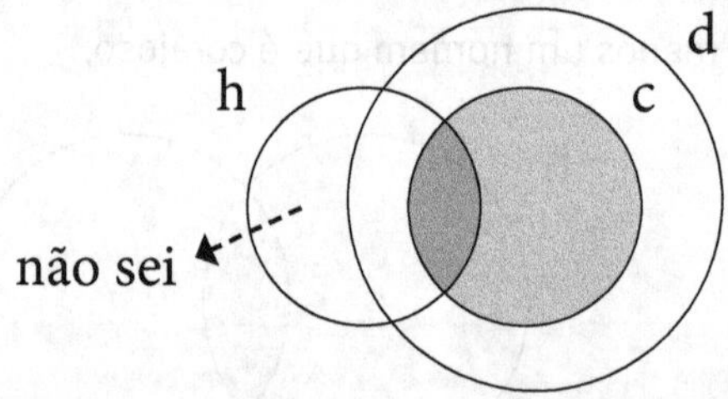

Podemos ou não ter homens que não são corajosos ou determinados. Assim, não podemos afirmar.

C) algum homem é determinado (certo).

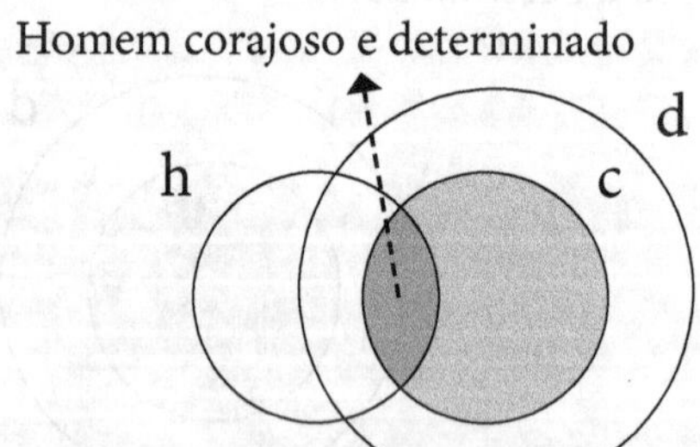

Podemos afirmar que existe algum homem corajoso. Como todo corajoso é determinado, esse homem será também determinado.

D) todo determinado é homem (não podemos afirmar).

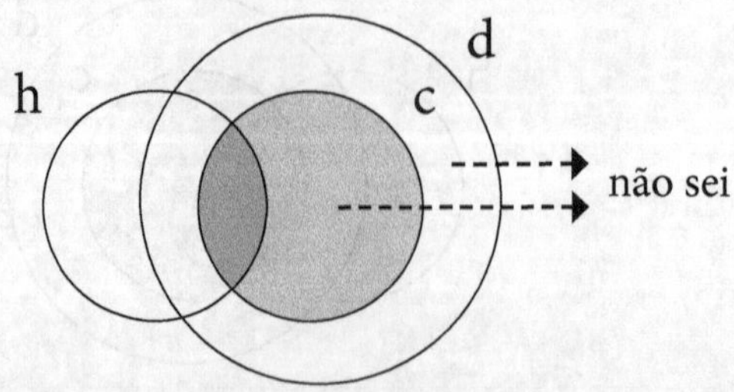

Do diagrama do "Todos", podemos ou não ter pessoas determinadas que não são corajosas.

Do diagrama do "Algum", podemos ou não ter pessoas corajosas que não são homens.

Assim, não podemos afirmar.

E) nada que seja determinado é homem (errado).

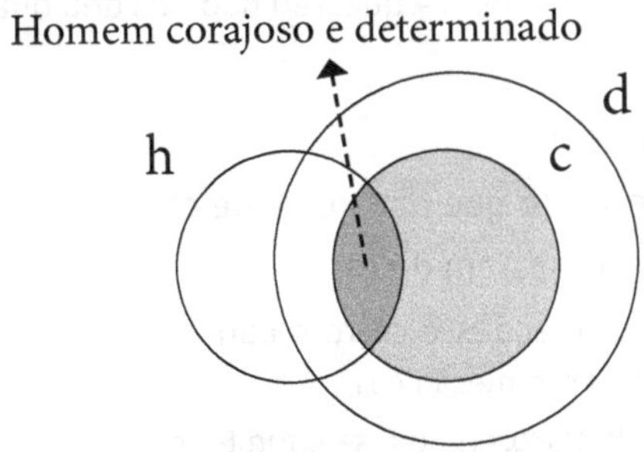

Podemos afirmar que existe algum homem corajoso. Como todo corajoso é determinado, esse homem será também determinado.

2. Considere a seguinte afirmação: todos os filhos de Paulo têm mais de 55 quilos. Dessa afirmação, pode-se concluir que:

a) se Fernando é filho de Paulo, então seu peso é inferior a 55 quilos.

b) se o peso de Laura é menos que 55 quilos, então ela não é filha de Paulo.

c) se o peso de Glória é mais que 55 quilos, então ela é filha de Paulo.

d) Paulo tem mais que 55 quilos.

e) o peso de Paulo é menos que 55 quilos.

Resolução

Construindo o diagrama:

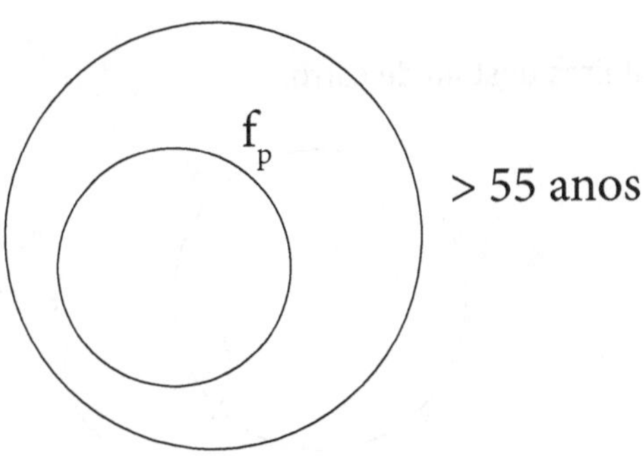

Analisando as alternativas:

a) Errada. Por ser filho de Paulo, Fernando deveria ter mais de 55 quilos.

b) Certa. Se Laura está fora do diagrama das pessoas com mais de 55 quilos, também estará fora do diagrama dos filhos de Paulo.

c) Não podemos afirmar. Todos os filhos de Paulo têm mais de 55 quilos, mas não podemos afirmar que todos com mais de 55 quilos são filhos de Paulo.

D) Não podemos afirmar. A questão não nos deu qualquer informação sobre Paulo.

E) Não podemos afirmar. A questão não nos deu qualquer informação sobre Paulo.

3. Considere as afirmações:

I. Não existe mecânico que não goste de carro.

II.Alguns funileiros gostam de carro.

A partir dessas afirmações, é correto concluir que:

A) alguns funileiros são mecânicos.

B) se José gosta de carro, então José é funileiro.

C) se Carlos não gosta de carro, então Carlos não é mecânico.

D) qualquer mecânico é funileiro.

E) quem gosta de carro é mecânico ou funileiro.

Resolução

Construindo o diagrama para as premissas apresentadas:

I. Não existe mecânico que não goste de carro. = Todo mecânico gosta de carro.

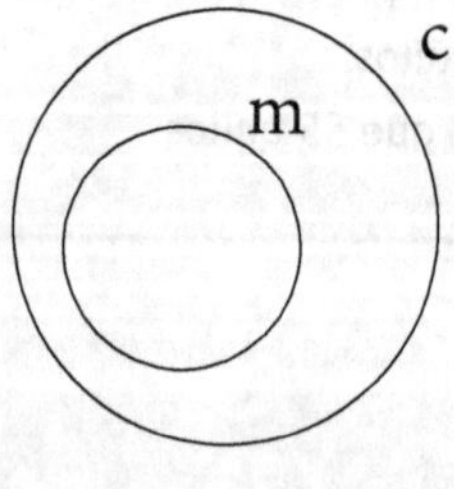

II. Alguns funileiros gostam de carro.

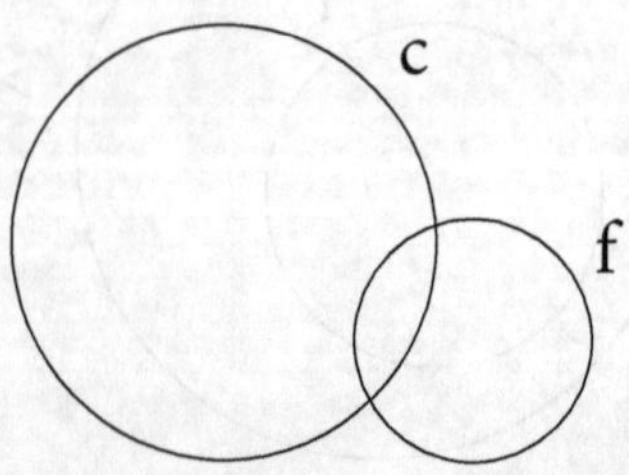

A questão não nos trouxe informações suficientes para relacionar os mecânicos com os funileiros. Assim, temos duas interpretações para a junção dos dois diagramas.

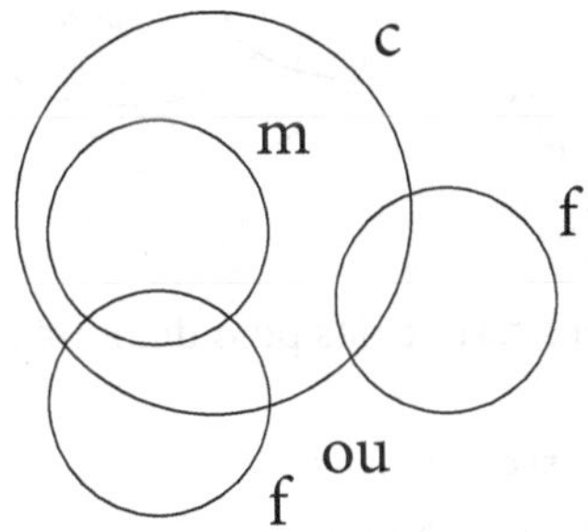

Como não podemos garantir qual a relação correta, nossa resposta precisa ser correta nas duas possibilidades.

Analisando as alternativas.

A) alguns funileiros são mecânicos (não podemos afirmar).

Do diagrama, vemos que podemos ter ou não mecânico funileiro.

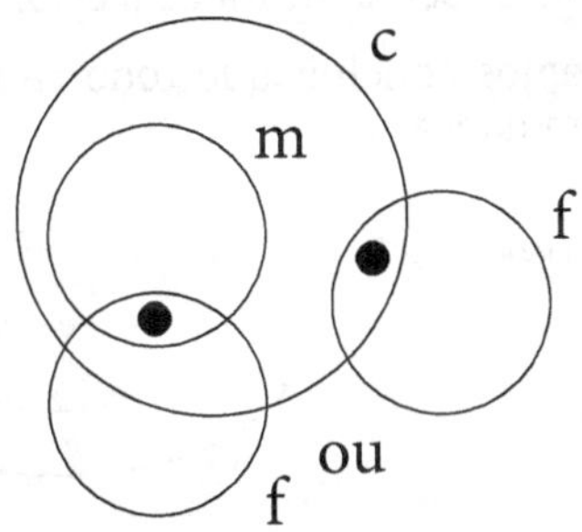

B) se José gosta de carro, então José é funileiro (não podemos afirmar).

Do diagrama, podemos ou não ter pessoas que gostam de carro, mas não são funileiros.

C) se Carlos não gosta de carro, então Carlos não é mecânico (certo).

Por não gostar de carro, Carlos nunca será um mecânico, já que todos os mecânicos gostam de carros.

D) qualquer mecânico é funileiro (não podemos afirmar).

Do diagrama, vemos que podemos ter ou não mecânico funileiro.

E) quem gosta de carro é mecânico ou funileiro (não podemos afirmar).

Do diagrama, podemos ou não ter pessoas que gostam de carro, mas não são funileiros ou mecânicos.

4. Observe o diagrama a seguir.

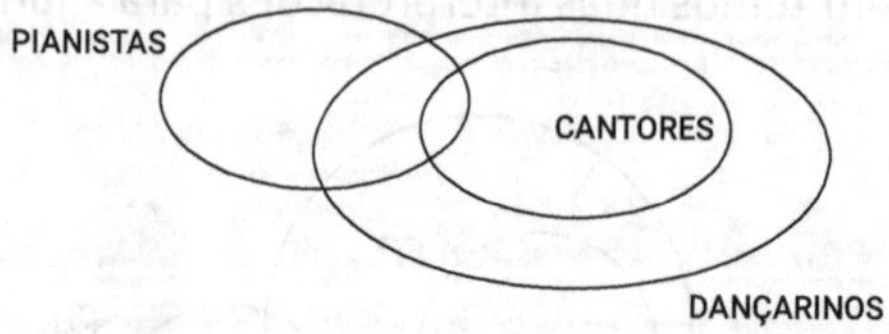

A partir das informações fornecidas pelo diagrama, conclui-se que a única afirmação verdadeira é:

A) Os cantores pianistas são dançarinos.

B) Todo pianista é cantor ou dançarino.

C) Os pianistas que não são dançarinos são cantores.

D) Todo cantor é pianista.

E) Os dançarinos que são pianistas são cantores.

Resolução

Analisando as alternativas.:

A) Os cantores pianistas são dançarinos (certo).

Do diagrama, podemos concluir que todo cantor, independentemente se for pianista ou não, será dançarino.

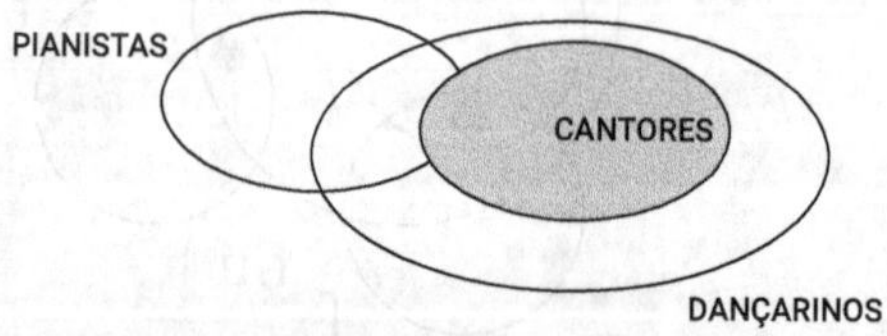

B) Todo pianista é cantor ou dançarino.

O diagrama nos deixa a possibilidade de termos um pianista que não é cantor nem dançarino.

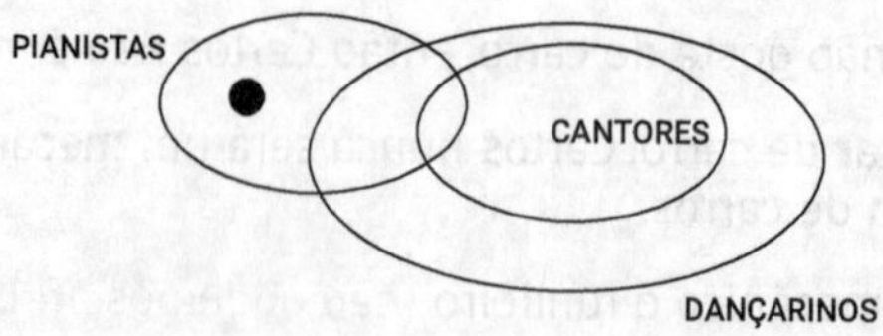

C) Os pianistas que não são dançarinos são cantores.

O diagrama nos deixa a possibilidade de termos um pianista que não é cantor nem dançarino.

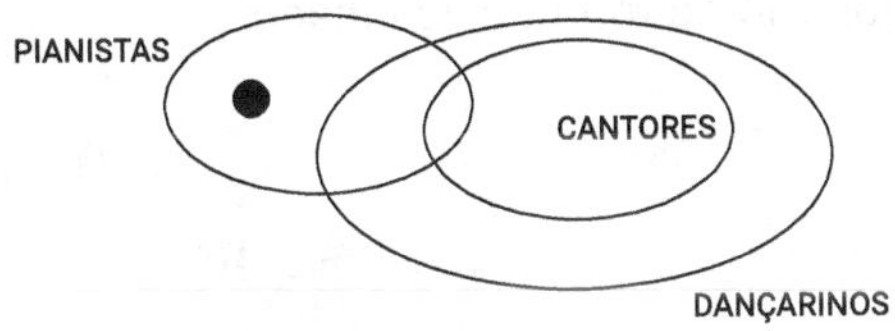

D) Todo cantor é pianista.

O diagrama nos deixa a possibilidade de termos um cantor que não é pianista.

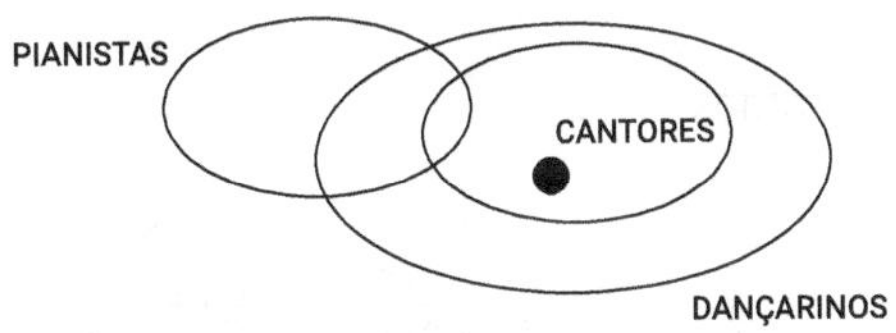

E) Os dançarinos que são pianistas são cantores.

O diagrama nos deixa a possibilidade de termos um dançarino pianista que não é cantor.

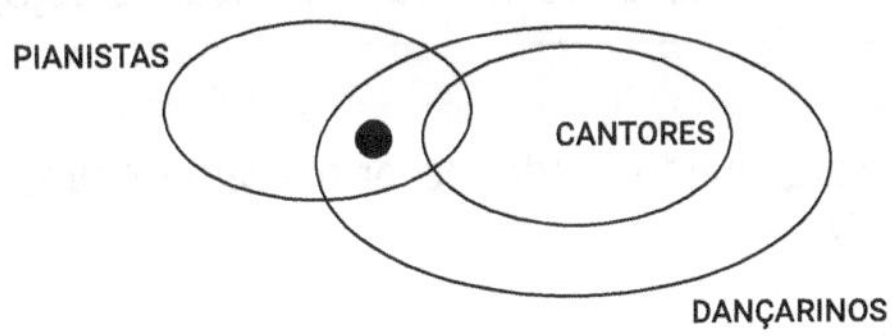

5. Considere que as proposições "Todo advogado sabe lógica" e "Todo funcionário do fórum é advogado" são premissas de uma argumentação cuja conclusão é "Todo funcionário do fórum sabe lógica". Então, essa argumentação é válida?

Resolução

Construindo o diagrama para as premissas apresentadas:

I. Todo advogado sabe lógica.

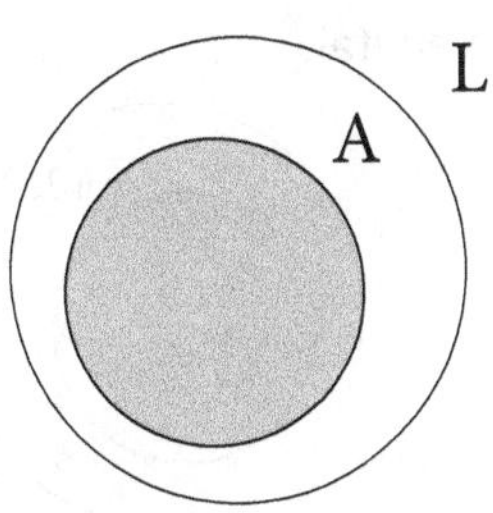

II. Todo funcionário do fórum é advogado.

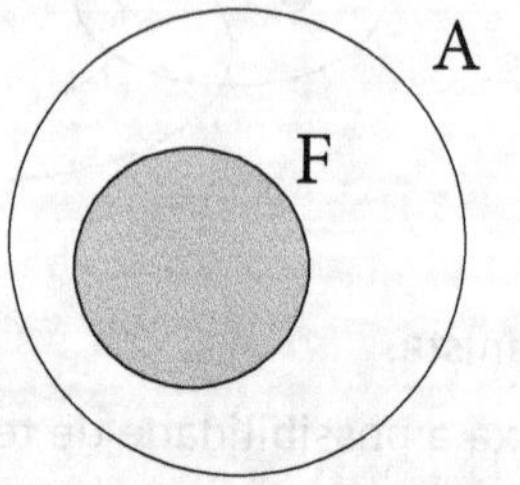

Unindo os diagramas:

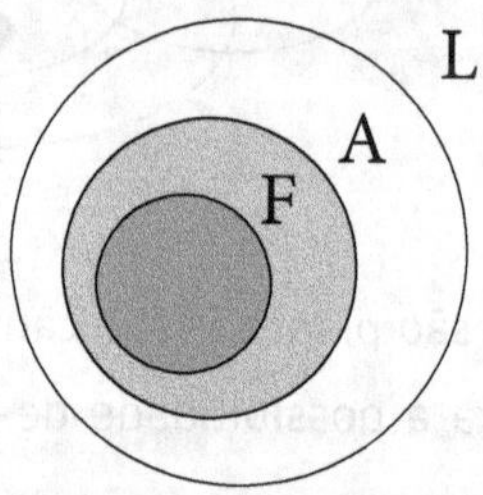

Logo, todo funcionário do fórum sabe lógica, ou seja, a **argumentação é válida.**

6. É válido o seguinte argumento: "Todo cachorro é verde, e tudo que é verde é vegetal, logo todo cachorro é vegetal"?

Resolução

Construindo o diagrama para as premissas apresentadas:

I. Todo cachorro é verde.

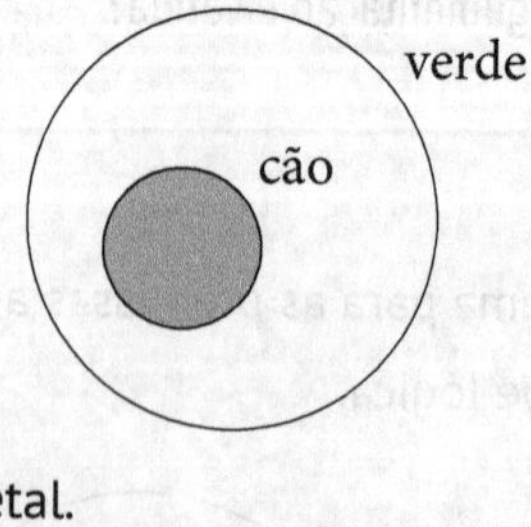

II. Tudo que é verde é vegetal.

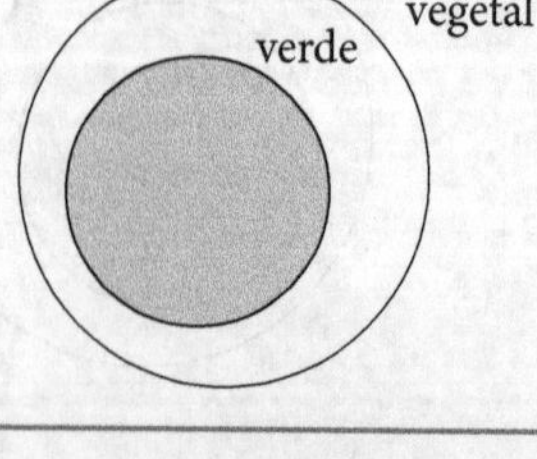

Unindo os diagramas:

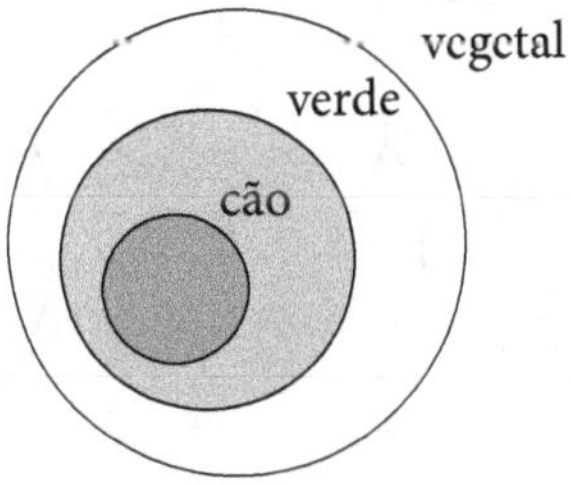

Logo, **todo cachorro é vegetal.**

7. Se todo estudante de uma disciplina A é também estudante de uma disciplina B e todo estudante de uma disciplina C não é estudante da disciplina B, então é verdade que:

A) algum estudante da disciplina A é estudante da disciplina C.

B) algum estudante da disciplina B é estudante da disciplina C.

C) nenhum estudante da disciplina A é estudante da disciplina C.

D) nenhum estudante da disciplina B é estudante da disciplina A.

E) nenhum estudante da disciplina A é estudante da disciplina B.

Resolução

Construindo o diagrama para as premissas apresentadas:

I. Todo estudante de uma disciplina A é também estudante de uma disciplina B.

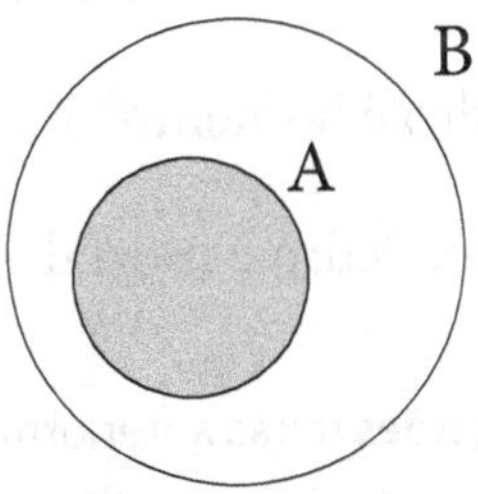

II. Todo estudante de uma disciplina C não é estudante da disciplina B

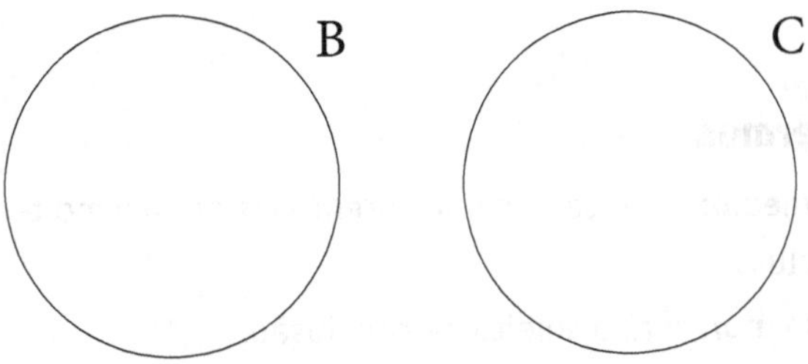

Unindo os dois diagramas:

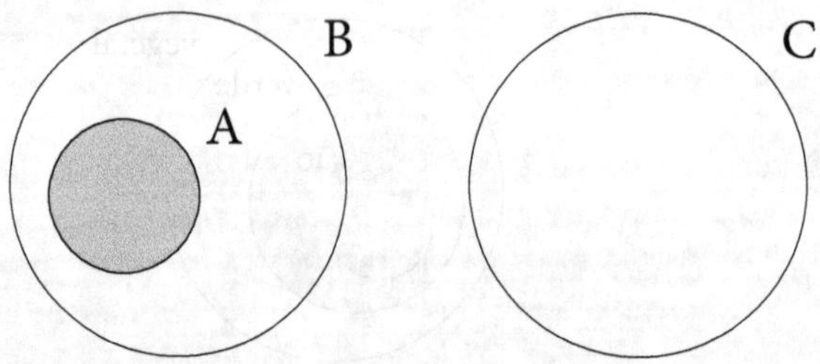

Analisando as alternativas:

A) algum estudante da disciplina A é estudante da disciplina C. (errado)

B) algum estudante da disciplina B é estudante da disciplina C. (errado)

C) nenhum estudante da disciplina A é estudante da disciplina C. (certo)

D) nenhum estudante da disciplina B é estudante da disciplina A. (errado)

E) nenhum estudante da disciplina A é estudante da disciplina B. (errado)

2.3. Silogismo

Silogismo é um argumento dedutivo formado por três proposições (premissa maior, premissa menor e conclusão) e três termos (termo maior, termo menor e termo médio).

Exemplo:

Todo homem é mortal

Pedro é homem

logo, Pedro é mortal

Repare que várias das **questões** feitas anteriormente representavam silogismos e, para julgá-los, utilizamos os diagramas lógicos e a interpretação dos conectivos. Assim, neste capítulo, não vamos analisar o julgamento de um silogismo, mas, sim, algumas nomenclaturas e regras aplicadas a eles.

2.3.1. Termos

I. **Termo médio:** aparece nas duas premissas ao mesmo tempo e nunca fará parte da conclusão.

II. **Termo menor:** será o sujeito da conclusão.

III. **Termo maior:** será o predicado da conclusão.

Por exemplo:

termo médio termo maior
Todo [homem] é [mortal]
termo menor termo médio
[Pedro] é [homem]
termo menor termo maior
logo, [Pedro] é [mortal]

Desse modo, temos:

- **Termo médio:** homem.
- **Termo menor:** Pedro.
- **Termo maior:** mortal.

2.3.2. Premissas

I. **Premissa maior:** possui o termo maior.
II. **Premissa menor:** possui o termo menor.

Por exemplo:

termo médio termo maior
(Todo [homem] é [mortal]) premissa maior
termo menor termo médio
([Pedro] é [homem]) premissa menor
termo menor termo maior
(logo, [Pedro] é [mortal]) conclusão

Assim, temos:

- **premissa menor** – Pedro é homem;
- **Premissa maior** – Todo homem é mortal.

2.3.3. Força da premissa

Definimos como força de uma premissa o quão específica a informação apresentada será. Essa força tem ligação direta com o quantificador utilizado pela premissa. Uma proposição universal sempre será mais forte que uma proposição particular, e uma proposição afirmativa sempre será mais forte que uma negativa. Dessa forma:

+ forte

Universal positiva (Todos)

Universal negativa (Nenhum)

Particular positiva (Algum)

Particular negativa (Algum... não)

+ fraco

2.3.4. *Tipos ou modos de premissas*

Por convenção, no estudo da argumentação, tipificamos as premissas de acordo com o quantificador presente nela. Como existem quatro tipos de quantificadores, teremos quatro tipos ou modos diferentes de premissas.

Tipo A: universal positiva ou afirmativa.

Tipo E: universal negativa.

Tipo I: particular positiva ou afirmativa.

Tipo O: particular negativa.

A Universão positiva (Todos)

E Universal negativa (Nenhum)

I Particular positiva (Algum)

O Particular negativa (Algum... não)

2.3.5. Figuras do silogismo

As figuras do silogismo representam as formas como este pode se organizar em relação à posição de seus termos. Existem quatro possíveis figuras para um silogismo.

- **1ª Figura:** o termo menor aparece como sujeito na premissa menor e o termo maior aparece como predicado na premissa maior.

Exemplo:

termo médio termo maior

(Todo homem é mortal) premissa maior

termo menor termo médio

(Pedro é homem) premissa menor

termo menor termo maior

(logo, Pedro é mortal) conclusão

- **2ª Figura:** tanto o termo menor como o termo maior aparecem como sujeito nas premissas.

  Exemplo:

  termo médio termo médio
  Toda [ave] [voa]

  termo menor termo médio
  A [lebre] não [voa]

  termo menor termo maior
  logo, a [lebre] não é uma [ave]

- **3ª Figura:** tanto o termo menor como o termo maior aparecem como predicado nas premissas.

  Exemplo:

  termo médio termo menor
  Todo [cão] [late]

  termo menor termo médio
  Todo [cão] [rosna]

  termo menor termo maior
  Alguns seres que [latem] também [rosnam]

- **4ª Figura:** o termo menor aparece como predicado na premissa menor e o termo maior aparece como sujeito na premissa maior.

  Exemplo:

  termo maior termo médio
  Todo [cão] [late]

  termo médio termo menor
  Tudo que [late] [faz barulho]

  termo menor termo maior
  Logo, alguma coisa que [faz barulho] é um [cão]

2.3.6. *Regras gerais do silogismo*

I. O termo médio nunca fará parte da conclusão.

II. Se as duas premissas (maior e menor) forem negativas, o silogismo não terá uma conclusão válida.

III. Se as duas premissas (maior e menor) forem afirmativas, a conclusão, obrigatoriamente, será afirmativa.

IV. Se as duas premissas (maior e menor) forem particulares, o silogismo não terá conclusão válida.

V. A conclusão nunca será mais forte que uma premissa.

Questões para treino

1. Os silogismos são formas lógicas compostas de premissas e uma conclusão que se segue delas. Um exemplo de silogismo válido é:

A) Curitiba é capital de estado. São Paulo é capital de estado. Belém é capital de estado.

B) Alguns gatos não têm pelo. Todos os gatos são mamíferos. Alguns mamíferos não têm pelo.

C) Todas as aves têm pernas. Os mamíferos têm pernas. Logo, todas as mesas têm pernas.

D) Antes de ontem choveu. Ontem também choveu. Logo, amanhã, certamente, choverá.

E) Todas as plantas são verdes. Todas as árvores são plantas. Todas as árvores são mortais.

Resolução

Vamos analisar as alternativas:

A) Errada. O termo menor (sujeito da conclusão) não está presente em nenhuma das premissas.

B) Certa.

C) Errada. O termo médio aparece na conclusão.

D) Errada. O termo menor (sujeito da conclusão) não está presente em nenhuma das premissas.

E) Errada. O termo maior (predicado da conclusão) não está presente em nenhuma das premissas.

2. Em um silogismo, o **termo médio** é o termo que aparece em ambas as premissas. Assinale a alternativa que apresenta corretamente qual é o **termo médio** do seguinte silogismo: Todo homem é mortal. Nenhum mortal é pedra. Logo, nenhum homem é pedra.

A) Mortal.

B) Pedra.

C) Todo.

D) Nenhum.

E) Homem.

Resolução

O termo médio é o termo presente nas duas premissas e não aparece na conclusão. Assim:

termo menor termo médio
(Todo homem é mortal) premissa menor

termo menor termo médio
(Nenhum mortal é pedra) premissa maior

termo menor termo maior
(logo, nenhum homem é pedra) conclusão

Gabarito: a

3. Assinale a alternativa que representa o modo e a figura do silogismo seguinte.

> Todo sapo é verde.
> Algumcão não é verde.
> Logo, nenhum cão é sapo.

A) OAE – 2.
B) AEI – 4.
C) EAO – 1.
D) AOE – 2.
E) AIE – 3.

Resolução

Analisando o silogismo, temos:

termo maior termo médio
A Todo sapo é verde

termo menor termo médio
O Algum cão não é verde

termo menor termo maior
E Logo, nenhum cão é sapo

Assim, é um silogismo do modo AOE e 2. Figura (Tanto o termo menor como o termo maior aparecem como sujeito nas premissas).

Observação: embora não afete a resolução da questão, é importante observar que o silogismo apresentado é **inválido**.

Gabarito: d

Memorização e revisão	
Argumento válido	A veracidade das premissas **garante** a veracidade da conclusão.
Argumento inválido	A veracidade das premissas **não garante** a veracidade da conclusão.
Todo A é B	• **Conclusões válidas:** Algum A é B. Algum B é A. • **Conclusões inválidas:** Todo B é A. Algum B não é A.
Nenhum A é B	• **Conclusões válidas:** Algum A não é B. Algum B não é A. Nenhum B é A.
Algum A é B	• **Conclusões válidas:** Algum B é A. • **Conclusões inválidas:** Algum A não é B. Algum B não é A. Todo A é B. Todo B é A.
Algum A não é B	• **Conclusões inválidas:** Algum A é B. Algum B não é A. Nenhum A é B.
Silogismo	Argumento válido formado por premissa maior, premissa menor e conclusão.
Termo maior	Predicado da conclusão.
Termo menor	Sujeito da conclusão.
Termo médio	Aparece nas duas premissas.
Premissa maior	Possui o termo maior.
Premissa menor	Possui o termo menor.
Força de uma premissa	+ forte ↑ Universal positiva (Todos) Universal negativa (Nenhum) Particular positiva (Algum) Particular negativa (Algum... não) + fraco

Memorização e revisão	
Tipos de premissa	A Universal positiva (Todos) E Universal negativa (Nenhum) I Particular positiva (Algum) O Particular negativa (Algum... não)
1ª Figura	O termo menor aparece como sujeito na premissa menor e o termo maior aparece como predicado na premissa maior.
2ª Figura	Tanto o termo menor como o termo maior aparecem como sujeito nas premissas.
3ª Figura	Tanto o termo menor como o termo maior aparecem como predicado nas premissas.
4ª Figura	O termo menor aparece como predicado na premissa menor e o termo maior aparece como sujeito na premissa maior.
Regra geral dos silogismos	I. O termo médio nunca fará parte da conclusão. II. Se as duas premissas (maior e menor) forem negativas, o silogismo não terá uma conclusão válida. III. Se as duas premissas (maior e menor) forem afirmativas, a conclusão, obrigatoriamente, será afirmativa. IV. Se as duas premissas (maior e menor) forem particulares, o silogismo não terá conclusão válida. V. A conclusão nunca será mais forte que uma premissa.

CAPÍTULO 3.
LÓGICA DE ASSOCIAÇÃO

3.1. Introdução

Lógica de associação é um ramo da lógica que estuda a associação de informações em busca de respostas para determinados problemas.

Uma ferramenta muito utilizada na **resolução** de **questões** envolvendo **lógica de associação** é a **tabela cruzada**.

Por ser um tema totalmente prático, o estudo de **lógica de associação** será feito por meio da **resolução** de **questões**.

3.2. Tabela cruzada

A tabela cruzada é, basicamente, uma tabela que relaciona elementos de categorias diferentes para se descobrir a correlação entre eles.

Para construí-la, você deve, inicialmente, identificar quais elementos estão sendo associados na sua questão.

Exercício-modelo

1. Armando, Bruno, Cristóvão e Diogo são quatro artistas talentosos. Um deles é pintor, outro é dançarino, outro é cantor e outro escritor, não necessariamente nessa ordem. Sabe-se que:

1. Armando e Cristóvão assistiram ao *show* do cantor.
2. quando jovens, Bruno e o escritor foram retratados pelo pintor.
3. o escritor, que já escreveu uma biografia de Diogo, planeja escrever uma biografia de Armando.
4. Armando nunca conheceu Cristóvão.

Segue-se que:

A) Armando é o pintor.
B) Bruno é o pintor.
C) Cristóvão é o pintor.
D) Diogo é o pintor.
E) Armando é escritor.

Resolução

Temos a associação entre duas categorias de elementos:

I - Os quatro artistas (Armando, Bruno, Cristóvão e Diogo).

II - Profissões (pintor, dançarino, cantor e escritor).

Vamos construir uma tabela relacionando esses elementos:

	pintor	dançarino	cantor	escritor
Armando				
Bruno				
Cris				
Diogo				

3.3. Preenchimento de uma tabela cruzada

Em relação ao exercício mencionado anteriormente, repare que, devido à natureza do problema, não é possível ter uma mesma pessoa com duas profissões diferentes. Dessa forma, em cada linha e cada coluna da tabela de correlações, teremos apenas uma correlação correta e todas as outras serão incorretas.

Para o preenchimento da tabela cruzada, vamos representar, por meio de um **círculo,** as correlações **corretas** e, de um X, as correlações incorretas.

Exercício-modelo

2. Armando, Bruno, Cristóvão e Diogo são quatro artistas talentosos. Um deles é pintor, outro é dançarino, outro é cantor e outro escritor, não necessariamente nessa ordem. Sabe-se que:

1. Armando e Cristóvão assistiram ao *show* do cantor.
2. quando jovens, Bruno e o escritor foram retratados pelo pintor.
3. o escritor, que já escreveu uma biografia de Diogo, planeja escrever uma biografia de Armando.
4. Armando nunca conheceu Cristóvão.

Segue-se que:

A) Armando é o pintor.

B) Bruno é o pintor.

C) Cristóvão é o pintor.

D) Diogo é o pintor.

E) Armando é escritor.

Resolução

Utilizando as informações apresentadas no enunciado para o preenchimento da tabela cruzada e a **resolução** do problema, teremos:

1. Da frase "Armando e Cristóvão assistiram ao show do cantor", podemos concluir que:

   I. Armando não é o cantor.

   II. Cris não é o cantor.

   Assim:

	pintor	dançarino	cantor	escritor
Armando			✕	
Bruno				
Cris			✕	
Diogo				

2. Da frase "Bruno e o escritor foram retratados pelo pintor", podemos concluir que:

   I. Bruno não é o escritor.

   II. Bruno não é o pintor.

	pintor	dançarino	cantor	escritor
Armando			✕	
Bruno	✕			✕
Cris			✕	
Diogo				

3. Da frase "o escritor, que já escreveu uma biografia de Diogo, planeja escrever uma biografia de Armando", podemos concluir que:

   I. Diogo não é o escritor.

   II. Armando não é o escritor.

	pintor	dançarino	cantor	escritor
Armando			✕	✕
Bruno	✕			✕
Cris			✕	
Diogo				✕

Como vimos no início deste tópico, em cada linha e cada coluna da tabela de correlações, teremos apenas uma correlação correta e todas as outras serão incorretas. Assim, analisando a tabela, é fácil concluir que:

I. Cris é o escritor.

II. Cris não possui outra profissão.

Colocando essas informações na tabela:

	pintor	dançarino	cantor	escritor
Armando			✕	✕
Bruno	✕			✕
Cris	✕	✕	✕	○
Diogo				

Dica:

sempre que encontrar um círculo, você pode, imediatamente, preencher com X a linha e a coluna relacionada à sua respectiva tabela de correlação.

4. Da frase "Armando nunca conheceu Cristóvão", inicialmente, não conseguimos extrair informação alguma, porém, quando a comparamos com a dica 2 (Quando jovens, Bruno e o escritor foram retratados pelo pintor), percebemos que, no passado (quando jovens), o pintor conheceu o Bruno e o escritor (Cristóvão), mas, como Armando nunca conheceu Cristóvão (4), é fácil perceber que Armando não pode ser o pintor.

	pintor	dançarino	cantor	escritor
Armando	X		X	X
Bruno	X			X
Cris	X	X	X	O
Diogo				X

Como em cada linha e cada coluna teremos apenas uma correlação correta e todas as outras serão incorretas, podemos concluir que:

I. Diogo é o pintor.

II. Diogo não será dançarino nem cantor.

	pintor	dançarino	cantor	escritor
Armando	X		X	X
Bruno	X			X
Cris	X	X	X	O
Diogo	O	X	X	X

Agora basta repetirmos esse raciocínio (como em cada linha e cada coluna teremos apenas uma correlação correta e todas as outras serão incorretas) para preenchermos a tabela e finalizarmos nosso exercício.

	pintor	dançarino	cantor	escritor
Armando	X	O	X	X
Bruno	X	X	O	X
Cris	X	X	X	O
Diogo	O	X	X	X

Analisando as alternativas:

A) Errada.

B) Errada.

C) Errada.

D) Certa.

E) Errado.

3.4. Tabela cruzada para três elementos

Exercício-modelo

3. Quatro amigos, Paulo, João, Fábio e Caio, nasceram em anos distintos, a saber 1970, 1977, 1981 ou 1990, não necessariamente nessa ordem. Cada um exerce, também não necessariamente na ordem que se segue, uma das profissões entre arquiteto, fotógrafo, engenheiro e advogado. Sabe-se que:

I. Paulo não nasceu em 1970.

II. o arquiteto nasceu antes de Caio e antes do fotógrafo João.

III. Fábio nasceu antes do advogado.

IV. o advogado não nasceu em 1977

V. o engenheiro, que não é Caio, nasceu em 1981.

Assim, é correto afirmar que:

A) Fábio é advogado.

B) Paulo nasceu antes de Caio.

C) Caio é arquiteto.

D) João nasceu antes de Fábio.

E) o engenheiro nasceu antes do fotógrafo.

Resolução

Temos a associação entre três categorias de elementos:

1. Os quatro amigos (Paulo, João, Fábio e Caio).
2. Seus anos de nascimento (1970, 1977, 1981 ou 1990).
3. Suas profissões (arquiteto, fotógrafo, engenheiro e advogado).

Vamos construir uma tabela relacionando nossos dois primeiros elementos (os quatro amigos × seus anos de nascimento).

	1970	1977	1981	1990
Paulo				
João				
Fábio				
Caio				

Em seguida, vamos acrescentar a relação entre o primeiro (os quatro amigos) e o terceiro (profissões) elemento.

	1970	1977	1981	1990	arquiteto	fotógrafo	engenheiro	advogado
Paulo								
João								
Fábio								
Caio								

Por fim, acrescentamos a relação entre o segundo (anos de nascimento) e o terceiro (profissões) elementos.

	1970	1977	1981	1990	arquiteto	fotógrafo	engenheiro	advogado
Paulo								
João								
Fábio								
Caio								
arquiteto								
fotógrafo								
engenheiro								
advogado								

Assim, teremos:

	1970	1977	1981	1990	arquiteto	fotógrafo	engenheiro	advogado
Paulo								
João								
Fábio								
Caio								
arquiteto								
fotógrafo								
engenheiro								
advogado								

amigos x anos

amigos x profissão

anos x profissões

3.5. Preenchimento de uma tabela cruzada para três elementos

Em relação ao exercício mencionado anteriormente, repare que, devido à natureza do problema, não é possível ter uma mesma pessoa que nasceu em dois anos diferentes ou com duas profissões diferentes, assim como não é possível termos duas pessoas diferentes que nasceram no mesmo ano ou possuam a mesma profissão. Dessa forma, em cada linha e cada coluna de cada uma das três tabelas de correlações, teremos apenas uma correlação correta e todas as outras serão incorretas.

Para o preenchimento da tabela cruzada, vamos representar, por meio de um **círculo**, as correlações **corretas** e, de um X, as correlações **incorretas**.

Exercício-modelo

4. Quatro amigos, Paulo, João, Fábio e Caio, nasceram em anos distintos, a saber 1970, 1977, 1981, ou 1990, não necessariamente nessa ordem. Cada um exerce, também não necessariamente na ordem que se segue, uma das profissões entre arquiteto, fotógrafo, engenheiro e advogado. Sabe-se que:

I. Paulo não nasceu em 1970.

II. o arquiteto nasceu antes de Caio e antes do fotógrafo João.

III. Fábio nasceu antes do advogado.

IV. o advogado não nasceu em 1977

V. o engenheiro, que não é Caio, nasceu em 1981.

Assim, é correto afirmar que:

A) Fábio é advogado.

B) Paulo nasceu antes de Caio.

C) Caio é arquiteto.

D) João nasceu antes de Fábio.

E) o engenheiro nasceu antes do fotógrafo.

Resolução

A partir da frase "Paulo não nasceu em 1970", podemos preencher a tabela da seguinte forma:

	1970	1977	1981	1990	arquiteto	fotógrafo	engenheiro	advogado
Paulo	X							
João								
Fábio								
Caio								
arquiteto								
fotógrafo								
engenheiro								
advogado								

Em seguida, do trecho "o arquiteto nasceu antes de Caio e antes do fotógrafo João", podemos tirar as seguintes conclusões:

I. Caio não é o arquiteto.

II. Caio não é o mais velho, pois o arquiteto nasceu antes dele.

III. João é o fotógrafo.

IV. João não é o mais velho, pois o arquiteto nasceu antes dele.

Transferindo essas informações para a tabela, temos:

	1970	1977	1981	1990	arquiteto	fotógrafo	engenheiro	advogado
Paulo	X							
João	X					O		
Fábio								
Caio	X				X			
arquiteto								
fotógrafo								
engenheiro								
advogado								

Como vimos no início deste tópico, em cada linha e cada coluna de cada uma das três tabelas de correlações, teremos apenas uma correlação correta e todas as outras serão incorretas. Assim, analisando a tabela, é fácil concluir que:

I. Fábio nasceu em 197. e, consequentemente, não nasceu nas demais datas.

II. por João ser o fotógrafo, nenhum outro será o fotógrafo e João não possuirá outra profissão.

III. o fotógrafo não nasceu em 1970.

Colocando essas informações na tabela:

	1970	1977	1981	1990	arquiteto	fotógrafo	engenheiro	advogado
Paulo	X					X		
João	X				X	O	X	X
Fábio	O	X	X	X		X		
Caio	X				X	X		
arquiteto								
fotógrafo	X							
engenheiro								
advogado								

Dica:

sempre que encontrar um círculo, você pode, imediatamente, preencher com X a linha e a coluna relacionada à sua respectiva tabela de correlação.

Na sequência, temos que "Fábio nasceu antes do advogado". Logo, não será o advogado.

	1970	1977	1981	1990	arquiteto	fotógrafo	engenheiro	advogado
Paulo	X					X		
João	X				X	O	X	X
Fábio	O	X	X	X		X		X
Caio	X				X	X		
arquiteto								
fotógrafo	X							
engenheiro								
advogado								

Do enunciado, temos que "o engenheiro, que não é Caio, nasceu em 1981"

Dessa frase, e analisando a tabela, podemos afirmar que:

I. Caio não é o engenheiro e não nasceu em 1981.

II. o engenheiro nasceu em 1981.

III. **Fábio, que nasceu em 1970. não é o engenheiro.**

IV. João, que é fotógrafo, não nasceu em 1981.

Logo:

	1970	1977	1981	1990	arquiteto	fotógrafo	engenheiro	advogado
Paulo	X					X		
João	X		X		X	O	X	X
Fábio	O	X	X	X		X	X	X
Caio	X		X		X	X	X	
arquiteto								
fotógrafo	X							
engenheiro			O					
advogado								

Como em cada linha e cada coluna teremos apenas uma correlação correta e todas as outras serão incorretas, podemos concluir que:

I. Paulo nasceu em 1981, logo é o engenheiro.

II. Fábio é o arquiteto.

III. Caio é o advogado.

	1970	1977	1981	1990	arquiteto	fotógrafo	engenheiro	advogado
Paulo	X	X	O	X	X	X	O	X
João	X		X		X	O	X	X
Fábio	O	X	X	X	O	X	X	X
Caio	X		X		X	X	X	O
arquiteto			X					
fotógrafo	X		X					
engenheiro	X	X	O	X				
advogado			X					

Por fim, o enunciado nos informa que "o advogado (que agora sabemos ser Caio) não nasceu em 1977".

	1970	1977	1981	1990	arquiteto	fotógrafo	engenheiro	advogado
Paulo	X	X	O	X	X	X	O	X
João	X		X		X	O	X	X
Fábio	O	X	X	X	O	X	X	X
Caio	X	X	X		X	X	X	O
arquiteto			X					
fotógrafo	X		X					
engenheiro	X	X	O	X				
advogado		X	X					

Agora basta preenchermos a tabela para finalizarmos nosso exercício.

	1970	1977	1981	1990	arquiteto	fotógrafo	engenheiro	advogado
Paulo	X	X	O	X	X	X	O	X
João	X	O	X	X	X	O	X	X
Fábio	O	X	X	X	O	X	X	X
Caio	X	X	X	O	X	X	X	O
arquiteto	O	X	X	X				
fotógrafo	X	O	X	X				
engenheiro	X	X	O	X				
advogado	X	X	X	O				

Portanto:

A) Errada.

B) Certa.

C) Errada.

D) Errada.

E) Errada.

Questões para treino

1. Alberto, Clara e Eduardo são irmãos, e suas idades são 10, 12 e 15 anos, não necessariamente nessa ordem. Cada um deles pratica um destes esportes: futebol, basquetebol e voleibol, também não necessariamente nessa ordem. Alberto não pratica voleibol, Eduardo é 5 anos mais novo que Clara e quem pratica basquetebol é o mais velho entre os três irmãos.

A partir dessas afirmações, é correto concluir que:

A) Clara tem 15 anos e Eduardo tem 12 anos.
B) Se Alberto pratica futebol, então ele tem 12 anos.
C) Basquetebol é o esporte praticado por Alberto.
D) Se Clara tem 15 anos, então ela pratica voleibol.
E) O irmão praticante de voleibol não tem 10 anos.

Resolução

Das informações do enunciado, podemos construir a seguinte tabela.

	10	12	15	futebol	basquete	vôlei
A						
C						
E						

Como Alberto não pratica voleibol, temos:

	10	12	15	futebol	basquete	vôlei
A						X
C						
E						

Na sequência, sabendo que Eduardo é 5 anos mais novo que Clara, percebemos que as únicas idades que comportam uma diferença de 5 anos entre elas são 10 e 15 anos. Assim, Eduardo tem 10 anos e Clara 15.

	10	12	15	futebol	basquete	vôlei
A	X	O	X			X
C	X	X	O			
E	O	X	X			

Por fim, quem pratica basquetebol é o mais velho entre os três irmãos, que, de acordo com a tabela, é Clara.

	10	12	15	futebol	basquete	vôlei
A	X	O	X	O	X	X
C	X	X	O	X	O	X
E	O	X	X	X	X	O

Portanto:

a) Errada. Eduardo tem 10 anos.

b) Certa.

c) Errada. Alberto pratica futebol.

d) Errada. Clara pratica basquetebol.

e) Errada. Eduardo tem 10 anos e pratica voleibol.

2. Em um edifício com apartamentos somente nos andares do 1º ao 4º, moram quatro meninas, em andares distintos: Joana, Yara, Kelly e Bete, não necessariamente nessa ordem. Cada uma delas tem um animal de estimação diferente: gato, cachorro, passarinho e tartaruga, não necessariamente nessa ordem. Bete vive reclamando do barulho feito pelo cachorro, no andar imediatamente acima do seu. Joana, que não mora no 4º, mora um andar acima do de Kelly, que tem o passarinho e não mora no 2º andar. Quem mora no 3º andar tem uma tartaruga. Assim, é correto afirmar que:

A) Kelly não mora no 1° andar.

B) Bete tem um gato.

C) Joana mora no 3° andar e tem um gato.

D) o gato é o animal de estimação da menina que mora no 1° andar.

E) Yara mora no 4° andar e tem um cachorro.

Resolução

Das informações do enunciado, podemos construir a seguinte tabela:

	1	2	3	4	gato	cão	ave	tar.
J								
Y								
K								
B								

Como "Bete vive reclamando do barulho feito pelo cachorro, no andar imediatamente acima do seu", podemos concluir que Bete não é a dona do cachorro e não mora no último andar (alguém mora acima dela).

	1	2	3	4	gato	cão	ave	tar.
J								
Y								
K								
B				X		X		

Da frase "Joana, que não mora no 4º, mora um andar acima do de Kelly", tiramos as seguintes conclusões:

I. Joana não mora no 4º.

II. Joana não mora no 1º, pois mora acima de Kelly.

III. Kelly não mora no 4º nem no 3º, pois mora abaixo de Joana.

	1	2	3	4	gato	cão	ave	tar.
J	X			X				
Y								
K			X	X	X			
B				X		X		

Da tabela, a menina do 4º andar é Yara.

	1	2	3	4	gato	cão	ave	tar.
J	X			X				
Y	X	X	X	O				
K			X	X				
B				X		X		

Da frase "Kelly, que tem o passarinho e não mora no 2º andar", podemos concluir o seguinte:

	1	2	3	4	gato	cão	ave	tar.
J	X			X			X	
Y	X	X	X	O			X	
K		X	X	X	X	X	O	X
B				X		X	X	

Da tabela, é fácil perceber que Kelly mora no primeiro andar, que Joana, que mora um andar acima de Kelly, mora no segundo e Bete no terceiro.

	1	2	3	4	gato	cão	ave	tar.
J	X	O	X	X			X	
Y	X	X	X	O			X	
K	O	X	X	X	X	X	O	X
B	X	X	O	X		X	X	

Da frase "Quem mora no 3° andar tem uma tartaruga", podemos concluir que Bete, a moradora do 3° andar, é a dona da tartaruga.

	1	2	3	4	gato	cão	ave	tar.
J	X	O	X	X			X	X
Y	X	X	X	O			X	X
K	O	X	X	X	X	X	O	X
B	X	X	O	X	X	X	X	O

Por fim, como Bete (moradora do 3° andar) reclamava do barulho feito pelo cachorro no andar acima dela, podemos concluir que Yara (moradora do 4° andar) é a dona do cachorro.

	1	2	3	4	gato	cão	ave	tar.
J	X	O	X	X	O	X	X	X
Y	X	X	X	O	X	O	X	X
K	O	X	X	X	X	X	O	X
B	X	X	O	X	X	X	X	O

Portanto:

a) Errada. Kelly mora no 1° andar.

b) Errada. Bete é a dona da tartaruga.

c) Errada. Joana mora no 2° andar.

d) Errada. O gato é da moradora do 2° andar

e) Certa.

3. Compareceram a uma festa apenas os casais Silva, Moraes e Gomes. A respeito do instante em que cada pessoa chegou à festa, sabe-se que:

I. todos os homens chegaram antes que suas respectivas esposas.

II. o Sr. Silva não foi o primeiro a chegar e chegou depois de uma mulher.

III. a Sra. Gomes chegou antes que o Sr. Moraes.

IV. a Sra. Moraes foi a quinta pessoa a chegar, logo depois de seu marido.

Nas condições descritas, as posições em que chegaram o Sr. e a Sra. Silva, respectivamente, foram:

A) 4 e 6.

B) 3 e 6.

C) 3 e 4.

D) 2 e 6.

E) 2 e 4.

Resolução

Das informações do enunciado, podemos construir a seguinte tabela.

	1	2	3	4	5	6
S						
S						
M						
M						
G						
G						

Como "todos os homens chegaram antes que suas respectivas esposas", podemos concluir que a primeira pessoa a chegar na festa foi um homem e a última pessoa a chegar foi uma mulher.

	1	2	3	4	5	6
S						×
S	×					
M						×
M	×					
G						×
G	×					

Da frase "o Sr. Silva não foi o primeiro a chegar e chegou depois de uma mulher", oodemos concluir que:

- o Sr. Silva não foi o primeiro a chegar.
- o Sr. Silva não foi o segundo a chegar, pois chegou depois de uma mulher e a primeira pessoa a chegar não foi uma mulher.
- a Sra. Silva não foi a segunda nem a terceira, pois só chegou depois de seu marido.

	1	2	3	4	5	6
S	X	X				X
S	X	X	X			
M						X
M	X					
G						X
G	X					

Da frase "a Sra. Gomes chegou antes que o Sr. Moraes", podemos concluir que:

- a Sra. Gomes não foi a última nem a penúltima a chegar, pois chegou antes de um homem e nenhum homem foi o último.
- O Sr. Gomes, que vai chegar antes de sua esposa, não foi o penúltimo nem o 4º a chegar.

	1	2	3	4	5	6
S	X	X				X
S	X	X	X			
M						X
M	X					
G				X	X	X
G	X				X	X

Na sequência, interpretando essa mesma frase "a Sra. Gomes chegou antes que o Sr. Moraes" ao contrário, podemos concluir que "o Sr. Moraes chegou depois da Sra. Gomes". Assim:

- o Sr. Moraes não foi o primeiro a chegar.
- o Sr. Moraes não foi o segundo a chegar, pois chegou depois de uma mulher e a primeira pessoa a chegar não foi uma mulher.
- a Sra. Moraes não foi a segunda nem a terceira, pois só chegou depois de seu marido.

	1	2	3	4	5	6
S	X	X				X
S	X	X	X			
M	X	X				X
M	X	X	X			
G				X	X	X
G	X				X	X

Logo, da tabela, percebemos que o Sr. Gomes foi o 1º a chegar e sua esposa, a Sra. Gomes, foi a segunda.

	1	2	3	4	5	6
S	X	X				X
S	X	X	X			
M	X	X				X
M	X	X	X			
G	O	X	X	X	X	X
G	X	O	X	X	X	X

Quanto à última frase, "a Sra. Moraes foi a quinta pessoa a chegar, logo depois de seu marido", temos:

	1	2	3	4	5	6
S	X	X		X	X	X
S	X	X	X	X	X	
M	X	X	X	O	X	X
M	X	X	X	X	O	X
G	O	X	X	X	X	X
G	X	O	X	X	X	X

Por fim:

	1	2	3	4	5	6
S	X	X	O	X	X	X
S	X	X	X	X	X	O
M	X	X	X	O	X	X
M	X	X	X	X	O	X
G	O	X	X	X	X	X
G	X	O	X	X	X	X

Nas condições descritas, as posições em que chegaram o Sr. e a Sra. Silva, respectivamente, foram **3** e **6**.

Gabarito: b

4. Em um restaurante, João, Pedro e Rodrigo pediram pratos de carne, frango e peixe, não necessariamente nessa ordem, mas cada um pediu um único prato. As cores de suas camisas eram azul, branco e verde; Pedro usava camisa azul; a pessoa de camisa verde pediu carne; e Rodrigo não pediu frango. Essas informações podem ser visualizadas na tabela a seguir, em que, no cruzamento de uma linha com uma coluna, V corresponde a fato **verdadeiro** e F a fato **falso**.

	carne	frango	peixe	João	Pedro	Rodrigo
azul					V	
branca						
verde	V					
João						
Pedro						
Rodrigo		F				

Considerando a situação apresentada e, no que couber, o preenchimento da tabela anterior, analise a afirmação a seguir:

Se João pediu peixe, então Rodrigo não usava camisa branca.

Resolução

Completando o quadro apresentado pelo enunciado, temos:

	carne	frango	peixe	João	Pedro	Rodrigo
azul	F			F	V	F
branca	F				F	
verde	V	F	F		F	
João						
Pedro						
Rodrigo		F				

Da informação do enunciado (Se João pediu peixe, então Rodrigo não usava camisa branca), podemos concluir que João pediu peixe. Assim:

	carne	frango	peixe	João	Pedro	Rodrigo
azul	F			F	V	F
branca	F				F	
verde	V	F	F		F	
João	F	F	V			
Pedro			F			
Rodrigo		F	F			

Completando a tabela "homens × pratos", temos:

	carne	frango	peixe	João	Pedro	Rodrigo
azul	F			F	V	F
branca	F				F	
verde	V	F	F		F	
João	F	F	V			
Pedro	F	V	F			
Rodrigo	V	F	F			

Na tabela "cores × prato", vemos que a pessoa que comeu carne está de verde. Na sequência, analisando a tabela "homens × pratos", vemos que Rodrigo pediu carne. Logo, Rodrigo está de verde.

	carne	frango	peixe	João	Pedro	Rodrigo
azul	F			F	V	F
branca	F			V	F	F
verde	V	F	F	F	F	V
João	F	F	V			
Pedro	F	V	F			
Rodrigo	V	F	F			

Assim, "Se João pediu peixe, então Rodrigo não usava camisa branca" é uma afirmação **certa**.

5. Em um restaurante, João, Pedro e Rodrigo pediram pratos de carne, frango e peixe, não necessariamente nessa ordem, mas cada um pediu um único prato. As cores de suas camisas eram azul, branco e verde; Pedro usava camisa azul; a pessoa de camisa verde pediu carne; e Rodrigo não pediu frango. Essas informações podem ser visualizadas na tabela a seguir, em que, no cruzamento de uma linha com uma coluna, V corresponde a fato **verdadeiro** e F a fato **falso**.

	carne	frango	peixe	João	Pedro	Rodrigo
azul					V	
branca						
verde	V					
João						
Pedro						
Rodrigo		F				

Considerando a situação apresentada e, no que couber, o preenchimento da tabela anterior, é possível inferir que Pedro pediu frango?

Resolução

Completando o quadro apresentado pelo enunciado, temos

	carne	frango	peixe	João	Pedro	Rodrigo
azul	F			F	V	F
branca	F				F	
verde	V	F	F		F	
João						
Pedro						
Rodrigo		F				

Apenas com as informações do enunciado, não podemos extrair novas informações da tabela. Logo, **não** é possível inferir que Pedro pediu frango.

6. Em um restaurante, João, Pedro e Rodrigo pediram pratos de carne, frango e peixe, não necessariamente nessa ordem, mas cada um pediu um único prato. As cores de suas camisas eram azul, branco e verde; Pedro usava camisa azul; a pessoa de camisa verde pediu carne; e Rodrigo não pediu frango. Essas informações podem ser visualizadas na tabela a seguir, em que, no cruzamento de uma linha com uma coluna, V corresponde a fato **verdadeiro** e F a fato **falso**.

	carne	frango	peixe	João	Pedro	Rodrigo
azul					V	
branca						
verde	V					
João						
Pedro						
Rodrigo		F				

Considerando essa situação e, no que couber, o preenchimento da tabela anterior, pode-se afirmar que as informações apresentadas e o fato de João ter pedido peixe não são suficientes para identificar a cor da camisa de cada uma dessas pessoas e o prato que cada uma delas pediu?

Resolução

Completando o quadro apresentado pelo enunciado, temos:

	carne	frango	peixe	João	Pedro	Rodrigo
azul	F			F	V	F
branca	F				F	
verde	V	F	F		F	
João						
Pedro						
Rodrigo		F				

Da informação do enunciado (as informações apresentadas e **o fato de João ter pedido peixe**...), podemos concluir que João pediu peixe. Assim:

	carne	frango	peixe	João	Pedro	Rodrigo
azul	F			F	V	F
branca	F				F	
verde	V	F	F		F	
João	F	F	V			
Pedro			F			
Rodrigo		F	F			

Completando a tabela "homens × pratos", temos:

	carne	frango	peixe	João	Pedro	Rodrigo
azul	F			F	V	F
branca	F				F	
verde	V	F	F		F	
João	F	F	V			
Pedro	F	V	F			
Rodrigo	V	F	F			

Na tabela "cores × prato", vemos que a pessoa que comeu carne está de verde. Na sequência, analisando a tabela "homens × pratos", vemos que Rodrigo pediu carne. Logo, Rodrigo está de verde.

	carne	frango	peixe	João	Pedro	Rodrigo
azul	F			F	V	F
branca	F			V	F	F
verde	V	F	F	F	F	V
João	F	F	V			
Pedro	F	V	F			
Rodrigo	V	F	F			

Portanto, **não** é possível afirmar que "as informações apresentadas e o fato de João ter pedido peixe **não** são suficientes para identificar a cor da camisa de cada uma dessas pessoas e o prato que cada uma delas pediu".

CAPÍTULO 4. VERDADES E MENTIRAS

Verdades e mentiras são um ramo da lógica que estuda os problemas lógicos em que devemos interpretar as consequências de uma frase ser verdadeira ou falsa.

Por ser um tema totalmente prático, o estudo de **Verdades e mentiras** será feito por meio da **resolução** de **questões**.

Exercícios-modelo

1. Em um reino distante, um homem cometeu um crime e foi condenado à forca. Para que a sentença fosse executada, o rei mandou que construíssem duas forcas e determinou que fossem denominadas de Forca da Verdade e Forca da Mentira. Além disso, ordenou que, na hora da execução, o prisioneiro deveria proferir uma sentença assertiva qualquer.

Se a sentença fosse verdadeira, ele deveria ser enforcado na Forca da Verdade. Se, por outro lado, a sentença fosse falsa, ele deveria ser enforcado na Forca da Mentira.

Assim, no momento da execução, foi solicitado que o prisioneiro proferisse a sua asserção. Ao fazer isso, o carrasco ficou completamente sem saber o que fazer e a execução foi cancelada!

Assinale qual das alternativas representa a asserção que o prisioneiro teria proferido.

A) "Está chovendo forte."

B) "O carrasco não vai me executar."

C) "A soma dos ângulos de um triângulo é cento e oitenta graus."

D) "Dois mais dois é igual a cinco."

E) "Serei enforcado na Forca da Mentira."

Resolução

A) O valor lógico da frase em questão depende da condição climática no dia da execução. Assim, **não podemos determinar em qual forca o homem será executado, mas**, se estiver chovendo forte, ele será enforcado na forca da verdade; caso contrário, na forca da mentira. Desse modo, a frase em questão não cancelaria a execução.

B) A frase é falsa, visto que o carrasco vai executá-lo. Assim, ele será executado na forca da mentira. Logo, essa frase não cancelaria a execução.

C) A frase é verdadeira. Então, ele será executado na forca da verdade. Logo, essa frase não cancelaria a execução.

D) A frase é falsa. Assim, ele será executado na forca da mentira. Logo, essa frase não cancelaria a execução.

E) Ao dizer a frase em questão, o homem condiciona o valor lógico dela a ser o contrário da forca para a qual ele é levado.

Se ele for levado para a forca da verdade, a frase será falsa.

Se ele for levado para a forca da mentira, a frase será verdadeira.

Logo, não existe situação para executá-lo de acordo com as regras apresentadas na questão. Assim, a execução seria cancelada.

Serei enforcado na força da mentira

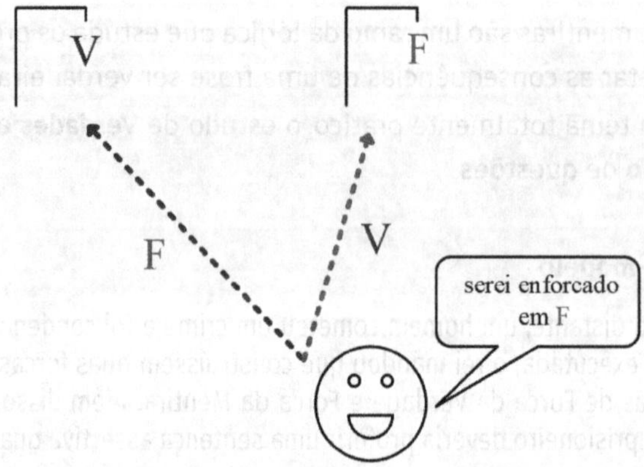

Note que, caso a frase fosse "Serei enforcado na forca da verdade", teríamos a seguinte situação:

- Ao dizer a frase em questão, o homem condiciona o valor lógico dela a ser o mesmo da forca para a qual ele é levado.
- Se ele for levado para a forca da verdade, a frase será verdadeira.
- Se ele for levado para a forca da mentira, a frase será falsa.

Logo, o homem poderia ser executado em qualquer uma das forcas.

Serei enforcado na forca da verdade

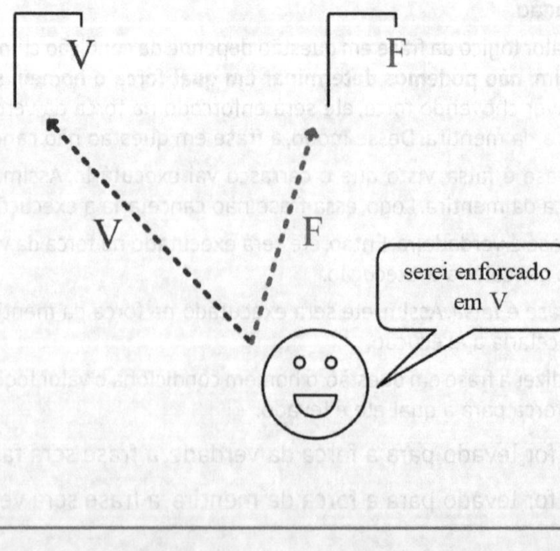

2. Num universo paralelo, existem apenas dois tipos de pessoas: as que sempre falam a verdade e as que sempre mentem. Um visitante encontra duas pessoas desse universo (Alfa e Beta). O visitante pergunta a Beta se ele fala a verdade. Beta responde, na sua língua, para Alfa, que diz para o visitante: "Ele disse que sim". Dessa situação, é correto concluir que:

A) Beta fala a verdade.

B) ambos falam a verdade.

C) a resposta de Beta foi "Não".

D) ambos mentem.

E) Alfa fala a verdade.

Resolução

Para resolver a questão, vamos primeiro entender a situação. Temos dois seres (Alfa e Beta) e não sabemos se eles são do tipo de pessoa que sempre fala a verdade ou do tipo que sempre mente. Para tentar entender a situação, o visitante pergunta para Beta se ele diz a verdade. Este responde, em sua língua, para Alfa (logo, não sabemos o que foi dito), podendo Beta estar falando a verdade ou mentindo. Alfa, por sua vez, nos conta que a resposta foi sim, podendo Alfa estar falando a verdade ou mentindo.

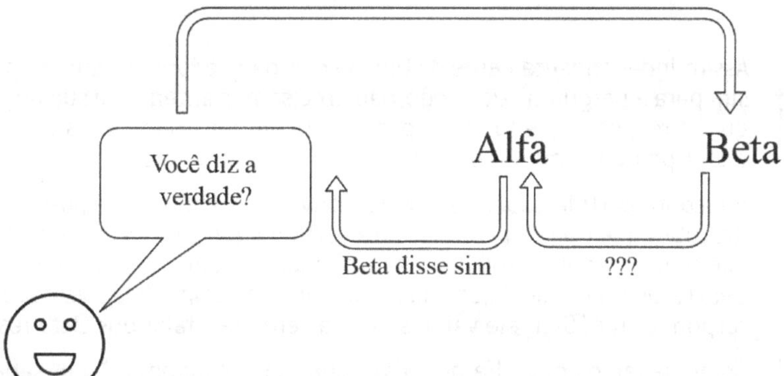

Podemos considerar que toda pessoa possui duas vozes dentro de si, a voz em sua mente (seus pensamentos e percepção do mundo) e voz falada (o que ele diz para as outras pessoas). Independentemente de sermos uma pessoa que sempre fala a verdade ou sempre mente, na voz de nossas mentes sempre dizemos a verdade (quando sabemos qual é a verdade). O processo de mentir acontece na voz falada, quando dizemos o contrário do que seria a verdade que conhecemos.

Pensando nisso, para desvendarmos a resposta dada por Beta, vamos nos colocar em duas situações distintas:

I. Sempre falamos a verdade

Neste caso, ao ouvir a pergunta "Você diz a verdade?", imediatamente a voz em nossa mente nos diz que "Sim", pois sabemos que dizemos a verdade. Ao falarmos, respondemos a verdade e dizemos "Sim".

II. Sempre falamos a mentira

Neste caso, ao ouvir a pergunta "você diz a verdade?", imediatamente a voz em nossa mente nos diz que "Não", pois sabemos que dizemos a mentira. Porém, ao falarmos, respondemos a mentira e dizemos "Sim".

Assim, independentemente do tipo de pessoa que for Beta, ele sempre responderá sim para a pergunta feita. Logo, não precisamos entender a sua língua para saber qual a resposta que foi dada por ele. No entanto, não temos como saber se ele é do tipo que sempre diz a verdade ou sempre mente.

Em contrapartida, sabendo que Alfa ouviu de Beta uma resposta "Sim", podemos descobrir que tipo de pessoa ele é a partir do que ele nos conta. Se Alfa for do tipo que sempre mente, ao ouvir Beta responder-lhe "Sim", ele vai mentir e nos dizer que Beta respondeu "Não". Já, se Alfa for do tipo que sempre fala a verdade, ao ouvir Beta responder-lhe "Sim", ele vai nos dizer a verdade e falar que Beta respondeu "Sim".

Como sabemos que Alfa nos disse que Beta respondeu "Sim", sabemos que ele está falando a verdade. Logo, podemos concluir que Alfa é do tipo que sempre diz a verdade, embora seja impossível dizer que tipo de pessoa Beta é.

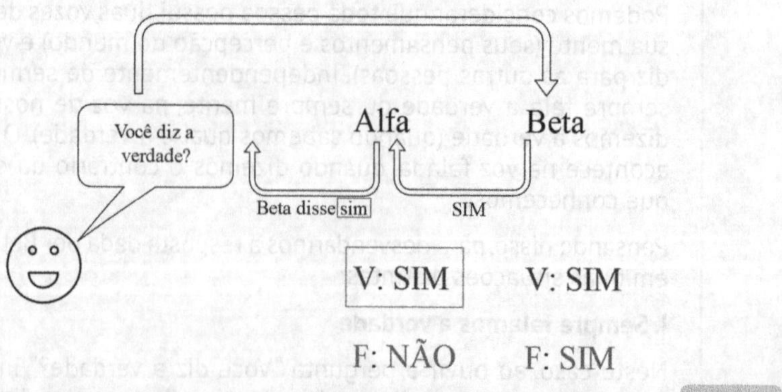

Gabarito: e

3. Batman e Robin formam uma dupla estranha. Batman diz a verdade apenas às segundas, **às** terças e às quartas, enquanto Robin diz a verdade apenas às quintas, **às** sextas, aos **sábados e** aos domingos. Certo dia da semana, os dois disseram: "Amanhã é dia de mentir". Que dia da semana era esse?

A) Domingo ou segunda-feira.

B) Terça-feira ou quarta-feira.

C) Sábado ou quinta-feira.

D) Domingo ou quarta-feira.

E) Sexta-feira ou quarta-feira.

Resolução

Para entendermos melhor a questão, vamos organizar os dados dela em uma tabela.

	S	T	Q	Q	S	S	D
B	V	V	V	F	F	F	F
R	F	F	F	V	V	V	V

Agora, sabendo que, em dado dia da semana, os dois disseram "Amanhã **é dia de mentir", vamos nos colocar em duas situações para entendermos os possíveis significados des**sa frase:

I. **Estamos falando a verdade ao dizer essa frase**

Neste caso, estávamos falando a verdade quando dissemos que "Amanhã **é dia de mentir"**. Com isso, essa frase era verdadeira, o que significa que amanhã devemos mentir.

II. **Estamos mentindo ao dizer essa frase**

Neste caso, estávamos mentindo quando dissemos que "Amanhã **é dia de mentir"**. Com isso, essa frase era falsa, o que significa que amanhã devemos falar a verdade.

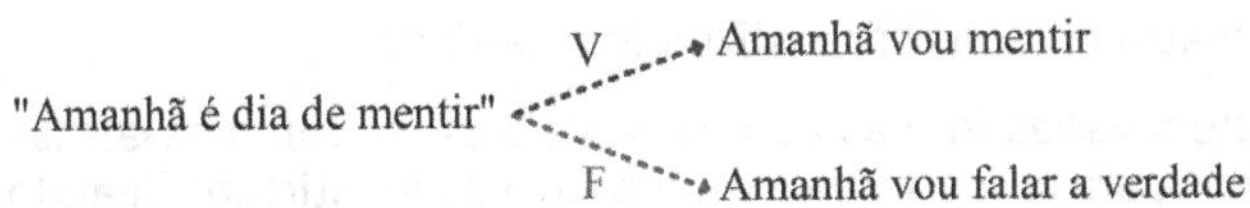

Assim, concluímos que essa frase indica uma troca de valor lógico. Se estamos dizendo a verdade, no outro dia vamos mentir; se estamos dizendo a mentira, no outro dia vamos falar a verdade. Com isso, analisando a tabela, vemos que os únicos dias que se enquadram nessa situação são **domingo** e **quarta-feira**. Logo, essa frase só pode ter sido dita em um desses dias.

	S	T	Q	Q	S	S	D
B	V	V	V	F	F	F	F
R	F	F	F	V	V	V	V

Gabarito: d

4. Um crime foi cometido por uma – e apenas uma – pessoa de um grupo de cinco suspeitos: Luís, Guilherme, Suzane, Alexandre e Marcos. Perguntados sobre quem era o culpado, cada um deles respondeu:

- Luís – "Sou inocente".
- Guilherme – "Suzane é a culpada".
- Suzane – "Marcos é o culpado".
- Alexandre – "Luís disse a verdade".
- Marcos – "Guilherme mentiu".

Sabendo-se que apenas um dos suspeitos mentiu e todos os outros disseram a verdade, pode-se concluir que o culpado é:

A) Luís

B) Suzane

C) Guilherme

D) Alexandre

E) Marcos

Resolução

Do enunciado, temos que:

I. uma única pessoa é culpada.

II. uma única pessoa está mentindo, não necessariamente a culpada.

III. quatro pessoas estão dizendo a verdade.

Existem várias formas de resolver questões como essa, mas a ferramenta mais efetiva para casos assim é o "paradoxo do mentiroso". Quando uma pessoa chama outra de mentirosa, podemos afirmar que elas possuem valores lógicos contrários. Se uma estiver falando a verdade, a outra estará mentindo e vice-versa. Na questão, Marcos disse que Guilherme está mentindo. Assim, se Marcos estiver falando a verdade, a frase de Guilherme será falsa e, se Marcos estiver mentindo, a frase de Guilherme será verdadeira.

Repare que é impossível os dois (Marcos e GuilhermE) possuírem frases com mesmo valor lógico (ambas verdadeiras ou ambas falsas).

Como, na questão, temos um único mentiroso e, obrigatoriamente, ou Marcos está mentindo, ou Guilherme está mentindo, podemos concluir que todos os outros disseram a verdade.

-Luís: "Sou inocente" V

Guilherme: "Suzane é a culpada"

-Suzane: "Marcos é o culpado" V

-Alexandre: "Luís disse a verdade" V

Marcos: "Guilherme mentiu"

Como Suzane disse que Marcos é o culpado e sabemos que ela está dizendo a verdade, Marcos realmente será o culpado. Portanto, a alternativa correta é a *e*.

Note também que, ao dizer que Suzane era a culpada, Guilherme mentiu. Logo, Marcos, embora seja o culpado, estava falando a verdade em seu depoimento.

-Luís: "Sou inocente" V

Guilherme: "Suzane é a culpada" F

-Suzane: "Marcos é o culpado" V

-Alexandre: "Luís disse a verdade" V

Marcos: "Guilherme mentiu" V

5. Um crime foi cometido por uma e apenas uma pessoa de um grupo de cinco suspeitos: Luís, Guilherme, Suzane, Alexandre e Marcos. Perguntados sobre quem era o culpado, cada um deles respondeu:

Luís – "Sou inocente".

Guilherme – "Suzane é a culpada".

Suzane – "Marcos é o culpado".

Alexandre – "Luís disse a verdade".

Marcos – "Guilherme mentiu".

Sabendo-se que apenas um dos suspeitos falou a verdade e todos os outros mentiram, pode-se concluir que o culpado é:

A) Luís

B) Suzane

C) Guilherme

D) Alexandre

E) Marcos

Resolução

Do enunciado, temos que:

I. uma única pessoa é culpada.

II. uma única pessoa fala a verdade.

III. quatro pessoas mentem.

Quando uma pessoa chama outra de mentirosa, podemos afirmar que elas possuem valores lógicos contrários. Se uma estiver falando a verdade, a outra estará mentindo e vice-versa. Na questão, Marcos disse que Guilherme está mentindo. Assim, se Marcos estiver falando a verdade, a frase de Guilherme será falsa e, se Marcos estiver mentindo, a frase de Guilherme será verdadeira.

Repare que é impossível os dois (Marcos e GuilhermE) possuírem frases com mesmo valor lógico (ambas verdadeiras ou ambas falsas).

Como, na questão, temos uma única pessoa falando a verdade e, obrigatoriamente, ou Marcos está falando a verdade, ou Guilherme está falando a verdade, podemos concluir que todos os outros mentiram.

-Luís: "Sou inocente" F

Guilherme: "Suzane é a culpada"

-Suzane: "Marcos é o culpado" F

-Alexandre: "Luís disse a verdade" F

Marcos: "Guilherme mentiu"

Como Luís disse que era inocente e sabemos que ele está mentindo, podemos concluir que Luís é o culpado. Portanto, a alternativa correta é a *a*.

Note também que, ao dizer que Suzane era a culpada, Guilherme mentiu. Logo, Marcos estava falando a verdade em seu depoimento.

-Luís: "Sou inocente" F

Guilherme: "Suzane é a culpada" F

-Suzane: "Marcos é o culpado" F

-Alexandre: "Luís disse a verdade" F

Marcos: "Guilherme mentiu" V

6. Cinco colegas foram a um parque de diversões e um deles entrou sem pagar. Apanhados por um funcionário do parque, que queria saber qual deles entrou sem pagar, eles disseram:

- Marcos – "Não fui eu nem o Manuel".
- Mário – "Foi o Manuel ou a Maria".
- Manuel – "Foi a Mara".
- Mara – "O Mário está mentindo".
- Maria – "Foi a Mara ou o Marcos".

Sabendo-se que um e somente um dos cinco colegas mentiu, conclui-se, logicamente, que quem entrou sem pagar foi:

A) Mário

B) Mara

C) Marcos

D) Manuel

E) Maria

Resolução

Do enunciado, temos que:

I. uma única pessoa é culpada.

II. uma única pessoa está mentindo, não necessariamente a culpada.

III. quatro pessoas estão dizendo a verdade.

Quando uma pessoa chama outra de mentirosa, podemos afirmar que elas possuem valores lógicos contrários. Se uma estiver falando a verdade, a outra estará mentindo e vice-versa. Na questão, Mara disse que Mário está mentindo. Assim, se Mara estiver falando a verdade, a frase de Mário será falsa e, se Mara estiver mentindo, a frase de Mário será verdadeira.

Repare que é impossível os dois (Mara e Mário) possuírem frases com mesmo valor lógico (ambas verdadeiras ou ambas falsas).

Como, na questão, temos um único mentiroso e, obrigatoriamente, ou Mara está mentindo, ou Mário está mentindo, podemos concluir que todos os outros disseram a verdade.

–"Não fui eu nem o Manuel", disse Marcos. V

–"Foi o Manuel ou a Maria", disse Mário.

–"Foi a Mara", disse Manuel. V

–"O Mário está mentindo", disse Mara.

–"Foi a Mara ou o Marcos", disse Maria. V

Como Manuel disse que Mara é a culpada e sabemos que ele está dizendo a verdade, Mara realmente será a culpada. Portanto, a alternativa correta é a *b*.

Note também que, ao dizer que foi Manuel ou Maria, Mário mentiu. Logo, Mara, embora seja a culpada, estava falando a verdade em seu depoimento.

–"Não fui eu nem o Manuel", disse Marcos. V

"Foi o Manuel ou a Maria", disse Mário. F

–"Foi a Mara", disse Manuel. V

"O Mário está mentindo", disse Mara. V

–"Foi a Mara ou o Marcos", disse Maria. V

7. Cinco colegas foram a um parque de diversões e um deles entrou sem pagar. Apanhados por um funcionário do parque, que queria saber qual deles entrou sem pagar, eles disseram:

Marcos – "Não fui eu nem o Manuel".

Mário – "Foi o Manuel ou a Maria".

Manuel – "Foi a Mara".

Mara – "O Mário está mentindo".

Maria – "Foi a Mara ou o Marcos".

Sabendo-se que um, e somente um, dos cinco colegas disse a verdade, conclui-se, logicamente, que quem entrou sem pagar foi:

A) Mário

B) Mara

C) Marcos

D) Manuel

E) Maria

Resolução

Do enunciado, temos que:

I. uma única pessoa é culpada.

II. uma única pessoa está falando a verdade.

III. quatro pessoas estão mentindo.

Quando uma pessoa chama outra de mentirosa, podemos afirmar que elas possuem valores lógicos contrários. Se uma estiver falando a verdade, a outra estará mentindo e vice-versa. Na questão, Mara disse que Mário está mentindo. Assim, se Mara estiver falando a verdade, a frase de Mário será falsa e, se Mara estiver mentindo, a frase de Mário será verdadeira.

Repare que é impossível os dois (Mara e Mário) possuírem frases com mesmo valor lógico (ambas verdadeiras ou ambas falsas).

Como, na questão, temos uma única pessoa dizendo a verdade e, obrigatoriamente, ou Mara está falando a verdade, ou Mário está falando a verdade, podemos concluir que todos os outros mentiram.

–"Não fui eu nem o Manuel", disse Marcos. F

"Foi o Manuel ou a Maria", disse Mário.

–"Foi a Mara", disse Manuel. F

"O Mário está mentindo", disse Mara.

–"Foi a Mara ou o Marcos", disse Maria. F

Como Marcos disse que não foi ele nem o Manuel e sabemos que ele está mentindo, podemos concluir que ele (Marcos) ou Manuel será o culpado.

Como Maria disse que foi a Mara ou o Marcos e sabemos que ela está mentindo, podemos concluir que Mara e Marcos são inocentes. Assim, Manuel será o culpado. Portanto, a alternativa correta é a *d*.

Note também que, ao dizer que foi Manuel ou Maria, Mário falou a verdade. Logo, Mara mentiu.

–"Não fui eu nem o Manuel", disse Marcos. F

"Foi o Manuel ou a Maria", disse Mário. V

–"Foi a Mara", disse Manuel. F

"O Mário está mentindo", disse Mara. F

–"Foi a Mara ou o Marcos", disse Maria. F

Nota:

CAPÍTULO 5. OPERAÇÕES COM CONJUNTOS

Operações com conjuntos são o ramo da matemática que estuda a relação entre elementos pertencentes a um ou mais conjuntos. No mundo dos concursos, os problemas de operações com conjuntos se dividem em duas categorias, os problemas que envolvem dois conjuntos e os problemas que envolvem três conjuntos. Para ambos os casos, a ferramenta mais utilizada para a **resolução** de problemas será o diagrama de Venn-Euler, ou, simplesmente, diagrama de Venn.

5.1. Nomenclaturas utilizadas

5.1.1. União (A ∪ B)

A união entre *A* e *B* (A ∪ B) é o conjunto formado pela junção de todos os elementos de *A* com todos os elementos de *B*.

Exemplo: Temos $A = \{1, 2, 3\}$ e $B = \{3, 4\}$. Então: $A \cup B = \{1, 2, 3, 4\}$.

5.1.2. Intersecção (A ∩ B)

A intersecção entre *A* e *B* ($A \cap B$) é o conjunto formado pelos elementos que aparecem simultaneamente em ambos os conjuntos.

Exemplo: Temos $A = \{1, 2, 3\}$ e $B = \{3, 4\}$. Então: $A \cap B = \{3\}$.

5.1.3 Diferença (A – B) ou (A \ B)

A diferença entre *A* e *B* é o conjunto formado pelos elementos que pertencem a *A*, e não a *B*.

Exemplo: Temos e $A = \{1, 2, 3\}$ e $B = \{3, 4\}$. Então: $A\ B = \{1, 2\}$.

Observação:

não existem números negativos quando falamos de conjuntos. Assim, retiramos de *A* somente os elementos que aparecem simultaneamente em *B* {3} e ignoramos os elementos que estão apenas em *B* {4}.

5.1.4. Contido ($A \subset B$)

Quando um conjunto *A* está contido em um conjunto *B* ($A \subset B$), podemos concluir que todos os elementos de *A* fazem parte do conjunto *B*.

Exemplo: Temos A = {1, 2, 3} e B = {1, 2, 3, 4, 9}. Então: ($A \subset B$).

5.1.5. Contém ($A \supset B$)

Quando um conjunto A contém um conjunto B ($A \supset B$), podemos concluir que todos os elementos de B fazem parte do conjunto A.

Exemplo: Temos A = {1, 2, 3, 4, 9} e B = {1, 2, 3}. Então: ($A \supset B$).

5.1.6. Pertence ($k \in A$)

Quando um elemento *k* pertence (faz partE) de um conjunto *A*, dizemos que (.

Exemplo: Sendo A = {1, 2, 3, 4, 9}, podemos afirmar que $2 \in A$.

5.1.7 Conjunto vazio (Ø)

O conjunto vazio é um conjunto que não possui elementos dentro dele, sendo representado por Ø ou { }.

5.2. Diagrama de Venn para dois conjuntos

Vamos imaginar o universo dos alunos do curso. Dentro desse universo, vamos representar dois conjuntos diferentes, o conjunto das mulheres do nosso curso e o conjunto das pessoas que usam óculos. O diagrama de Venn que representa essa situação poderia ser definido da seguinte forma:

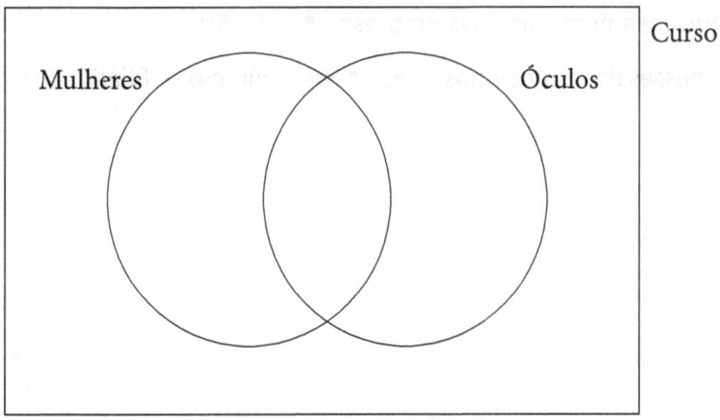

Cada uma das regiões do diagrama representa, respectivamente, as seguintes características:

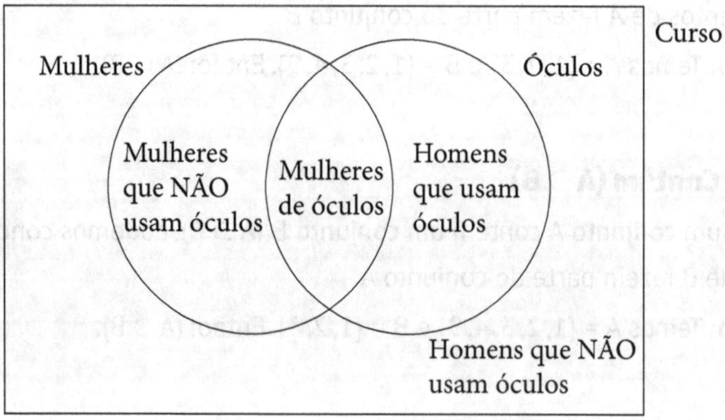

Repare que cada conjunto apresenta informações tanto sobre os elementos pertencentes a ele como sobre os não pertencentes. Um elemento que estiver dentro do diagrama "óculos" fará parte das pessoas do curso que utilizam óculos, enquanto um elemento não pertencente será uma pessoa que **não** utiliza óculos. O mesmo raciocínio é aplicado para os elementos do diagrama "mulheres", ou seja, um elemento que estiver dentro do diagrama será uma mulher do nosso curso, ao passo que um elemento que estiver fora **não** será mulher. Por se tratar do cenário dos alunos do nosso curso, podemos inferir, então, que será um homem.

Exercício-modelo

1. Um levantamento efetuado entre 600 filiados ao INSS mostrou que muitos deles mantinham convênio com duas empresas particulares de assistência médica, *A* e *B*, conforme os dados a seguir:

- Convênio com *A* = 430
- Convênio com *B* = 160
- Filiados, simultaneamente, às duas empresas *A* e *B* = 50

Com base nesses dados, podemos concluir que o número de filiados apenas ao INSS será:

A) 30

B) 60

C) 40

D) 25

E) 50

Resolução

Utilizando o modelo do diagrama de Venn para dois conjuntos, temos:

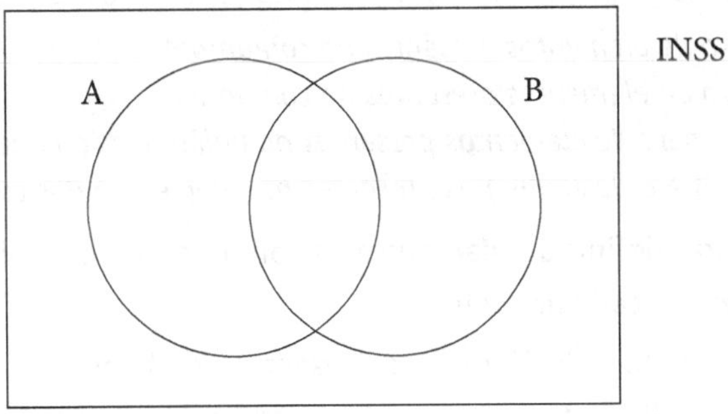

Acrescentando os valores numéricos apresentados no problema, temos:

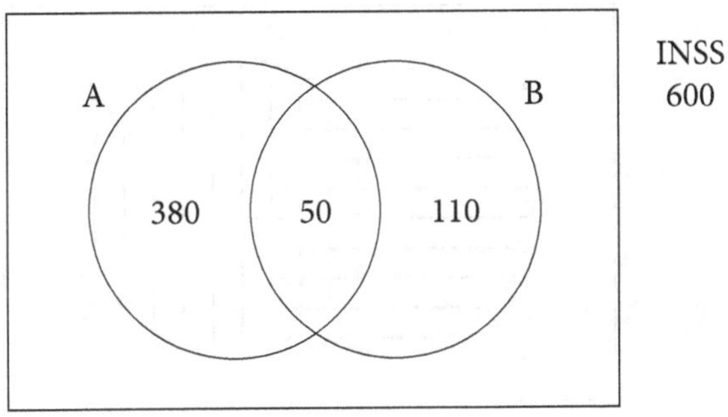

Repare que o conjunto A possui, ao todo, 430 elementos. Destes, retiramos os 50 elementos que pertencem, simultaneamente, a A e B, restando, assim, 380 elementos apenas em A. O mesmo raciocínio é utilizado para os elementos que estão apenas em B (110).

Como a soma de todos os elementos do diagrama será igual ao total do universo (600), temos:

380 + 50 + 110 = 540

600 – 540 = 60

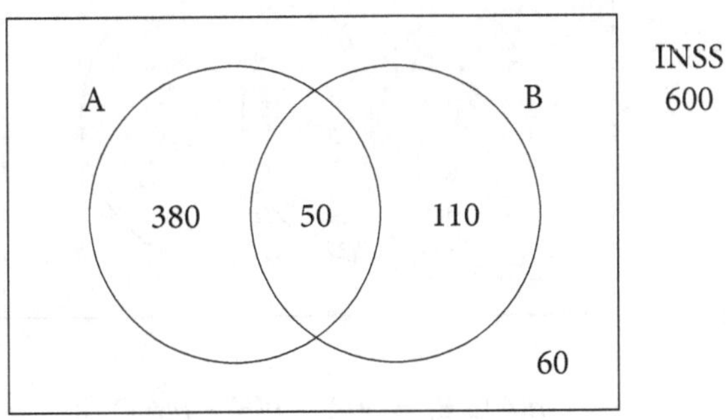

Portanto, **60** pessoas são filiadas **apenas** ao INSS.

5.3. União de conjuntos para dois conjuntos

Considerando o diagrama de Venn anterior, definimos as seguintes notações:

- *n(A) = número de elementos presentes no conjunto A.*
- *n(B) = número de elementos presentes no conjunto B.*
- *n(A ∪ B) = número de elementos presentes na união dos conjuntos A e B.*
- *n(A ∩ B) = número de elementos presentes na intersecção dos conjuntos A e B.*

Vamos tentar definir a **união** entre os conjuntos *A* e *B* utilizando o número de elementos presentes em cada um deles.

A soma do número de elementos presentes em *A* com o número de elementos presentes em *B* (*n*(*A*) + *n*(*B*)) pode ser representada em um diagrama de Venn da seguinte forma:

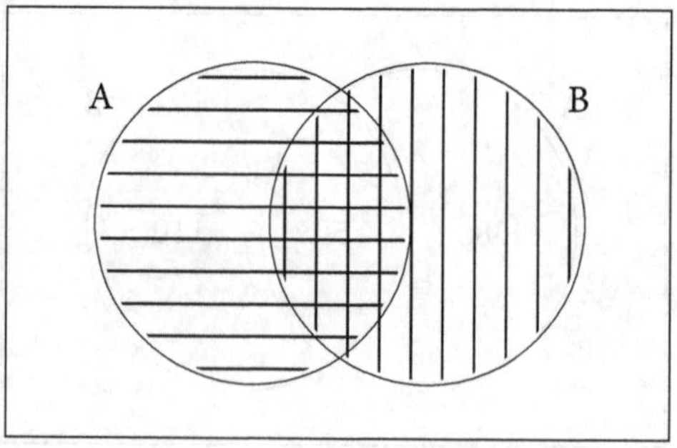

$n(A) + n(B)$

Observando o diagrama, é fácil percebermos que, ao realizarmos a soma *n*(*A*) + *n*(*B*), nós contabilizamos duas vezes os elementos que fazem parte dos dois conjuntos ao mesmo tempo (*n*(*A* *B*)). Assim, para corrigirmos isso, vamos subtrair uma vez a intersecção entre *A* e *B*.

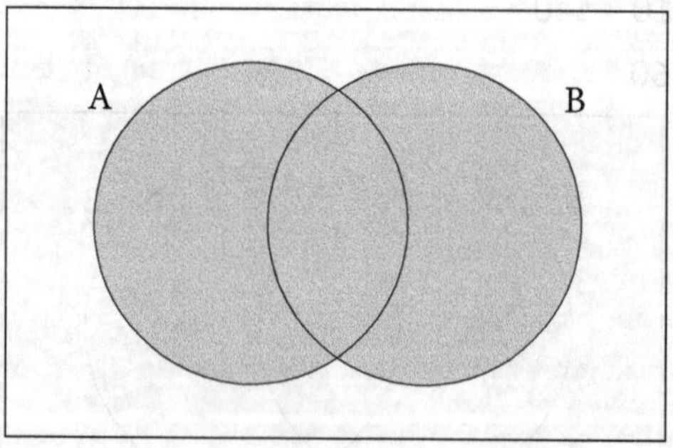

$$n(A \cup B) = n(A) + n(B) - n(A \cap B)$$

ou

$$n(A \text{ ou } B) = n(A) + n(B) - n(A \text{ e } B)$$

Exercício-modelo

2. **(Adaptado de IBFC – 2022 – PC-BA)** Numa assembleia, havia 50 escrivães, dos quais 32 eram destros e 16 eram ambidestros. Nessas condições, e sabendo que todos sabiam escrever, o total de canhotos na assembleia era igual a:

A) 2

B) 18

C) 22

D) 34

E) 16

Resolução

Vamos considerar a notação:

- $n(D \cup C)$: número de destros ou canhotos.
- $n(D)$: número de destros.
- $n(C)$: número de canhotos.
- $n(D \cap C)$: número de destros e canhotos (ambidestros).

Pela fórmula de união para dois conjuntos, temos:

$n(D \cup C) = n(D) + n(C) - n(D \cap C)$

$50 = 32 + n(C) - 16$

$50 = 16 + n(C)$

$n(C) = \mathbf{34}$

5.4. Diagrama de Venn para três conjuntos

Vamos agora imaginar que o universo dos alunos do curso será dividido em três conjuntos diferentes, o conjunto das mulheres, o conjunto das pessoas que usam óculos e o conjunto das pessoas que possuem cabelos loiros. O diagrama de Venn que representa essa situação poderia ser definido da seguinte forma:

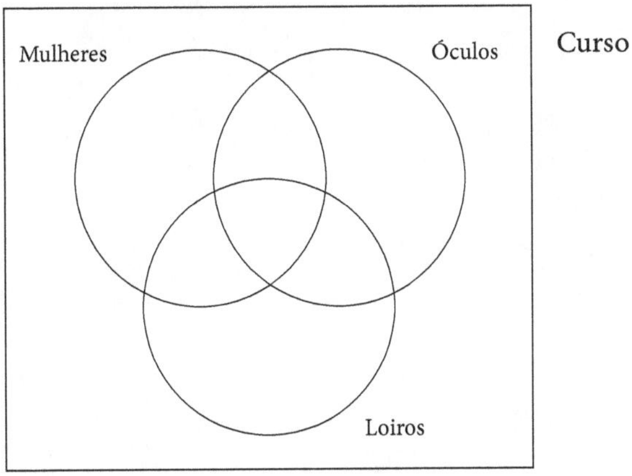

Cada uma das regiões do diagrama representa, respectivamente, as seguintes características:

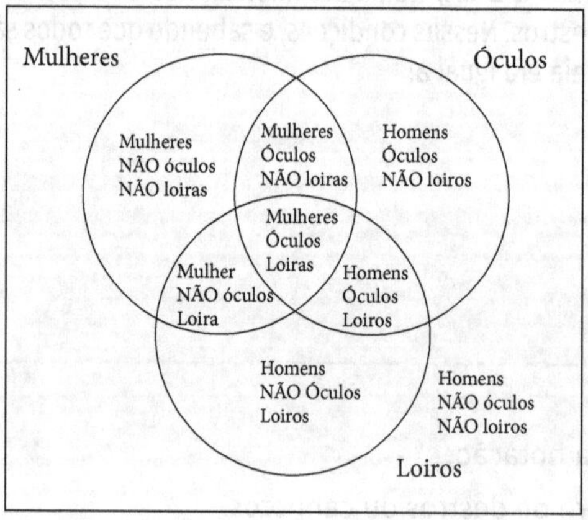

Exercício-modelo

3. **(Adaptado de FGV EAESP)** Em uma entrevista de mercado, foram entrevistadas várias pessoas acerca de suas preferências em relação a três produtos A, B e C. Os resultados da pesquisa indicaram que:

- 210 compraram A;
- 210 compraram B;
- 250 compraram C;
- 60 compraram A e B;
- 70 compraram A e C;
- 50 compraram B e C;
- 20 compraram os três produtos.
- 100 pessoas não compraram nenhum dos três

Quantas pessoas foram entrevistadas?

A) 670
B) 970
C) 870
D) 610
E) 510

Resolução

Utilizando o modelo do diagrama de Venn para três conjuntos, temos:

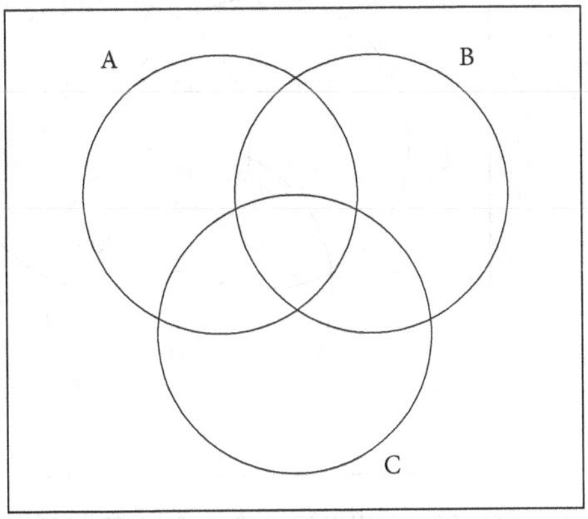

Vamos começar acrescentando a informação das 100 pessoas que não compraram nenhum dos três produtos e das 20 que compraram os três produtos.

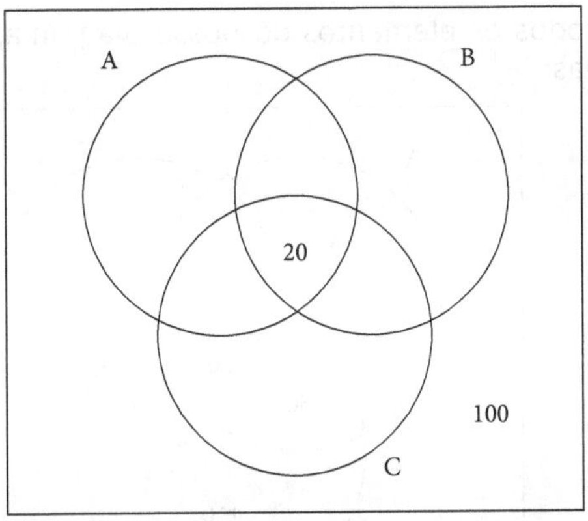

Agora, vamos acrescentar as informações das pessoas que compraram dois produtos simultaneamente (60 A e B; 70 A e C; 50 B e C), lembrando de descontar as 20 pessoas que compraram os três produtos, pois já foram contabilizadas.

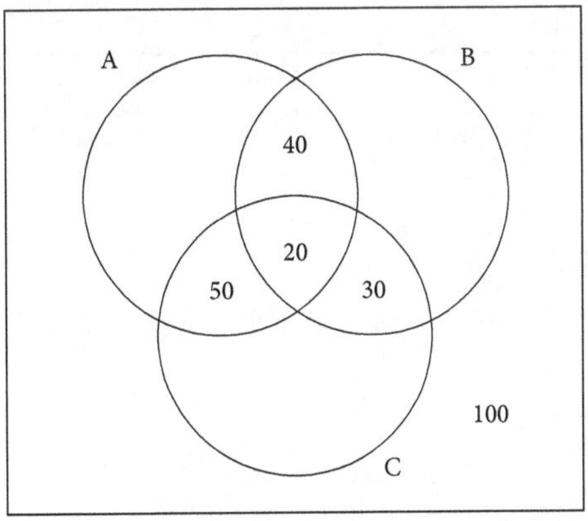

Por fim, vamos acrescentar as informações das pessoas que compraram A, B e C.

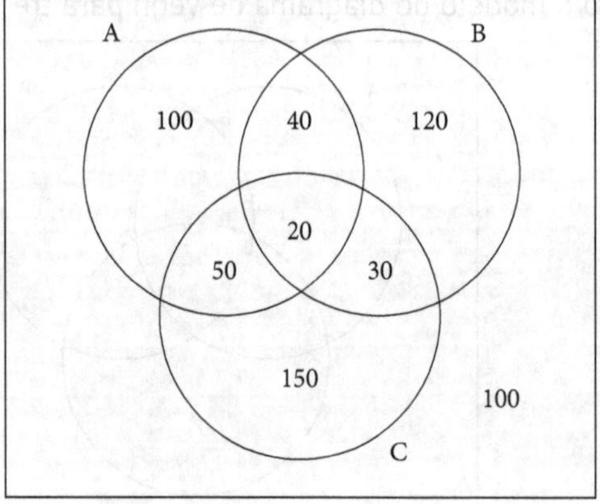

Repare que, dentro do conjunto A, temos um total de 210 pessoas. Subtraindo destas aquelas que já estão presentes no conjunto A, sobram 210 – 40 – 20 – 50 = 100 pessoas que estão **apenas** no grupo A.

Somando todos os elementos do nosso diagrama, temos o total de pessoas entrevistadas:

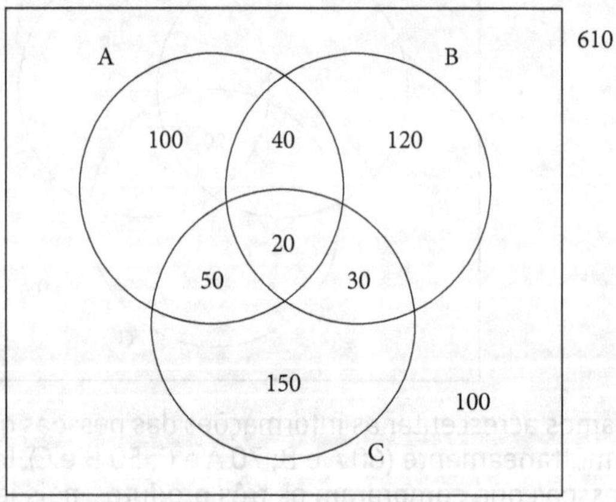

Gabarito: d

5.5. União para três conjuntos:

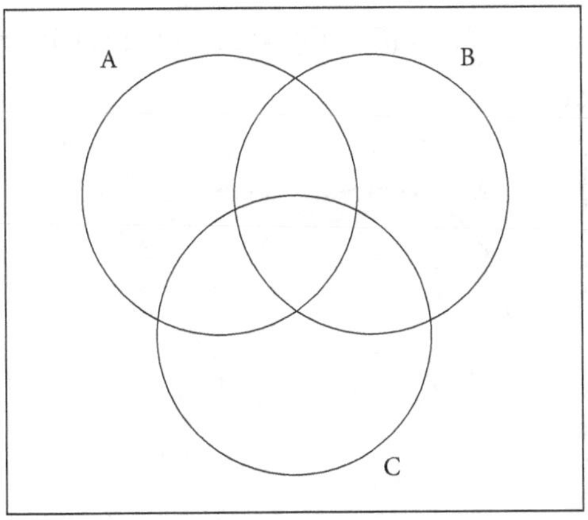

Considerando o diagrama de Venn anterior, definimos as seguintes notações:

- *$n(A)$ = número de elementos presentes no conjunto A.*
- *$n(B)$ = número de elementos presentes no conjunto B.*
- *$n(C)$ = número de elementos presentes no conjunto C.*
- *$n(A \cup B \cup C)$ = número de elementos presentes na união dos conjuntos A, B e C.*
- *$n(A \cap B)$ = número de elementos presentes na intersecção dos conjuntos A e B.*
- *$n(A \cap C)$ = número de elementos presentes na intersecção dos conjuntos A e C.*
- *$n(B \cap C)$ = número de elementos presentes na intersecção dos conjuntos B e C.*
- *$n(A \cap B \cap C)$ = número de elementos presentes na intersecção dos conjuntos A, B e C.*

Vamos tentar definir a **união** entre os conjuntos *A*, *B* e *C* utilizando o número de elementos presentes em cada um deles.

A soma do número de elementos presentes em *A*, *B* e *C* ($n(A) + n(B) + n(C)$) pode ser representada em um diagrama de Venn da seguinte forma:

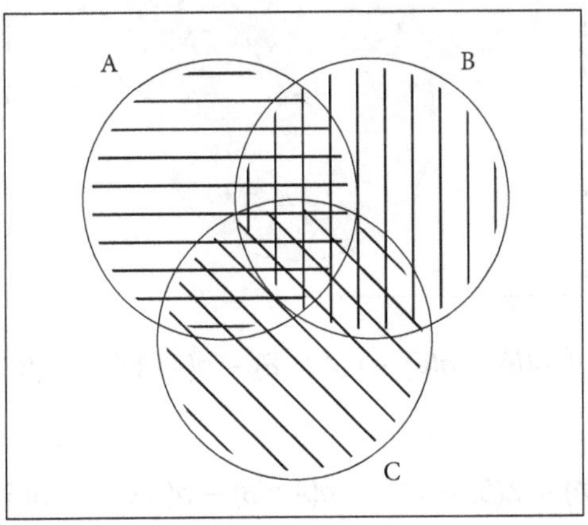

$n(A) + n(B) + n(C)$

Observando o diagrama, é fácil percebermos que, ao realizarmos a soma $n(A) + n(B) + n(C)$, nós contabilizamos duas vezes os elementos que fazem parte de dois conjuntos ao mesmo tempo ($n(A \cap B)$, $n(A \cap C)$ e $n(B \cap C)$). Assim, para corrigirmos isso, vamos subtrair uma vez essas intersecções.

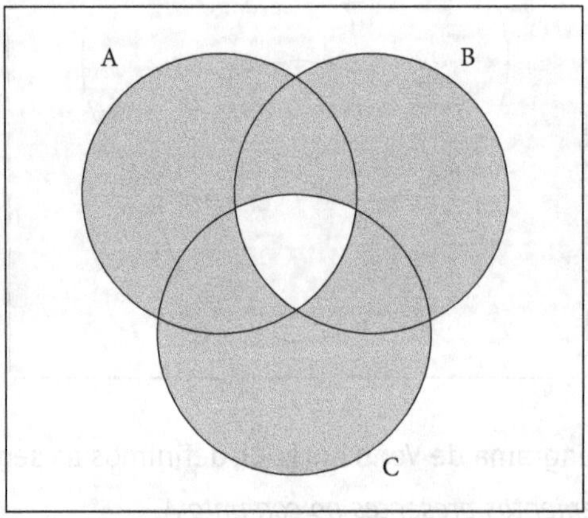

$$n(A) + n(B) + n(C) - n(A \cap B) - n(A \cap C) - n(B \cap C)$$

Porém, ao retirarmos a intersecção entre dois conjuntos, acabamos por desconsiderar completamente o número de elementos pertencentes à intersecção entre os três conjuntos ao mesmo tempo ($n(A \cap B \cap C)$). Por fim, para corrigirmos essa alteração, vamos somar uma vez essa intersecção.

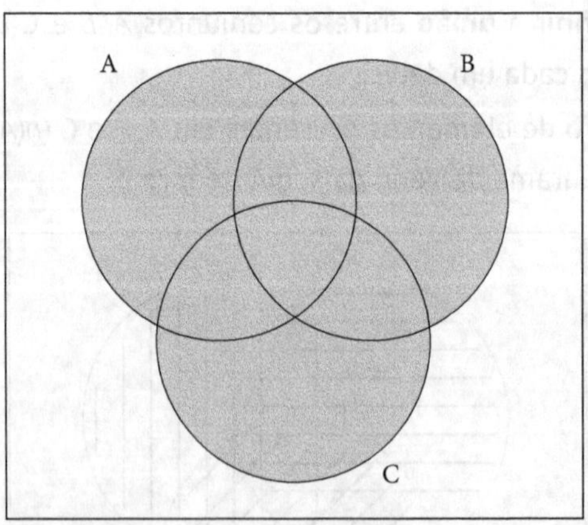

$$n(A \cup B \cup C) = n(A) + n(B) + n(C) - n(A \cap B) - n(A \cap C) - n(B \cap C) + n(A \cap B \cap C)$$

ou

$$n(A \text{ ou } B \text{ ou } C) = n(A) + n(B) + n(C) - n(A \text{ e } B) - n(A \text{ e } C) - n(B \text{ e } C) + n(A \text{ e } B \text{ e } C)$$

4. Em um curso de idiomas, foi feita uma pesquisa com adolescentes para verificar quais línguas estrangeiras eles gostariam de aprender. O resultado foi:

- 23 gostariam de aprender inglês;
- 24 gostariam de aprender espanhol;
- 25 gostariam de aprender alemão;
- 12 gostariam de aprender inglês e alemão;
- 10 gostariam de aprender alemão e espanhol;
- 9 gostariam de aprender inglês e espanhol;
- 7 gostariam de aprender inglês, espanhol e alemão;
- 3 alunos não tinham interesse em aprender qualquer uma das três línguas.

O número de alunos entrevistados foi:

A) 51

B) 48

C) 72

D) 75

E) 41

Resolução

Considerando a notação:

- $n(I \cup E \cup A)$: alunos que gostariam de aprender alguma dessas três línguas.
- $n(I)$: alunos que gostariam de aprender inglês.
- $n(E)$: alunos que gostariam de aprender espanhol.
- $n(A)$: alunos que gostariam de aprender alemão.
- $n(I \cap E)$: alunos que gostariam de aprender inglês e espanhol.
- $n(I \cap A)$: alunos que gostariam de aprender inglês e alemão.
- $n(E \cap A)$: alunos que gostariam de aprender espanhol e alemão.
- $n(I \cap E \cap A)$: alunos que gostariam de aprender as três línguas.

Pela fórmula de união para três conjuntos, temos:

$n(I \cup E \cup A)=$

$n(I)+n(E)+n(A)-n(I \cap E)-n(I \cap A)-n(E \cap A)+n(I \cap E \cap A)$

$n(I \cup E \cup A)=23+24+25-9-12-10+7=48$

Atenção: como três alunos não tinham interesse em aprender qualquer uma das três línguas, o total de alunos entrevistados foi 48 + 3 = **51 alunos**.

Atenção:

como três alunos não tinham interesse em aprender qualquer uma das três línguas, o total de alunos entrevistados foi 48 + 3 = **51 alunos**.

5.6. Questões de prova

1. Em uma pescaria, os pescadores Alberto, Bruno e Carlos colocavam os peixes que pescavam em um mesmo recipiente. Ao final da pescaria, o recipiente continha 16 piaus e 32 piaparas. Na divisão dos peixes, cada um deles afirmou que teria pescado mais peixes que os outros dois.

A respeito dessa situação, considere que a discussão tenha sido assistida por 9 amigos de Alberto, 8 amigos de Bruno e 8 amigos de Carlos, dos quais 3 eram amigos apenas de Alberto, 1 era amigo apenas de Bruno, 2 eram amigos apenas de Carlos e 2 eram amigos apenas de Alberto e Carlos. À vista disso, é correto afirmar que, entre os que assistiram à discussão, a quantidade de amigos de Bruno e Carlos era superior à quantidade de amigos de Alberto ou Bruno?

Resolução

Construindo o diagrama de Venn:

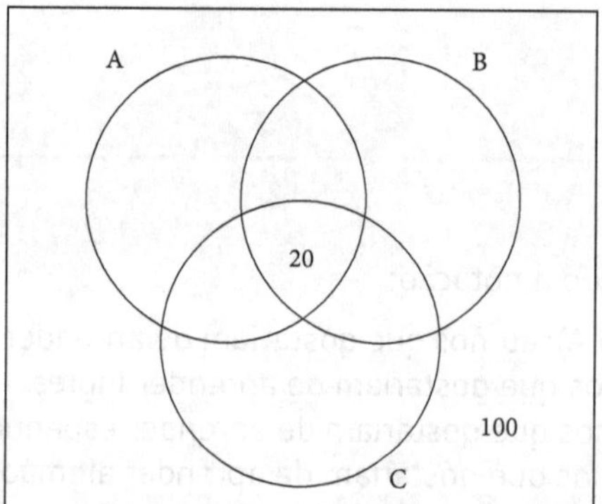

Como há 3 amigos **apenas** de Alberto, 1 **apenas** de Bruno e 2 **apenas** de Carlos, temos:

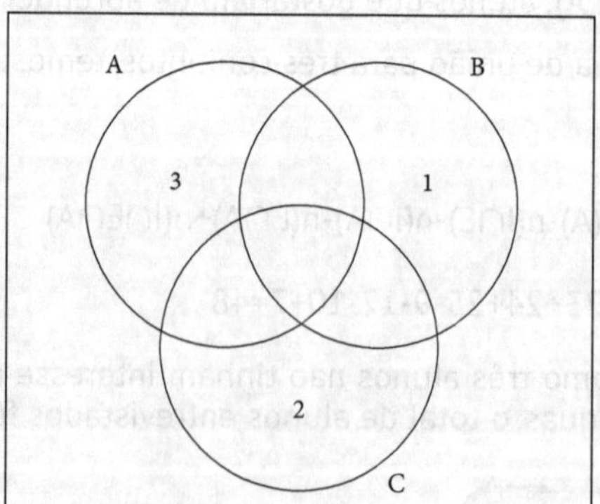

Visto que a afirmação feita pelo enunciado foi de que a quantidade de amigos de Bruno e Carlos é superior à quantidade de amigos de Alberto ou Bruno, somente com essas informações, já podemos responder à questão.

Repare que o grupo de amigos de Bruno e Carlos está contido no grupo de amigos de Alberto ou Bruno.

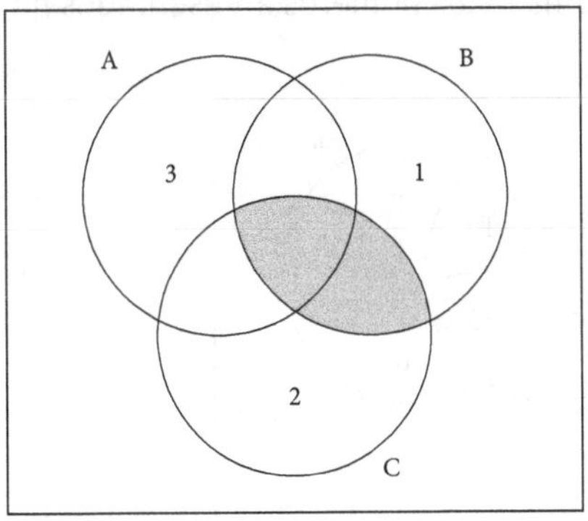

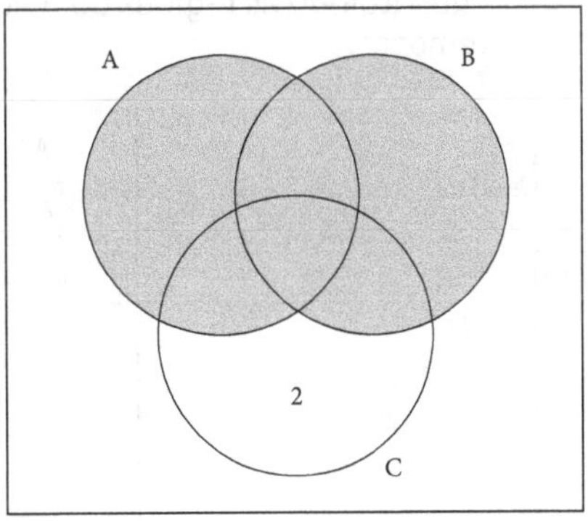

Assim, utilizando apenas as informações do diagrama, podemos afirmar que o grupo de amigos de Alberto ou Bruno terá, no mínimo, 3 + 1 = 4 amigos a mais que o grupo de amigos de Bruno e Carlos. Portanto, é **incorreto** afirmar que, entre os que assistiram à discussão, a quantidade de amigos de Bruno e Carlos era superior à quantidade de amigos de Alberto ou Bruno.

2. O diagrama a seguir apresenta três conjuntos, A, B e C, assim como suas respectivas intersecções. Todas as regiões do diagrama estão numeradas e possuem elementos. A região I possui 5 elementos; a II, 10; a III, 15; a IV, 20; a V, 25; a VI, 30; e a VII, 35 elementos.

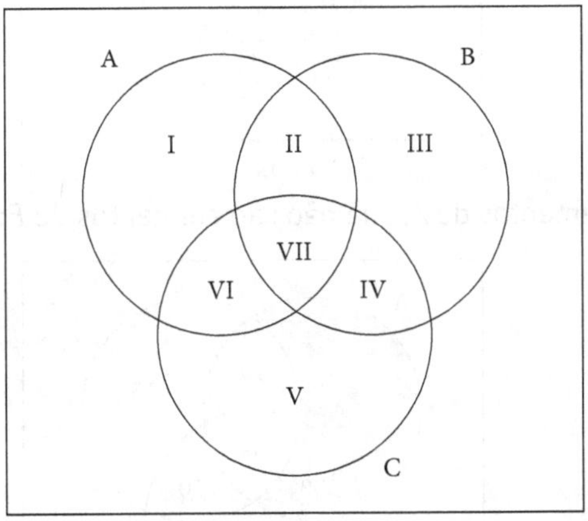

O número de elementos de *C*, que não são elementos de *A*, supera o número de elementos de *A*, que não são elementos de *B*, em uma quantidade igual a:

A) 25

B) 20

C) 15

D) 10

E) 5

Resolução

Substituindo as regiões do diagrama pelos números apresentados no enunciado, temos:

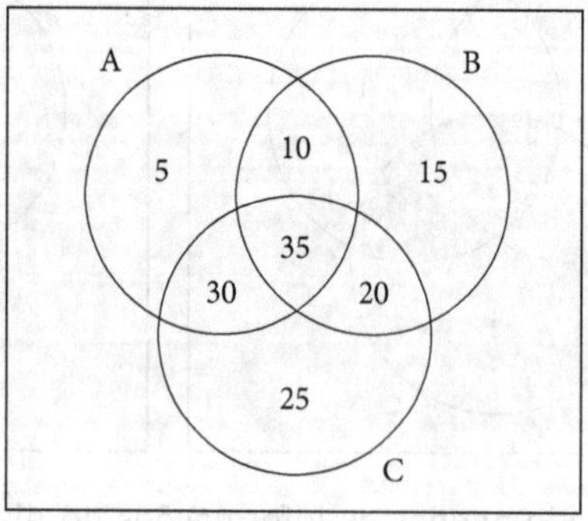

Número de elementos de *C*, que não são elementos de *A*:

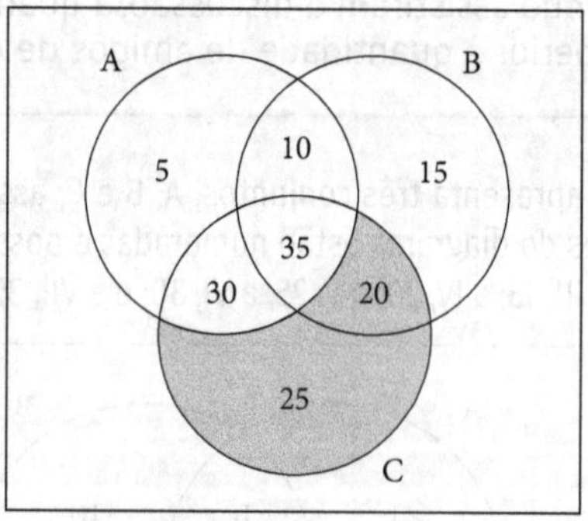

Número de elementos de *A*, que não são elementos de *B*:

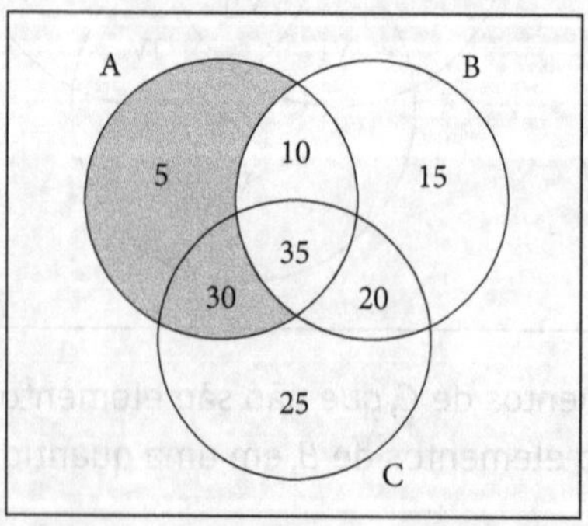

Portanto, 45 – 35 = 10 elementos.

3. Considerando que os conjuntos A, B e C tenham, respectivamente, 19, 28 e 31 elementos, o conjunto A ∩ B ∩ C tenha 4 elementos e os conjuntos A ∩ B, A ∩ C e B ∩ C tenham, respectivamente, 11, 7 e 13 elementos, é correto afirmar que o conjunto C – A ∪ B tem menos de 18 elementos?

Resolução

Construindo o diagrama de Venn:

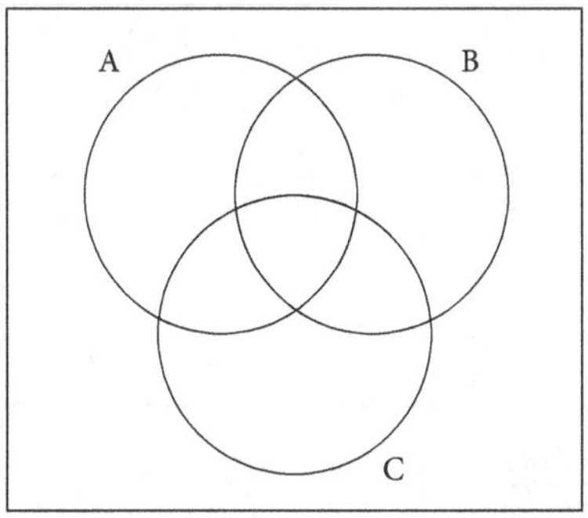

Como a intersecção dos três conjuntos possui quatro elementos, temos:

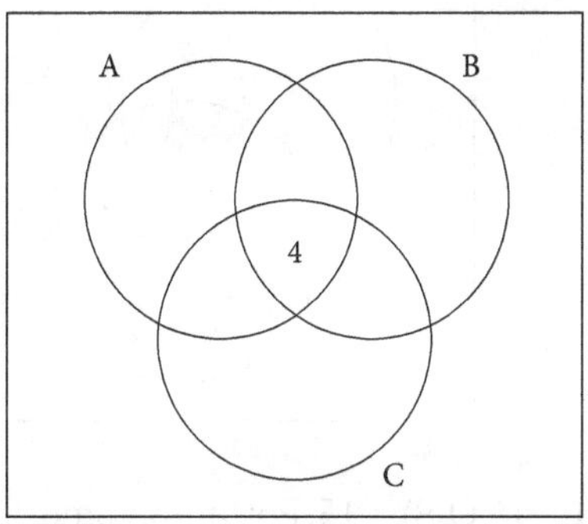

Analisando as intersecções entre dois conjuntos:

- *A* e *B* = 11
- *A* e *C* = 7
- *B* e *C* = 13

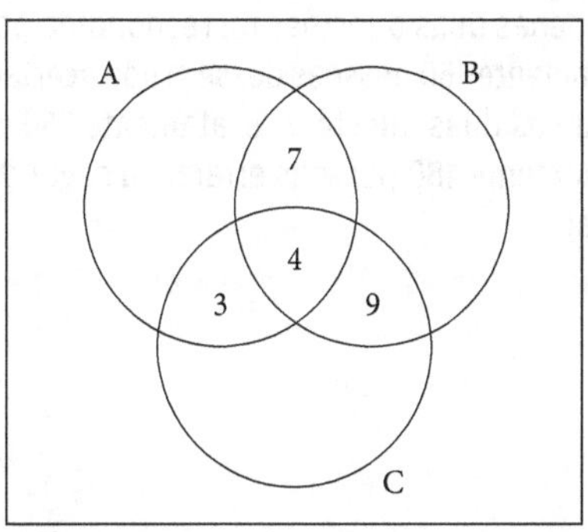

Por fim, analisando os conjuntos isoladamente:

- A = 19
- B = 28
- C = 31

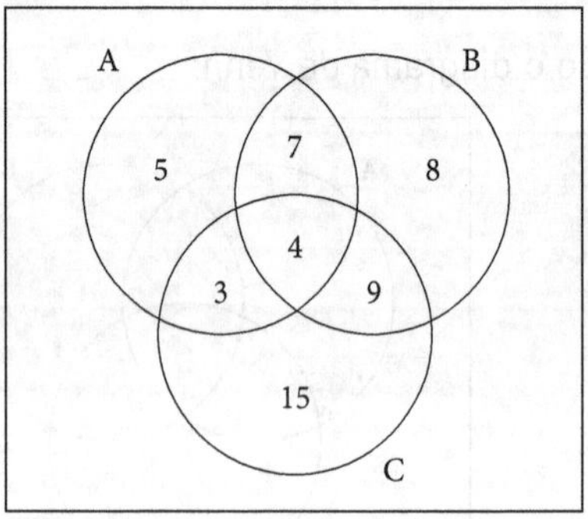

Assim, $C - (A \cup B)$:

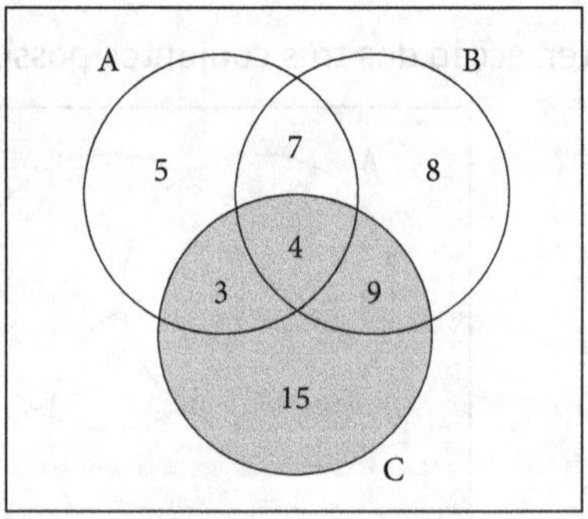

Do diagrama, C – (A ∪ B) = 15. Portanto, como 15 < 18, é correto afirmar que o conjunto C – A ∪ B tem menos de 18 elementos.

4. Uma avaliação com apenas duas questões foi respondida por um grupo composto de x pessoas. Sabendo-se que exatamente 160 pessoas desse grupo acertaram a primeira questão, exatamente 100 pessoas acertaram as duas questões, exatamente 250 pessoas acertaram apenas uma das duas questões e exatamente 180 pessoas erraram a segunda questão, é possível afirmar, corretamente, que x é igual a:

A) 520

B) 420

C) 370

D) 470

E) 610

Resolução

Construindo o diagrama de Venn:

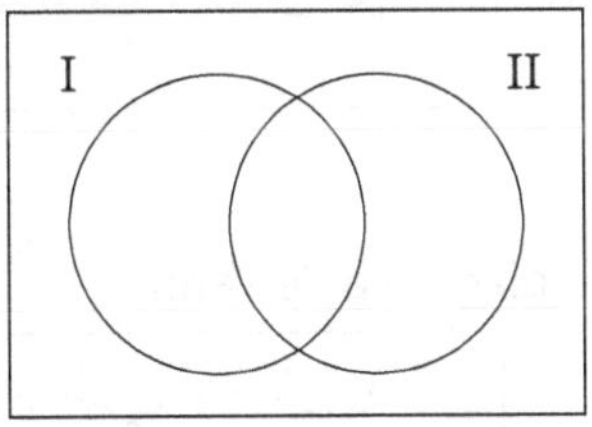

Como 100 pessoas acertaram as duas questões, temos:

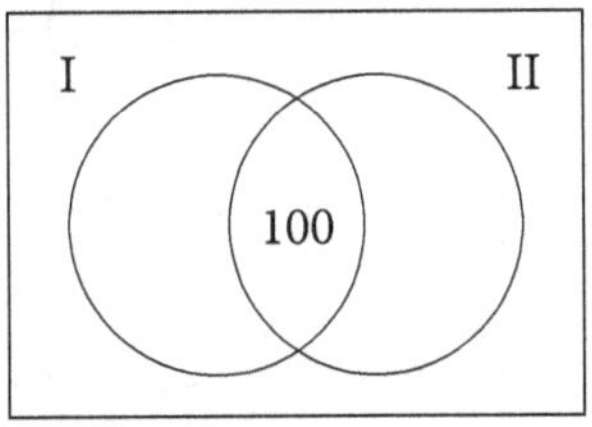

160 pessoas acertaram a primeira pergunta:

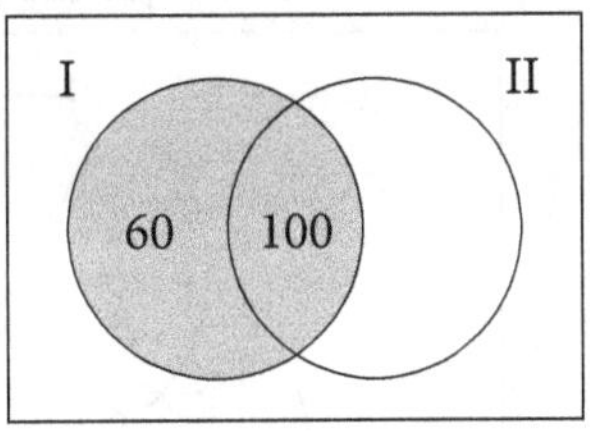

250 pessoas acertaram apenas uma das duas questões:

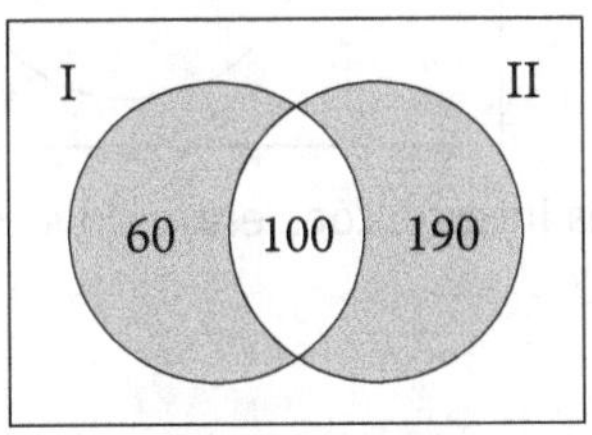

Por fim, 180 pessoas erraram a segunda questão:

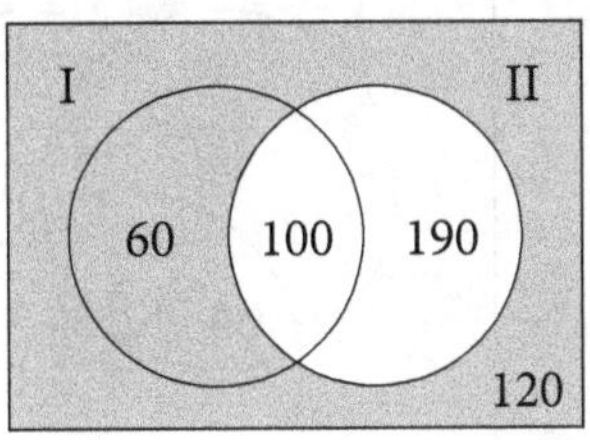

Somando todas as regiões, temos que o total de pessoas (x) será:

x = 60 + 100 + 190 + 120 = **470**

5. Considerando que os conjuntos A, B e C tenham, respectivamente, 19, 28 e 31 elementos, o conjunto A ∩ B ∩ C tenha 4 elementos e os conjuntos A ∩ B, A ∩ C e B ∩ C tenham, respectivamente, 11, 7 e 13 elementos, é correto afirmar que o conjunto A ∪ B tem mais de 38 elementos?

Resolução

Construindo o diagrama de Venn:

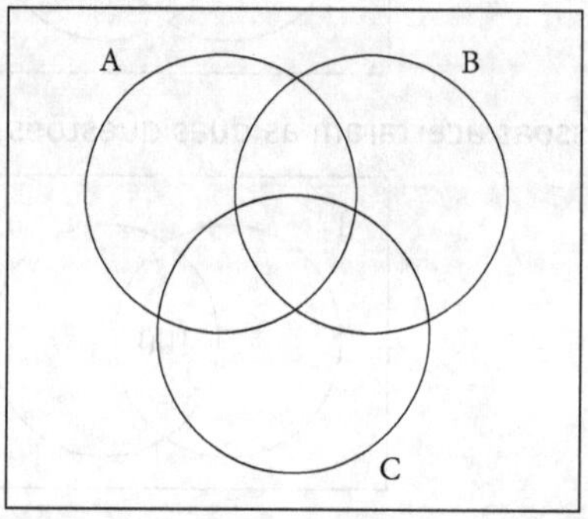

Como a intersecção dos três conjuntos possui quatro elementos, temos:

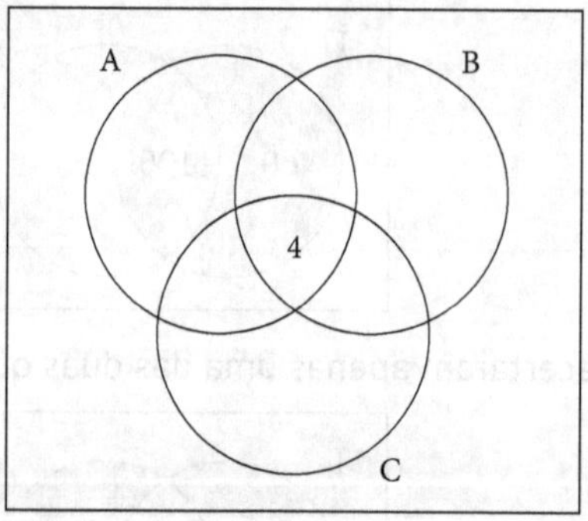

Analisando as intersecções entre dois conjuntos:

- *A* e *B* = 11
- *A* e *C* = 7
- *B* e *C* = 13

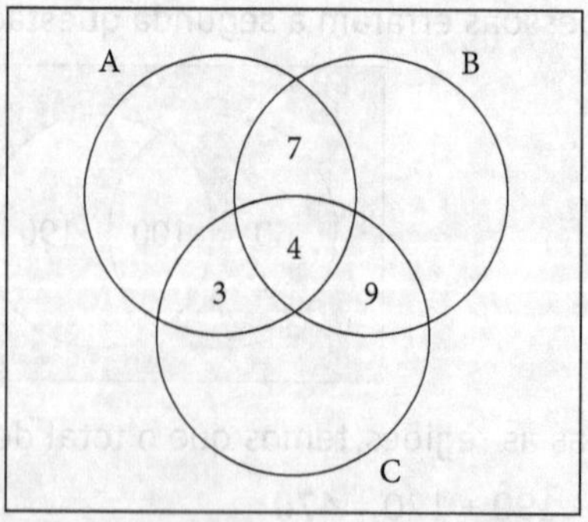

Por fim, analisando os conjuntos isoladamente:

- $A = 19$
- $B = 28$
- $C = 31$

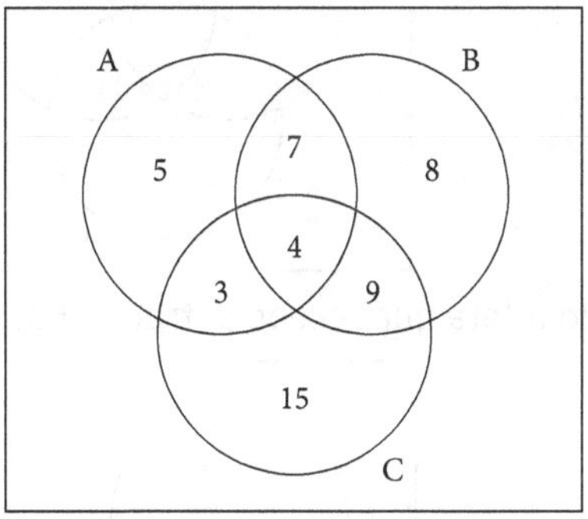

Assim, $A \cup B$:

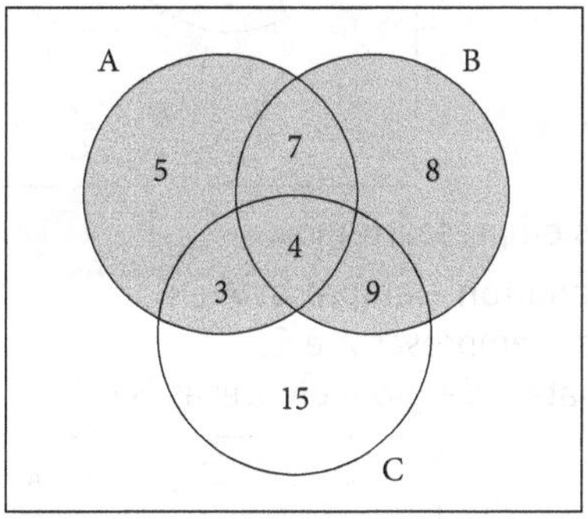

Do diagrama, $A \cup B =$ **36**. Portanto, é **incorreto** afirmar que o conjunto $A \cup B$ tem mais de 38 elementos.

6. Carlos é o único atleta que tem patrocínio de 3 empresas: A, B e C. Em se tratando de atletas que recebem patrocínios de apenas 2 dessas empresas, temos: Leandro e Hamilton, das empresas A e B; Marta e Silas, das empresas A e C; e Amanda, Renata e Sérgio, das empresas B e C. Se esses atletas fazem parte de um grupo contendo, ao todo, 1. atletas que recebem patrocínio das empresas A, B ou C, e cada empresa tem, pelo menos, 1 atleta recebendo patrocínio somente dela, então é correto afirmar que os números mínimo e máximo de atletas que a empresa B pode patrocinar são, respectivamente:

A) 6 e 12.

B) 5 e 10.

C) 8 e 16.

D) 7 e 14.

E) 4 e 8.

Resolução

Construindo o diagrama de Venn:

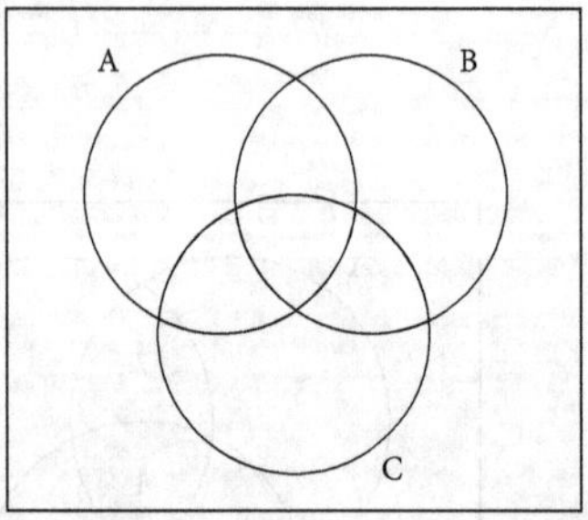

Carlos é o único atleta que recebe patrocínio das três empresas:

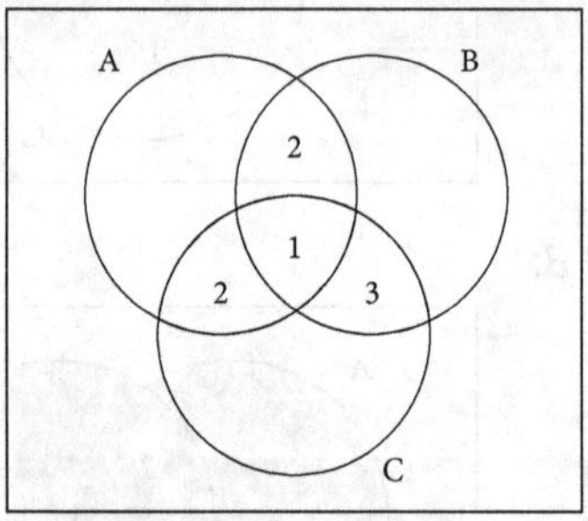

Para duas empresas, temos:

- Leandro e Hamilton – empresas A e B;
- Marta e Silas – empresas A e C;
- Amanda, Renata e Sérgio – empresas B e C.

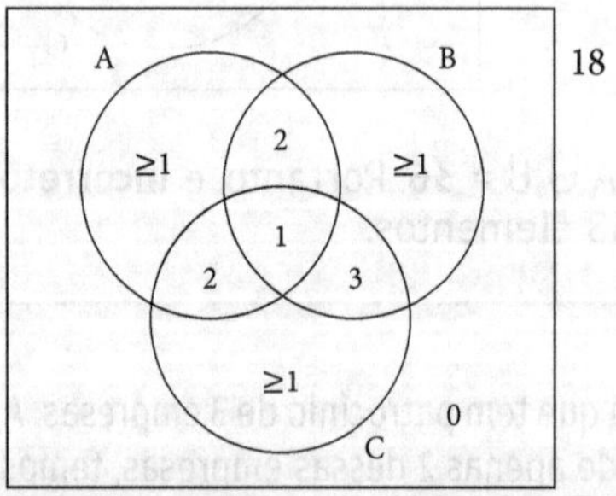

Como o total é de 18 atletas e cada empresa possui pelo menos um atleta recebendo patrocínio somente dela, temos:

$$B_{mínimo} = 2 + 3 + 1 + 1 = 7$$

Assim, o número de atletas patrocinado por B será mínimo quando apenas 1 (um) atleta for patrocinado apenas pela empresa B.

$$B_{máximo} = 2 + 3 + 1 + 8 = 14$$

O número de atletas patrocinado por B será máximo quando 1 (um) atleta for patrocinado apenas pela empresa A e 1 (um) atleta for patrocinado apenas pela empresa C. Dessa forma, os 8 atletas restantes (18 – 1 – 2 – 1 – 3 – 2 – 1 = 8) serão todos patrocinados apenas por B.

Gabarito: d

7. Uma enquete foi realizada com 427 pessoas, que haviam lido pelo menos um entre os livros J, K e L. Entre as pessoas que leram apenas um desses livros, sabe-se que 116 leram o livro K ou o livro L e que 55 pessoas leram o livro J. Entre as pessoas que leram dois desses livros e apenas dois, sabe-se que 124 leram os livros J e L ou os livros J e K e que 65 pessoas leram os livros K e L.

A diferença entre o número de pessoas que leram o livro J e o número de pessoas que não leram esse livro é:

A) 71

B) 65

C) 68

D) 82

E) 77

Resolução

Construindo o diagrama de Venn:

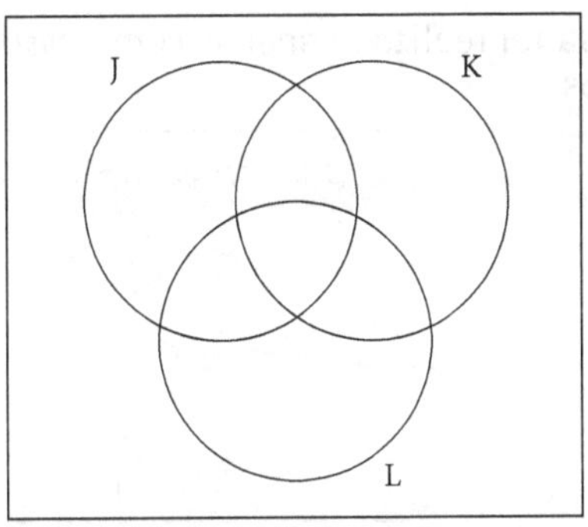

Visto que há um total de 427 pessoas e 55 pessoas leram apenas o livro J, temos:

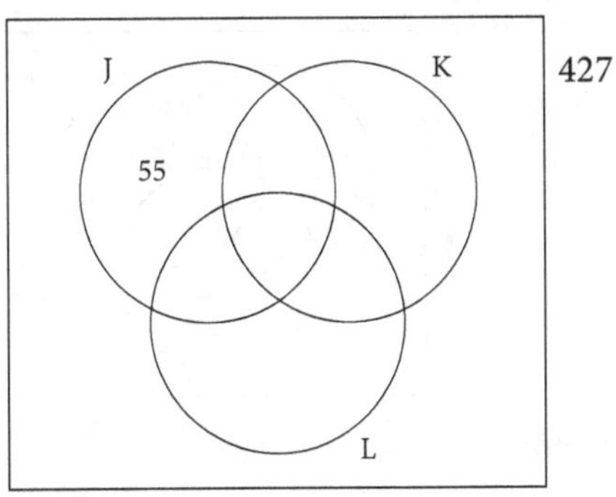

Entre as pessoas que leram apenas um desses livros, 116 leram o livro K ou o livro L:

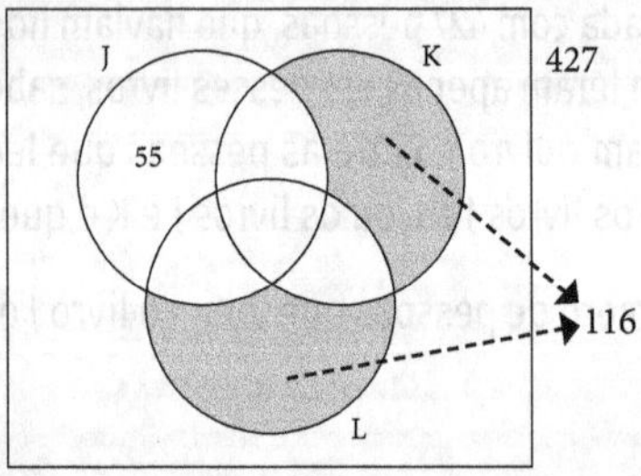

Entre os que leram dois desses livros, 124 leram os livros J e L ou J e K e 65 pessoas leram os livros K e L:

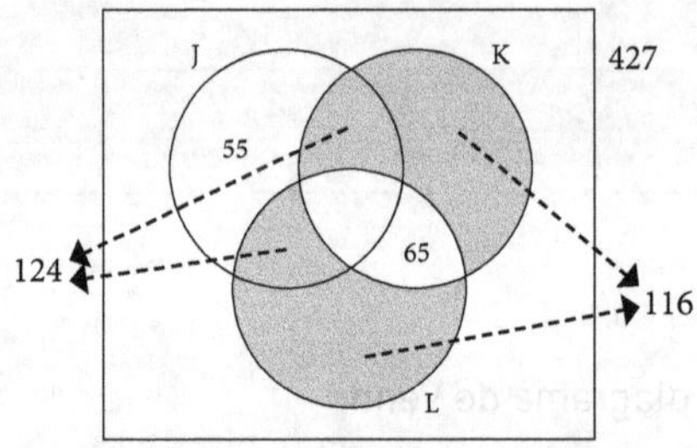

Como a pesquisa foi realizada apenas com pessoas que leram pelo menos um dos livros, temos:

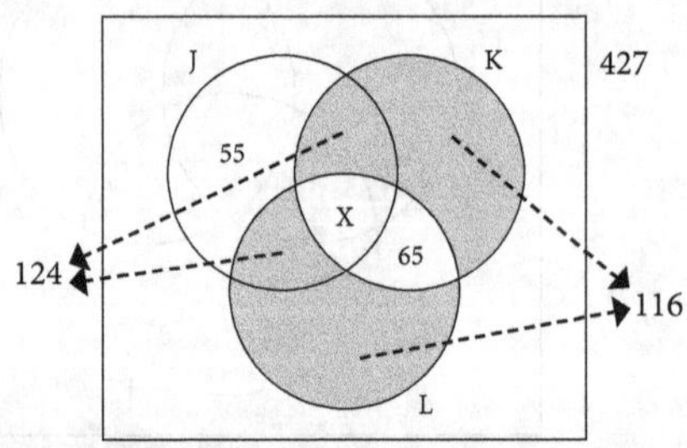

Assim, do diagrama, temos:
X = 427 – 116 – 65 – 124 – 55 = 67

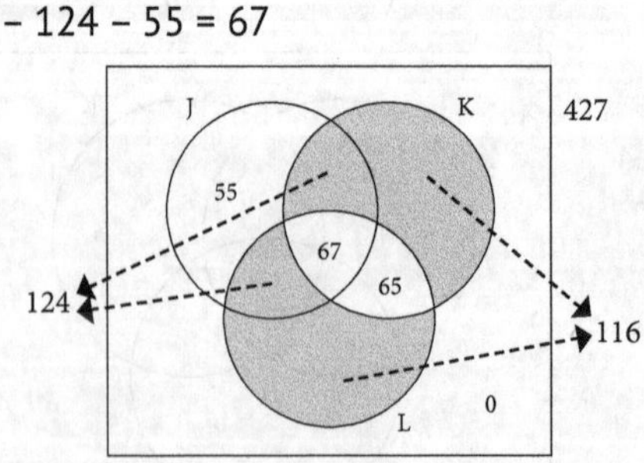

Do diagrama, temos:

- Número de pessoas que leram o livro J = 124 + 67 + 55 = 246
- Número de pessoas que não leram o livro J = 116 + 65 = 181

Portanto:

246 – 181 = 65

8. Foi realizada uma enquete em que se deveria assinalar com um *X* o alimento que a pessoa respondente comia:

☐ Brócolis ☐ Jiló

Foram 63 pessoas que responderam à enquete. Brócolis foi assinalado 42 vezes; Jiló, 44 vezes; e todas as pessoas assinalaram pelo menos um dos alimentos.

O número dessas pessoas que comem apenas um desses alimentos é igual a:

A) 47
B) 40
C) 54
D) 51
E) 43

Resolução

Construindo o diagrama de Venn:

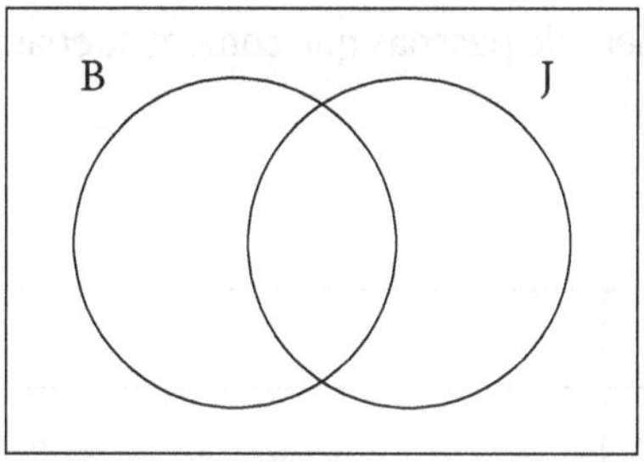

Como 63 pessoas responderam à enquete e todas assinalaram pelo menos uma das duas opções, temos:

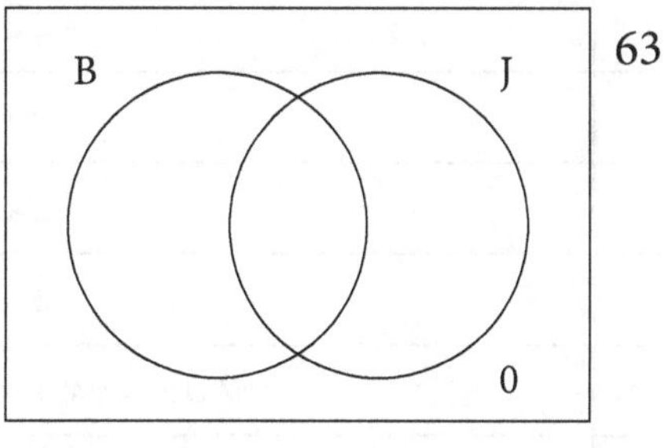

Visto que brócolis foi assinalado 42 vezes e jiló 44 vezes, mas não sabemos quantas pessoas assinalaram as duas opções, vamos definir a intersecção como sendo x, assim:

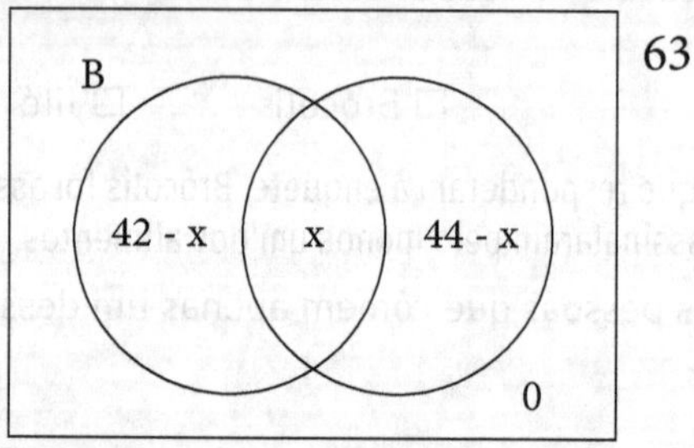

Logo, do diagrama, temos:

$63 = 42 - x + x + 44 - x + 0 \therefore x = 23$

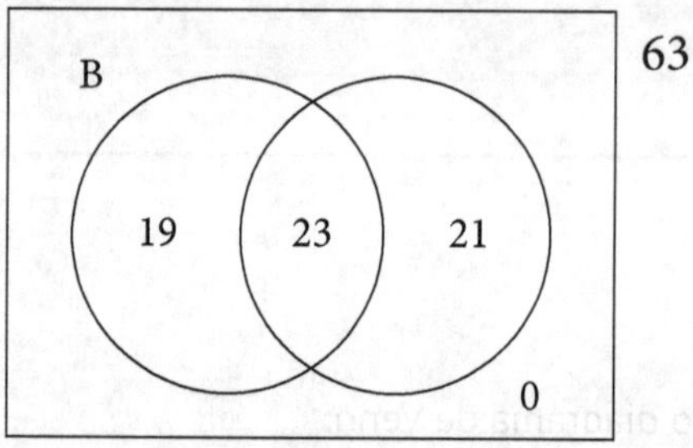

Portanto, o número de pessoas que comem apenas um desses alimentos é igual a:

19 + 21 = **40**

União	$A \cup B$
Intersecção	$A \cap B$
Diferença	$A - B$ ou $A \backslash B$
Contido	$A \subset B$
Contém	$A \supset B$
Pertence	$k \in A$
Conjunto vazio	$\emptyset$
União para dois conjuntos	$n(A \cup B) = n(A) + n(B) - n(A \cap B)$
União para três conjuntos	$n(A \cup B \cup C) = n(A) + n(B) + n(C) - n(A \cap B) - n(A \cap C) - n(B \cap C) + n(A \cap B \cap C)$

Memorização e revisão	
Diagrama de Venn 2 conjuntos	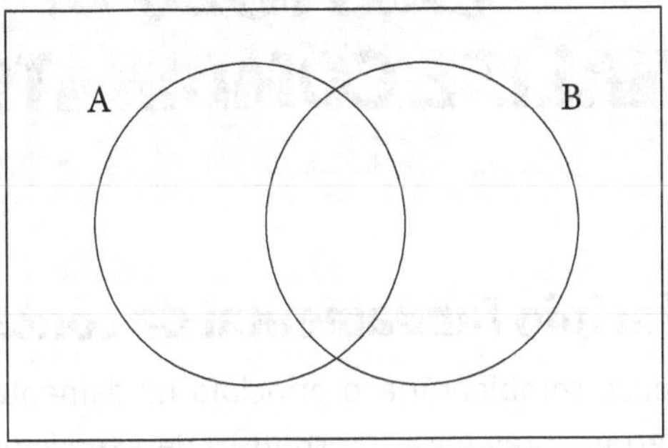
Diagrama de Venn 3 conjuntos	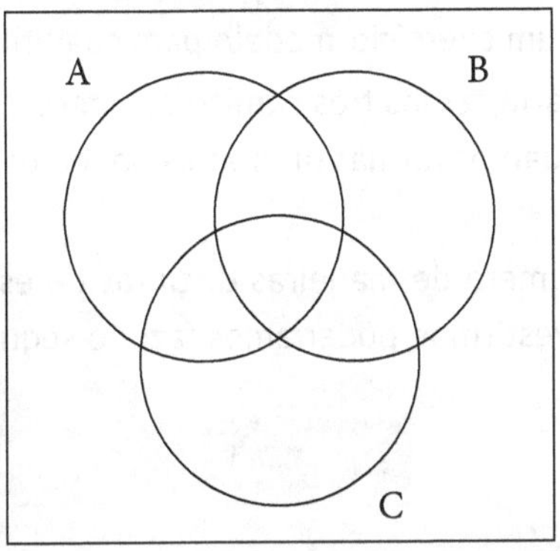

CAPÍTULO 6. ANÁLISE COMBINATÓRIA

6.1. Princípio fundamental da contagem

Dentro da análise combinatória, o princípio fundamental da contagem representa uma das melhores ferramentas para a **resolução** de exercícios. Para entendermos o seu funcionamento, definiremos um exercício-modelo para sua utilização.

Exemplo: Em um armário, temos três camisetas diferentes, duas calças diferentes e dois sapatos diferentes. De quantas formas diferentes podemos nos vestir com uma camisa, uma calça e um sapato?

Para calcularmos o número de maneiras distintas de escolha de uma camisa, uma calça e um sapato para nos vestirmos, poderíamos fazer o seguinte diagrama.

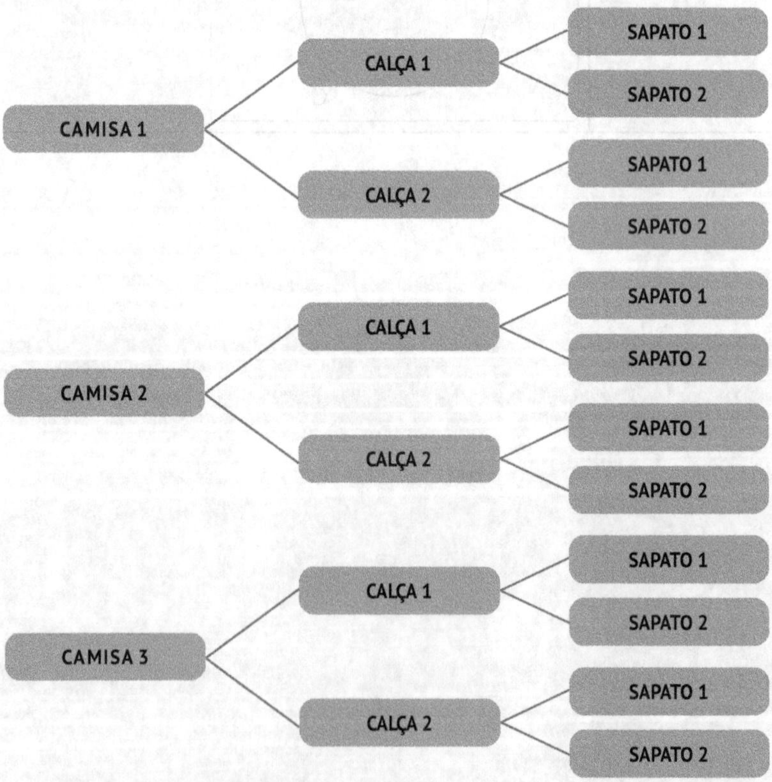

Assim, há 12 maneiras distintas de escolhermos uma camisa, uma calça e um sapato.

Pelo princípio fundamental da contagem, podemos substituir esse diagrama por alguns passos a serem seguidos:

1. Quantas escolhas devemos fazer?

Essa pergunta indica o número de espaços que devemos considerar na **resolução** da nossa questão.

No caso do exemplo, temos três escolhas diferentes (camisa, calça e sapato). Logo, temos três espaços:

$$\underline{\quad}\ \underline{\quad}\ \underline{\quad}$$

2. O que é cada escolha?

Essa pergunta indica o que cada um dos espaços (escolhas) representa dentro da nossa questão e a existência de possíveis restrições nesses espaços.

No caso do exemplo, as escolhas são camisa, calça e sapato e não possuem qualquer restrição. Assim:

$$\underline{\text{Cm}}\ \underline{\text{Cl}}\ \underline{\text{S}}$$

3. Quantas possibilidades temos em cada escolha?

Essa pergunta indica o número que será considerado em cada um dos espaços definidos anteriormente.

No caso do exemplo, temos três possibilidades de camisa, duas possibilidades de calça e duas possibilidades de sapato.

Nota:

sempre que, entre as escolhas, nós tivermos um "e", os números deverão ser multiplicados; quando entre as escolhas tivermos um "ou", os números deverão ser somados. No nosso exemplo, como queremos escolher uma camisa **e** uma calça **e** um sapato, vamos multiplicar:

$$\frac{\text{Cm}}{3} \overset{e}{x} \frac{\text{Cl}}{2} \overset{e}{x} \frac{\text{S}}{2}$$

4. As escolhas são todas diferentes?

Nessa pergunta, vamos analisar se as escolhas (nossos "tracinhos") representam coisas diferentes dentro da nossa questão. Quando esses traços forem todos diferentes, significa que a questão acabou, basta fazer a conta e chegar ao resultado. Caso existam escolhas iguais (não diferentes), será necessária uma correção, a qual será explicada posteriormente.

No exemplo, uma das escolhas representa a camisa, outra a calça e outra o sapato. Assim, todas são escolhas diferentes dentro do resultado. Então, basta realizar a conta e chegar ao resultado:

$$\frac{\text{Cm}}{3} \overset{e}{x} \frac{\text{Cl}}{2} \overset{e}{x} \frac{\text{S}}{2} = 12$$

Logo, há 12 maneiras distintas de nos vestirmos.

6.1.1. *Método das quatro perguntas*

Podemos aplicar esse modelo de **resolução** para resolver todas as situações que envolvem raciocínio lógico simplesmente respondendo a estas quatro perguntas:

1. Quantas escolhas?
2. O que é cada escolha?
3. Quantas possibilidades em cada escolha?
4. As escolhas são diferentes?

Exercícios-modelo

1. Para montar um sanduíche numa lanchonete, um cliente pode optar entre 2 tipos de pães, 3 tipos de hambúrguer, 3 tipos de queijo, ter ou não maionese, 4 tipos molho ou não ter molho. De quantas formas um cliente dessa lanchonete pode montar seu sanduíche?

A) 14.

B) 72.

C) 18.

D) 154.

E) 136

Resolução

Respondendo às quatro perguntas, temos:

1. Quantas escolhas?

5 escolhas.

$$\_\_\_ \quad \_\_\_ \quad \_\_\_ \quad \_\_\_ \quad \_\_\_$$

2. O que é cada escolha?

Pão; hambúrguer; queijo; maionese; molho.

$$\underline{p} \quad \underline{h} \quad \underline{q} \quad \underline{mai} \quad \underline{mo}$$

3. Quantas possibilidades em cada escolha?

- 2 tipos de pães.
- 3 tipos de hambúrguer.
- 3 tipos de queijo.
- Ter ou não maionese (2 possibilidades).
- 4 tipos de molho ou não ter molho (4 possibilidades).

$$\frac{p}{2} \overset{e}{\times} \frac{h}{3} \overset{e}{\times} \frac{q}{3} \overset{e}{\times} \frac{mai}{2} \overset{e}{\times} \frac{mo}{5}$$

Repare que, para montarmos o sanduíche, teremos que escolher o pão e o hambúrguer e o queijo e a maionese e o molho.

4. As escolhas são diferentes?

Sim.

$$\frac{p}{2} \overset{e}{\times} \frac{h}{3} \overset{e}{\times} \frac{q}{3} \overset{e}{\times} \frac{mai}{2} \overset{e}{\times} \frac{mo}{5} = 180$$

Gabarito: C

2. Quantos números de três algarismos distintos podemos formar empregando os caracteres 1, 3, 5, 6, 7, 8 e 9?

A) 343.

B) 105.

C) 21.

D) 36.

E) 35

Resolução

Respondendo às quatro perguntas, temos:

1. Quantas escolhas?

Três escolhas.

___ ___ ___

2. O que é cada escolha?

I. O algarismo da centena.

II. O algarismo da dezena.

III. O algarismo da unidade.

$$\underline{\ c\ }\quad \underline{\ d\ }\quad \underline{\ u\ }$$

3. Quantas possibilidades em cada escolha?

Para o algarismo da centena, temos 7 possibilidades (1, 3, 5, 6, 7, 8 e 9).

Na sequência, vamos escolher o algarismo da dezena; como os algarismos são distintos, não podemos repetir, na dezena, o algarismo utilizado na centena, assim perdemos uma possibilidade e temos 6 possibilidades.

Ao escolhermos o algarismo da unidade, não podemos repetir o algarismo da centena e da dezena, assim temos 5 possibilidades.

$$\frac{c}{7}\ \text{e}\ \frac{d}{6}\ \text{e}\ \frac{u}{5} \quad\Rightarrow\quad 7 \cdot 6 \cdot 5$$

Repare que, para formarmos o número de 3 algarismos, teremos que escolher o algarismo da centena e da dezena e da unidade.

4. As escolhas são diferentes?

Sim, mesmo todas as escolhas sendo algarismos, elas representam escolhas diferentes dentro da questão (centena do número; dezena do número; unidade do número). Repare que, se trocarmos a ordem dos algarismos, o nosso número será diferente – exemplo: 127 (cento e vinte e sete) é diferente de 217 (duzentos e dezessete).

$$\frac{c}{7}\ \text{e}\ \frac{d}{6}\ \text{e}\ \frac{u}{5} \quad\Rightarrow\quad 7 \cdot 6 \cdot 5 = 210$$

Gabarito: C

3. A senha de um cofre é formada por uma sequência de três letras, escolhidas entre as 30 do alfabeto.

A) Quantas senhas podemos formar?

B) Quantas senhas com três letras distintas podemos formar?

C) Quantas senhas começando por vogal podem ser formadas?

D) Quantas senhas de letras distintas podem ser formadas começando e terminando por vogal?

Resolução

Repare que o alfabeto apresentado pela questão apresenta um número de letras diferente do nosso alfabeto. Em casos assim, os números do anunciado devem ser respeitados.

A) Quantas senhas podemos formar?

1. Quantas escolhas?

Três escolhas.

2. O que é cada escolha?

As três letras da nossa senha.

3. Quantas possibilidades em cada escolha?

3. possibilidades em cada letra.

4. As escolhas são diferentes?

Sim. Repare que, se trocarmos a ordem das letras dentro de nossa senha, esta mudará (exemplo: senha ABC é diferente da senha BCA).

$$\frac{L_1}{30} \cdot \frac{L_2}{30} \cdot \frac{L_3}{30 = 27000}$$

B) Quantas senhas com três letras distintas podemos formar?

1. Quantas escolhas?

Três escolhas.

2. O que é cada escolha?

As três letras da nossa senha.

3. Quantas possibilidades em cada escolha?

Há 30 possibilidades para a primeira letra, 29 para a segunda e 28 para a terceira (letras distintas).

4. As escolhas são diferentes?

Sim. Repare que, se trocarmos a ordem das letras dentro de nossa senha, esta mudará (exemplo: senha ABC é diferente da senha BCA).

$$\frac{L_1}{30} \cdot \frac{L_2}{29} \cdot \frac{L_3}{28} = 24360$$

C) Quantas senhas começando por vogal podem ser formadas?

1. Quantas escolhas?

Três escolhas.

2. O que é cada escolha?

As três letras da nossa senha, porém temos agora uma restrição, a primeira letra deve ser uma vogal. Dessa forma, deixamos isso evidente na "legenda" de cada escolha.

$$\underline{V_1}\ \underline{L_1}\ \underline{L_2}$$

3. Quantas possibilidades em cada escolha?

Quando temos restrições na questão, somos obrigados a começar escolhendo pelas restrições. Assim, 5 possibilidades para a primeira letra (vogal), 30 para a segunda (pode ser vogal ou consoante) e 30 para a terceira (pode ser vogal ou consoante).

Observação:

as letras não precisam ser distintas.

$$\frac{V_1}{5} \cdot \frac{L_1}{30} \cdot \frac{L_2}{30} = 4500$$

4. As escolhas são diferentes?

Sim. Repare que, se trocarmos a ordem das letras dentro de nossa senha, esta mudará (exemplo: senha ABE é diferente da senha EBA).

D) Quantas senhas de letras distintas podem ser formadas começando e terminando por vogal?

1. Quantas escolhas?

Três escolhas.

2. O que é cada escolha?

As três letras da nossa senha, porém temos agora duas restrições, a primeira letra e a terceira devem ser vogais. Dessa forma, deixamos isso evidente na "legenda" de cada escolha.

$$\underline{V_1}\ \underline{L_1}\ \underline{V_2}$$

3. Quantas possibilidades em cada escolha?

Quando temos restrições na questão, somos obrigados a começar escolhendo pelas restrições, assim, 5 possibilidades para a primeira letra (vogal), na sequência, devido à restrição, temos que escolher a terceira letra com 4 possibilidades (vogal) e, por fim, sem mais restrições, podemos escolher a segunda letra com 28 possibilidades (pode ser vogal ou consoante).

Observação:

as letras precisam ser distintas.

$$\frac{V_1}{5} \cdot \frac{L_1}{28} \cdot \frac{V_2}{4} = 560$$

4. As escolhas são diferentes?

Sim. Repare que, se trocarmos a ordem das letras dentro de nossa senha, esta mudará (exemplo: senha ABE é diferente da senha EBA).

4. Quantos números de três algarismos distintos podemos escrever?

A) 1204.

B) 81.

C) 64.

D) 90.

E) 32.

Resolução

Respondendo às quatro perguntas, temos:

1. Quantas escolhas?

Três escolhas.

___ ___ ___

2. O que é cada escolha?

I. O algarismo da centena.

II. O algarismo da dezena.

III. O algarismo da unidade.

Porém, como podemos utilizar qualquer algarismo possível (de 0 a 9), temos que tomar um cuidado. Quando colocamos o algarismo 0 (zero) na esquerda do número, ele é desconsiderado (exemplo 089 = 89 oitenta e nove). Assim, um número que comece com 0 (zero) terá apenas dois algarismos. Como nosso número deve ter três algarismos, temos uma restrição implícita na questão, o algarismo da centena não pode ser o 0 (zero).

$$\underset{\neq 0}{\underline{\ c\ }}\quad \underline{\ d\ }\quad \underline{\ u\ }$$

3. Quantas possibilidades em cada escolha?

Por termos uma restrição no algarismo da centena, devemos começar escolhendo-o. Como não podemos utilizar o 0 (zero), temos 9 possibilidades.

Escolhido o algarismo da centena, não temos mais restrições na questão. Assim, vamos para o algarismo da dezena, no qual temos 9 possibilidades (perdemos uma possibilidade, que foi utilizada na centena, mas ganhamos a possibilidade de utilizar o 0 (zero).

Por fim, na unidade, teremos 8 possibilidades.

Repare que, para formarmos o número de três algarismos, teremos que escolher o algarismo da centena e da dezena e da unidade.

4. As escolhas são diferentes?

Sim, mesmo todas as escolhas sendo algarismos, elas representam escolhas diferentes dentro da questão (centena do número; dezena do número; unidade do número). Repare que, se trocarmos a ordem dos algarismos, o nosso número será diferente - exemplo: 127 (cento e vinte e sete) é diferente de 217 (duzentos e dezessete).

$$\overset{\neq 0}{\underset{9}{c}} \cdot \underset{9}{d} \cdot \underset{8}{u} = 648$$

6.2. Fatorial

O fatorial não é um tema presente na análise combinatória, porém é muito comum ser utilizado em **questões** dessa matéria. Ele é representado por um sinal de exclamação (!) e é uma abreviação matemática que indica uma série de multiplicações presentes no nosso número.

Para um número fatorial ser calculado, devemos "abri-lo" da seguinte forma:

Exemplo: 4!

Para abrirmos o 4!, vamos tomar o número inicialmente presente no fatorial (4) e multiplicá-lo por todos os números inteiros, menores que ele, até chegarmos ao número 1. Assim:

$4! = 4 \times 3 \times 2 \times 1 = 24$

Logo, $4! = 24$.

Dessa maneira, temos:

$$1! = 1$$

$$2! = 2 \cdot 1 = 1$$

$$3! = 3 \cdot 2 \cdot 1 = 6$$

$$4! = 4 \cdot 3 \cdot 2 \cdot 1 = 24$$

$$5! = 5 \cdot 4! = 8 \cdot 24 = 120$$

$$6! = 6 \cdot 5! = 6 \cdot 120 = 720$$

$$7! = 7 \cdot 6! = 7 \cdot 720 = 5040$$

Importante:

por definição, 0! = 1.

6.3. Permutação

Definimos por permutação as maneiras distintas pelas quais uma situação pode ser organizada.

6.3.1. Permutação simples

Exemplo: Qual o número de anagramas da palavra **sol**?

Anagrama são palavras diferentes formadas com as mesmas letras. Para calcularmos o número de anagramas da palavra "sol", podemos reorganizar suas letras de todas as maneiras possíveis, ou seja:

SOL

SLO

LOS

LSO

OSL

OLS

Logo, temos 6 (seis) anagramas ao todo.

Repare que, se a palavra fosse maior, seria inviável escrever todos os anagramas. Para isso, poderíamos utilizar o conceito da permutação simples.

A permutação de *n* elementos é dada pela fórmula em que "!" representa o fatorial do número *n*.

No caso do nosso exemplo, devemos fazer a permutação das **três** letras da palavra "**sol**". Assim:

$$P_3 = 3! = 3 \cdot 2 \cdot 1 = 6$$

Logo, temos seis anagramas da palavra "sol".

6.3.2. Permutação com repetição

Exemplo: Qual o número de anagramas da palavra **osso**?

Para calcularmos o número de anagramas dessa palavra, novamente organizaremos suas letras de todas as maneiras possíveis, ou seja: $P_n = n!$

OSSO

OOSS

SSOO

OSOS

SOSO

SOOS

Logo, temos **apenas** seis anagramas ao todo, mesmo a palavra "osso" tendo quatro letras. Isso se deve à repetição das letras "o" e "s", já que a permutação de letras repetidas não gera novas possibilidades.

Repare que, mais uma vez, se a palavra fosse maior, seria inviável escrever todos os anagramas. Para isso, poderíamos utilizar o conceito da permutação com repetição.

A permutação de *n* elementos com repetição de *k* é dada pela fórmula:

$$P_n^k = \frac{n!}{k!}$$

No caso do exemplo, devemos fazer a permutação das **quatro** letras com repetição de dois "o" e dois "s". Assim:

$$P_4^{2,2} = \frac{4!}{2!.2!} = \frac{4.3.2.1}{2.1.2.1} = 6$$

Logo, temos seis anagramas da palavra "osso".

Exercício-modelo

5. Determine o número de anagramas que podemos formar com as palavras:

A) romance;

B) lambada;

C) Araraquara.

Resolução

A) romance

$$P_7 = 7! = 7.6.5.4.3.2.1 = 5040$$

B) lambada

$$P_7^3 = \frac{7!}{3!} = \frac{7.6.5.4.3.2.1}{6} = 840$$

C) Araraquara

$$P_{10}^{3,5} = \frac{10!}{3!.5!} = \frac{10.9.8.7.6.5.4.3.2.1}{6.5.4.3.2.1}$$

$$P_{10}^{3,5} = 5040$$

6.3.3. Permutação circular

Para realizar uma permutação com uma disposição circular de seus elementos, é necessário subtrair 1 (um) do total de elementos.

$$Pc_n = (n-1)!$$

Exemplo: Um restaurante tem, em seu cardápio, oito pratos de diferentes tipos de massas. Esses pratos são dispostos, para os clientes se servirem, em uma mesa circular, conforme a figura a seguir:

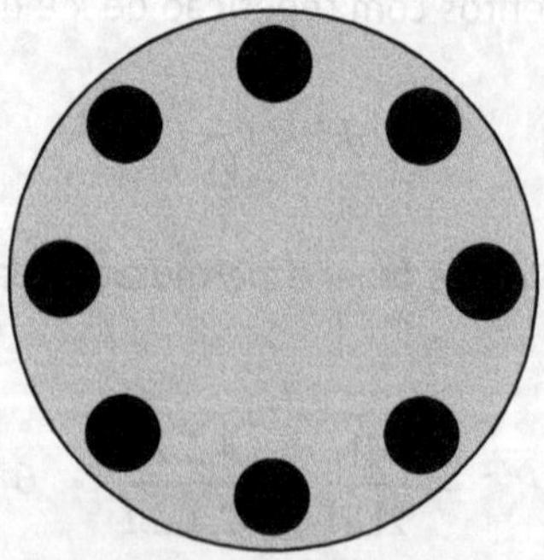

De quantas maneiras diferentes podem ser colocados esses oito pratos na mesa, tendo como base a forma indicada na figura?

A) 2520
B) 5040
C) 20160
D) 40320

Resolução

Utilizando a fórmula de permutação circular para oito elementos, temos:

$$Pc8 = (8-1)! = 7! = 5040$$

Gabarito: b

6.4. Arranjo

Definimos como arranjo de *n* escolhe *k* o número de maneiras distintas de escolhermos *k* elementos de um grupo de *n* elementos, de modo que a ordem das escolhas afete o resultado (a ordem das escolhas importa).

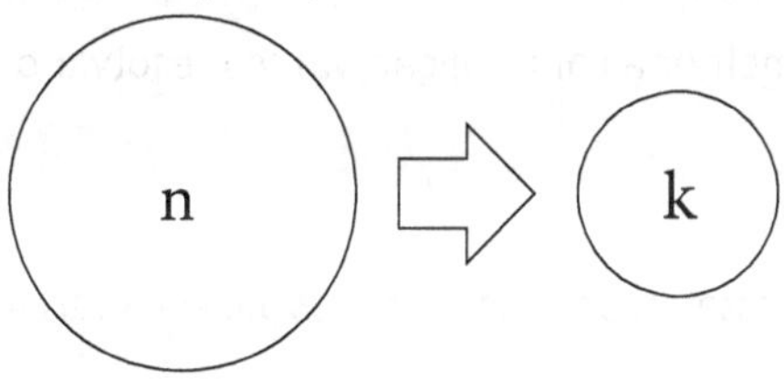

O arranjo de *n* escolhe *k* pode ser calculado por meio da seguinte fórmula:

$$A_{n,k} = \frac{n!}{(n-k)!}$$

Observe que o exercício-modelo a seguir representa uma situação que envolve arranjo. Assim, podemos resolvê-lo a partir da fórmula de arranjo, em vez do método das quatro perguntas.

Exercício-modelo

6. Quantos números de três algarismos distintos podemos formar empregando os caracteres 1, 3, 5, 6, 7, 8 e 9?

A) 343.
B) 105.
C) 21.
D) 36.
E) 35

Resolução

Para sabermos quantos números de três algarismos podemos formar utilizando os caracteres desejados, precisamos saber de quantas maneiras podemos escolher 3 dos 7 caracteres possíveis. Assim, temos que fazer o arranjo de 7 escolho 3.

$$A_{7,3} = \frac{7!}{(7-3)!} = \frac{7!}{4!} = \frac{7.6.5.4.3.2.1}{4.3.2.1} = 210$$

Logo, são **210** números de 3 algarismos distintos que podemos formar com os caracteres desejados.

Quando aplicamos o método das quatro perguntas para questões que envolvem arranjo, a resposta da quarta pergunta sempre será "Sim, as escolhas são diferentes", visto que essa é a característica principal do arranjo.

Note que as questões que envolvem arranjo podem ser resolvidas tanto pela fórmula quanto pelo método das quatro perguntas, ficando a seu critério escolher qual método prefere.

6.5. Combinação

Para entendermos melhor a combinação, vamos resolver o exercício-modelo a seguir.

Exercício-modelo

7. Numa escola, há 3 professores. De quantos modos podemos escolher 2 desses professores para fazer uma reunião?

Resolução

Utilizando o método das quatro perguntas para resolvermos a questão, temos.

1. Quantas escolhas?

Para escolhermos dois professores para realizar uma reunião, precisamos fazer duas escolhas.

2. O que é cada escolha?

Cada escolha representa um professor na reunião. Repare que o enunciado não acrescentou qualquer diferença entre esses professores. Assim, dentro da reunião, eles possuem a mesma "hierarquia", representam a mesma coisa (um professor na reunião).

3. Quantas possibilidades em cada escolha?

Para escolhermos o primeiro professor, temos 3 (três) possibilidades e, para escolhermos o segundo, 2 (duas) possibilidades.

Se analisarmos a questão até esse momento, teremos a seguinte situação:

$$\underset{3}{\underline{P}} \cdot \underset{2}{\underline{P}} = 6$$

Logo, 6 reuniões diferentes.

Para entendermos melhor esses 6 casos, vamos supor que os 3 professores em questão se chamem Pedro, João e Rene. Nesse caso, as 6 reuniões diferentes com 2 (dois) professores que calculamos seriam as reuniões entre:

1. Pedro e João.
2. João e Pedro.
3. Pedro e Rene.
4. Rene e Pedro.
5. João e Rene.
6. Rene e João.

Contudo, as reuniões com "Pedro e João" e "João e Pedro" serão iguais. Logo, não teremos 6 casos diferentes, e sim apenas 3.

1. Pedro e João.
2. Pedro e Rene.
3. João e Rene.

Para resolver este problema, existe a quarta pergunta:

4. As escolhas são diferentes?

Nesse caso, as escolhas **não são diferentes, mesmo que os professores sejam pessoas diferentes, dentro da reunião, eles representam a mesma coisa, um professor na reunião.**

Vimos anteriormente que, quando a resposta da quarta pergunta era "Sim", a questão estava encerrada.

Com a resposta da quarta pergunta sendo "Não" (quando as escolhas não são todas diferentes), é necessário dividir o resultado pela permutação do número de escolhas iguais, a fim de corrigir os casos que foram contados mais de uma vez. Como temos duas escolhas repetidas na questão (dois "professores na reunião"), vamos dividir o resultado pela permutação de 2 pessoas P2 = 2!. Assim:

$$\frac{\underset{3}{\underline{P}} \cdot \underset{2}{\underline{P}}}{2!} = 3$$

Dica importante:

para identificar se as escolhas são diferentes, um bom truque é você formar um caso de acordo com o que a questão pede, em sequência trocar a ordem dos elementos escolhidos e identificar se isso formou um caso novo. Quando a troca dos elementos formar um novo caso, as escolhas serão diferentes; caso não, elas serão iguais.

Para evidenciar isso, vamos recapitular alguns exercícios anteriores:

- **Exercícios-modelo 2, 4 e 6 – números de três algarismos**

Formamos um **número** de três algarismos.

Exemplo: 135.

Em seguida alteramos a ordem entre eles.

Exemplo: 531.

O número formado é diferente do número inicial (13.531). Logo, as escolhas são diferentes.

- **Exercício-modelo 3 – senha de três letras**

Formamos uma senha de três letras.

Exemplo: ABC

Em seguida alteramos a ordem entre elas.

Exemplo: CBA

A senha formada é diferente da senha inicial. Logo, as escolhas são diferentes.

- **Exercício-modelo 7 – reunião com dois professores**

Formamos uma configuração de reunião com dois professores.

Exemplo: Pedro e João.

Em seguida alteramos a ordem entre eles.

Exemplo: João e Pedro.

As duas reuniões são idênticas. Assim, as escolhas **não são diferentes.**

Entendido esse problema, definimos, então, como combinação de *n* escolhe *k* o número de maneiras distintas de escolhermos *k* elementos de um grupo de *n* elementos, de modo que a ordem das escolhas **não** afete o resultado (a ordem das escolhas **não** importa/as escolhas **não** são diferentes).

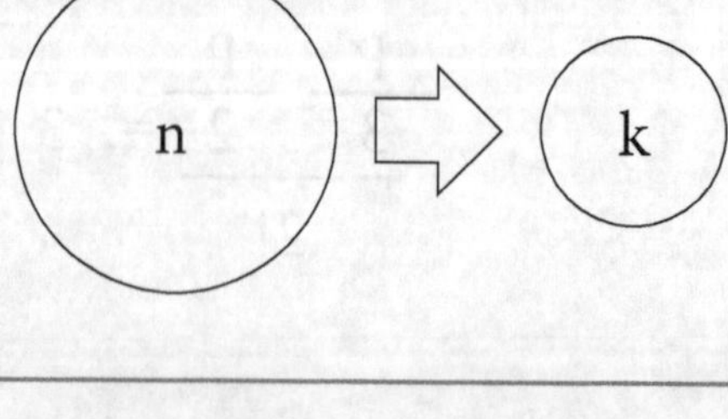

Para o cálculo de uma combinação, podemos proceder de duas maneiras:

1. Utilizar o método das quatro perguntas.
2. Utilizar a fórmula de combinação.

A combinação de *n* escolhe *k* pode ser calculada por meio da seguinte fórmula:

$$C_{n,k} = \frac{n!}{(n-k)!k!}$$

Exercícios-modelo

8. Numa escola, há 8 professores. De quantos modos podemos escolher 3 desses professores para fazer uma reunião?

A) 4.
B) 5.
C) 65.
D) 7.
E) 80

Resolução utilizando o método das quatro perguntas

1. Quantas escolhas?

Três escolhas.

2. O que é cada escolha?

Cada escolha representa um professor na reunião. Repare que o enunciado não acrescentou qualquer diferença entre esses professores. Assim, dentro da reunião, eles possuem a mesma "hierarquia", representam a mesma coisa (um professor na reunião).

3. Quantas possibilidades em cada escolha?

Para escolhermos o primeiro professor, temos 8 (oito) possibilidades; o segundo, 7 (sete); e o terceiro, 6 (seis).

Assim, até o momento, temos:

$$\frac{P}{8} \cdot \frac{P}{7} \cdot \frac{P}{6}$$

4. As escolhas são diferentes?

Nesse caso, as escolhas **não** serão diferentes, mesmo que os professores sejam pessoas diferentes, dentro da reunião, eles representam a mesma coisa, um professor na reunião.

A reunião entre "Pedro, João e Rene" é a mesma reunião que com "João, Rene e Pedro".

Logo, vamos dividir pelo número de escolhas repetidas. Como são 3 escolhas repetidas, dividimos por 3!.

$$\frac{\underset{8}{P} \cdot \underset{7}{P} \cdot \underset{6}{P}}{3!} = 56$$

Gabarito: b

Resolução utilizando a fórmula

Para utilizar a fórmula, é necessário perceber que o problema em questão pode ser resumido da seguinte forma:

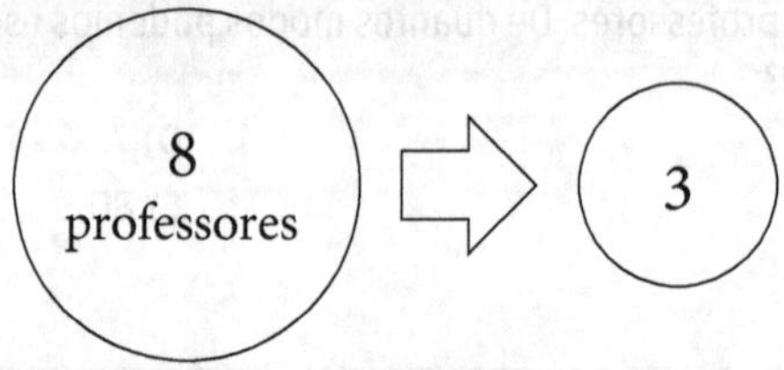

É necessário também perceber que a ordem em que escolhemos esses professores não altera o resultado.

A reunião entre "Pedro, João e Rene" é a mesma reunião que com "João, Rene e Pedro".

Assim, temos a combinação de 8 professores escolhemos 3.

$$C_{8,3} = \frac{8!}{(8-3)!\ 3!} = \frac{8!}{5!\ 3!} = \frac{8.7.6.5.4.3.2.1}{5.4.3.2.1.3.2.1} = 56$$

Logo, são **56** modos diferente de se formar a reunião.

9. Num hospital, há 6 médicos e 5 enfermeiras. De quantas maneiras podemos formar uma equipe médica com 2 médicos e 3 enfermeiras?

A) 150
B) 300
C) 900
D) 180
E) 1800

Resolução utilizando o método das quatro perguntas

1. Quantas escolhas?

Cinco escolhas.

2. O que é cada escolha?

Duas escolhas relacionadas com os médicos e três escolhas relacionadas com as enfermeiras.

3. Quantas possibilidades em cada escolha?

$$\frac{M}{6} \cdot \frac{M}{5} \cdot \frac{E}{5} \cdot \frac{E}{4} \cdot \frac{E}{3}$$

4. As escolhas são diferentes?

Entre médicos e enfermeiras, temos escolhas diferentes, mas, entre os dois médicos e entre as três enfermeiras, temos escolhas iguais:

$$\frac{\frac{M}{6} \cdot \frac{M}{5} \cdot \frac{E}{5} \cdot \frac{E}{4} \cdot \frac{E}{3}}{2!\,.\,3!} = 150$$

Resolução utilizando a fórmula

Para utilizar a fórmula, é necessário quebrar a questão em duas etapas.

I. Para escolhermos os 2 médicos, temos:

$$C_{6,2} = \frac{6!}{(6-2)!\ 2!} = \frac{6!}{4!\ 2!} = \frac{6.5.4.3.2.1}{4.3.2.1.2.1} = 15$$

II. Para escolhermos as 3 enfermeiras, temos:

$$C_{5,3} = \frac{5!}{(5-3)!\ 3!} = \frac{5!}{2!\ 3!} = \frac{5.4.3.2.1}{2.1.3.2.1} = 10$$

Como a equipe é formada por 2 médicos **e** 3 enfermeiras, vamos multiplicar os valores:

15 × 10 = **150** maneiras diferentes.

10. Num grupo de 10 pessoas, 7 são homens. Queremos montar um grupo de 2 pessoas de mesmo sexo. De quantas formas isso pode ser feito?

A) 80

B) 63

C) 34

D) 30

E) 24

Resolução utilizando o método das quatro perguntas

Para montarmos um grupo de duas pessoas de mesmo sexo, temos duas possibilidades, 2 homens ou 2 mulheres. Assim:

I. Para escolhermos 2 homens

1. Quantas escolhas?

Duas escolhas.

2. O que é cada escolha?

Dois homens.

3. Quantas possibilidades em cada escolha?

$$\frac{h}{7} \cdot \frac{h}{6}$$

4. As escolhas são diferentes?

Não.

$$\frac{\frac{h}{7} \cdot \frac{h}{6}}{2!} = 21$$

II. Para escolhermos 2 mulheres

1. Quantas escolhas?

Duas escolhas.

2. O que é cada escolha?

Duas mulheres.

3. Quantas possibilidades em cada escolha?

$$\frac{m}{3} \cdot \frac{m}{2}$$

4. As escolhas são diferentes?

Não.

$$\frac{\frac{m}{3} \cdot \frac{m}{2}}{2!} = 3$$

Como temos que formar um grupo de 2 homens ou 2 mulheres, temos:

21 + 3 = 24 possibilidades

Resolução utilizando a fórmula

Podemos formar um grupo de 2 pessoas do mesmo sexo de duas maneiras.

Dois homens:

$$C_{7,2} = \frac{7!}{(7-2)!\ 2!} = \frac{7!}{5!\ 2!} = \frac{7.6.5.4.3.2.1}{5.4.3.2.1.2.1} = 21$$

Duas mulheres:

$$C_{3,2} = \frac{3!}{(3-2)!\ 2!} = \frac{3!}{1!\ 2!} = \frac{3.2.1}{2.1} = 3$$

Como podemos ter 2 homens ou 2 mulheres, temos:

21 + 3 = **24** maneiras diferentes

Memorização e revisão	
Método das quatro perguntas	1. Quantas escolhas? 2. O que é cada escolha? 3. Quantas possibilidades em cada escolha? 4. As escolhas são diferentes?
Permutação	$Pn = n!$
Permutação circular	$Pn = (n-1)!$
Arranjo	O número de maneiras distintas de escolhermos *k* elementos de um grupo de *n* elementos, de modo que a ordem das escolhas afete o resultado (a ordem das escolhas importa).
Fórmula de arranjo	$A_{n,k} = \frac{n!}{(n-k)!}$
Combinação	O número de maneiras distintas de escolhermos *k* elementos de um grupo de *n* elementos, de modo que a ordem das escolhas **não** afete o resultado (a ordem das escolhas **não** importa).
Fórmula de combinação	$C_{n,k} = \frac{n!}{(n-k)!k!}$

CAPÍTULO 7. PROBABILIDADES

7.1. Notações

$P(A)$: probabilidade do evento A.

$P(A \cap B)$: probabilidade da intersecção entre A e B.

$P(A \cup B)$: probabilidade da união entre A e B.

$P(A^c)$: probabilidade do evento complementar de A.

$P(A/B)$: probabilidade do evento A, sabendo-se que o evento B ocorreu.

Espaço amostral (*S*)

Espaço amostral é dado pelo conjunto de todos os possíveis resultados de um experimento aleatório.

Exemplos:

- Espaço amostral do lançamento de uma moeda comum {cara, coroa}.
- Espaço amostral do lançamento de um dado comum {1, 2, 3, 4, 5, 6}.
- Espaço amostral do lançamento de um dado e uma moeda {1 e Cara, 2 e cara, 3 e cara, 4 e cara, 5 e cara, 6 e cara, 1 e coroa, 2 e coroa, 3 e coroa, 4 e coroa, 5 e coroa, 6 e coroa}.

Evento (*E*)

Evento é qualquer subconjunto do espaço amostral.

Exemplos:

- Lançamento de uma moeda resultar cara {cara}.
- Lançamento de um dado resultar um número par {2, 4, 6}.
- Lançamento de um dado resultar um número par e uma moeda resultar cara {2 e cara, 4 e cara, 6 e cara}.

7.2. Probabilidade simples

Propriedades

I. A probabilidade de um evento sempre será um número entre 0 (0%) e 1 (100%):

$$0 \leq P(A) \leq 1$$

II. A probabilidade de ocorrência do espaço amostral será sempre 1:

$$P(S) = 1$$

III. A probabilidade de ocorrência de um evento qualquer será dada pela razão entre o evento (*E*) e o espaço amostral (*S*):

$$P(A) = \frac{evento}{espaço\ amostral} = \frac{E}{S}$$

Exemplos:

- Probabilidade de o lançamento de uma moeda resultar cara:

$$P = \frac{1}{2} = 0{,}5 \text{ ou } 50\%$$

- Lançamento de um dado resultar um número par:

$$P = \frac{1}{2} = 0{,}5 \text{ ou } 50\%$$

- Lançamento de um dado resultar um número par e uma moeda resultar cara:

$$P = \frac{3}{12} = 0{,}25 \text{ ou } 25\%$$

Exercícios-modelo

1. Em um lançamento de um dado, encontre a probabilidade de:

A) resultar a face 3.

B) resultar um número par.

C) resultar um número primo.

D) resultar um número par ou primo.

Resolução

A) Resultar a face 3:

$$P(3) = \frac{1}{6}$$

B) Resultar um número par:

$$P(par) = \frac{3}{6} = \frac{1}{2} = 50\%$$

C) Resultar um número primo:

$$P(3) = \frac{3}{6} = \frac{1}{2} = 50\%$$

D) Resultar um número par ou primo:

$$P(\textit{par ou primo}) = \frac{5}{6}$$

2. O campo de batalha de uma partida de xadrez é um tabuleiro quadrado. Este, por sua vez, é dividido em 64 quadrados menores, dispostos em oito linhas e oito colunas em cores claras e escuras, alternadas. A torre pode se movimentar para qualquer número de casas na horizontal (linha) ou vertical (coluna). Quando o rei está para ser atacado por uma peça inimiga, diz-se que este está em xeque. Considere um tabuleiro com apenas um rei, posicionado conforme a figura a seguir:

Se posicionarmos aleatoriamente uma torre inimiga em qualquer casa desse tabuleiro (**exceto na casa onde se encontra o Rei**), qual é, aproximadamente, a probabilidade de essa torre colocar o rei em xeque?

A) 8%

B) 16%

C) 22%

D) 28%

E) 35%

Resolução

Pelas regras apresentadas no enunciado, existem 14 casas em que a torre colocaria o rei em xeque..

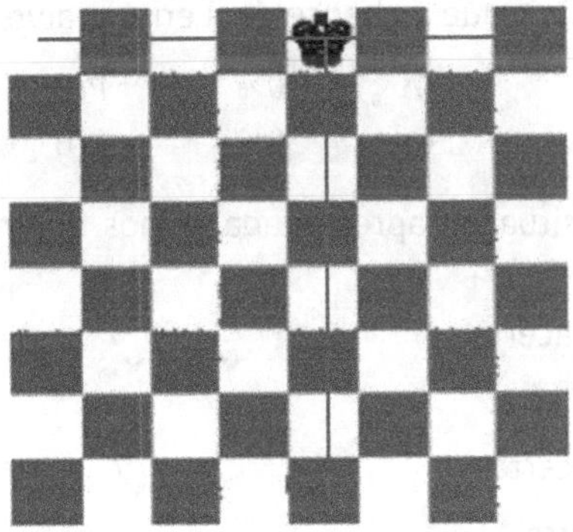

Como temos 63 casas possíveis no tabuleiro (das 64 iniciais, subtraímos a casa ocupada pelo rei).

$$P = \frac{14}{63} \cong 0,22 \text{ ou } \mathbf{22\%}$$

Gabarito: C

7.3. Eventos complementares

O evento complementar de um evento *A* é o evento "não *A*". Se *A* e *B* **são eventos complementares**, temos:

$$P_{(A \cap B)} = 0$$

$$P_{(A \cup B)} = 1$$

Exemplos:

A: probabilidade de o lançamento de uma moeda resultar cara.

B: probabilidade de o lançamento de uma moeda resultar coroa.

Exercício-modelo

A probabilidade de um atirador A acertar o alvo é de 70% e a probabilidade de um atirador B acertar o alvo é de 90%. Qual a probabilidade de que o alvo seja acertado?

A) 3%

B) 71%

C) 85%

D) 97%

E) 99%

Resolução

Como a probabilidade de acertar o alvo e de errar são eventos complementares, podemos concluir que a chance de *A* errar o alvo é de 30. e de *B* errar 10%.

$$P(A_a) = 70\% \qquad P(B_a) = 90\%$$
$$P(A_e) = 30\% \qquad P(B_e) = 10\%$$

Analisando a situação apresentada, temos quatro possibilidades de desfecho para a situação:

	A	B
I: *A* acerta e *B* acerta.	✓	✓
II: *A* acerta e *B* erra.	✓	✗
III. *A* erra e *B* acerta.	✗	✓
IV: *A* erra e *B* erra.	✗	✗

Repare que, das quatro possibilidades, o alvo será acertado apenas nas três primeiras. Dessa forma, vamos calcular a probabilidade de ocorrência dos casos de interesse.

Caso I: *A* acerta e *B* acerta

A	B	
✓	✓	$= P(A_a)$ e $P(B_a) = 70\% \times 90\% = 63\%$

Caso II: *A* acerta e *B* erra

A	B	
✓	✗	$= P(A_a)$ e $P(B_e) = 70\% \times 10\% = 7\%$

Caso III: *A* erra e *B* acerta

A	B	
✗	✓	$= P(A_e)$ e $P(B_a) = 30\% \times 90\% = 27\%$

Como, para o alvo ser acertado, podemos ter qualquer uma das três situações (I ou II ou III), vamos somar as probabilidades:

A	B		
✓	✓	$= P(A_a)$ e $P(B_a) = 70\% \times 90\% = 63\%$	
		ou (+)	
✓	✗	$= P(A_a)$ e $P(B_e) = 70\% \times 10\% = 7\%$	97%
		ou (+)	
✗	✓	$= P(A_e)$ e $P(B_a) = 30\% \times 90\% = 27\%$	

Assim, a probabilidade de o alvo ser acertado é de **97%**.

Gabarito: d

Note que existe uma maneira alternativa de **resolução** desse exercício. Podemos calcular a probabilidade da situação que **não** queremos que aconteça e subtrair do total de probabilidades (100%).

Não queremos que os dois errem o alvo. Assim, a probabilidade de os dois errarem será:

A B

✖ ✖ $= P(A_c) \text{ e } P(B_c) = 30\% \times 10\% = 3\%$

Logo, a chance de o alvo ser acertado será 100% - 3% = 97%.

7.4. União de eventos (ou)

Para entendermos melhor a união entre eventos, vamos relembrar o **exercício-modelo 1 – itens *b*, *c* e *d*** e analisá-los mais profundamente.

Em um lançamento de um dado, encontre a probabilidade de:

B) resultar um número par;

C) resultar um número primo;

D) resultar um número par ou primo.

Resolução

Representando o espaço amostral do lançamento de um dado em um diagrama, temos a seguinte situação:

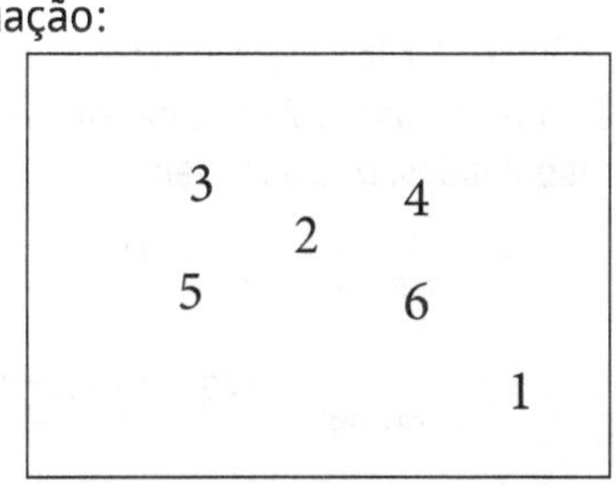

Primeiramente, vamos analisar o evento "o lançamento do dado resulta em um número par":

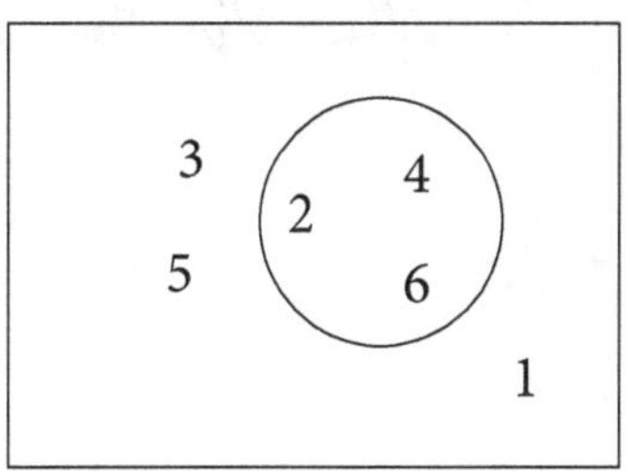

$$P_{(par)} = 3/6 = 1/2 \text{ ou } 50\%$$

Em seguida, vamos analisar o evento "o lançamento do dado resulta em um número primo":

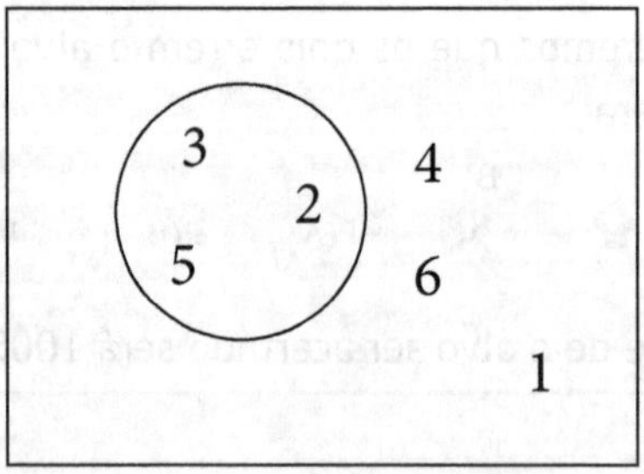

$$P_{(primo)} = 3/6 = 1/2 \text{ ou } 50\%$$

Por fim, vamos analisar o evento "o lançamento do dado resulta em um número par ou primo":

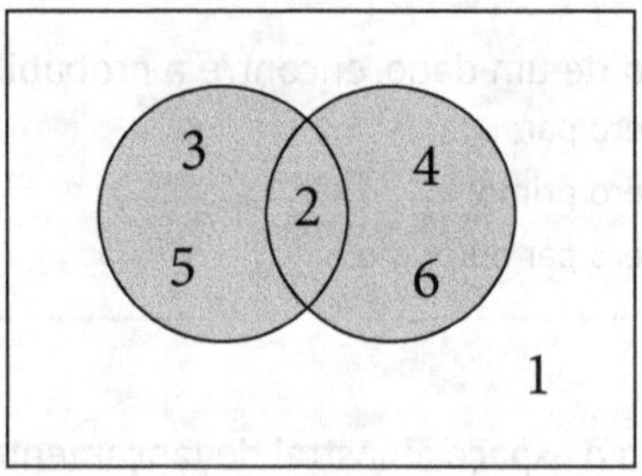

Repare que o número 2, a intersecção entre os dois conjuntos, foi contabilizado duas vezes na união dos conjuntos. Assim, devemos desconsiderá-lo uma vez na hora de somar as probabilidades. Dessa maneira:

$$P_{(par\ ou\ primo)} = P_{(par)} + P_{(primo)} - P_{(par\ e\ primo)}$$

$$P_{(par\ ou\ primo)} = 1/2 + 1/2 - 1/6 = 5/6$$

Expandindo esse conceito, temos a **regra de adição de probabilidades**.

$$P_{(A \cup B)} = P_{(A)} + P_{(B)} - P_{(A \cap B)}$$

4. Quando Paulo vai ao futebol, a probabilidade de ele encontrar Ricardo é 0,40; a probabilidade de ele encontrar Fernando é igual a 0,10; a probabilidade de ele encontrar ambos, Ricardo e Fernando, é igual a 0,05. Assim, a probabilidade de Paulo encontrar Ricardo ou Fernando é igual a:

A) 0,04
B) 0,40
C) 0,50
D) 0,45
E) 0,95

Resolução

Pela fórmula de união de conjuntos (regra de adição de probabilidades), temos:

$$P_{(A \cup B)} = P_{(A)} + P_{(B)} - P_{(A \cap B)}$$
$$P_{(R \cup B)} = P_{(R)} + P_{(F)} - P_{(R \cap F)}$$
$$P_{(R \cup F)} = 0,4 + 0,1 - 0,05$$
$$P_{(R \cup F)} = 0,45$$

Gabarito: d

7.5. Intersecção de eventos

Existem três possibilidades para o cálculo da probabilidade da intersecção de dois eventos.

I. **Eventos mutuamente exclusivos:** a ocorrência do evento A exclui a possibilidade de ocorrência do evento B e a ocorrência do evento B exclui a possibilidade de ocorrência do evento A.

Exemplo:

A: Lançamento de um dado resultar um número par.

B: lançamento de um dado resultar um número ímpar.

Para eventos mutuamente exclusivos, a probabilidade de ocorrência da intersecção será 0:

$$P_{(A \cap B)} = 0$$

Note que, nesse caso, como a intersecção entre os eventos não existe, podemos calcular a probabilidade da união entre os dois eventos por meio da relação:

$$P_{(A \cup B)} = P_{(A)} + P_{(B)}$$

II. Eventos independentes: a ocorrência do evento A não interfere na probabilidade de ocorrência do evento *B*.

Exemplo:

A: lançamento de um dado resultar um número par.

B: lançamento de uma moeda resultar cara.

Para eventos independentes, a probabilidade de ocorrência da intersecção será dada pelo produto das probabilidades individuais de cada evento.

$$P_{(A \cap B)} = P_{(A)} \cdot P_{(B)}$$

III. Eventos dependentes ou condicionais: a ocorrência do evento A interfere na probabilidade de ocorrência do evento *B*.

Exemplo:

A: lançamento de um dado resultar um número par.

B: lançamento de um dado resultar um número primo.

Para eventos dependentes, a probabilidade de ocorrência da intersecção irá variar de acordo com a dependência dos eventos, devendo ser calculada por meio da razão entre o evento e o espaço amostral.

5. Sejam *A* e *B* dois eventos definidos em um espaço amostral *S* de modo que $P(A) = 0{,}70$, $P(B) = 0{,}2$, e $P(A \cap B) = 0{,}14$. Então, pode-se dizer que *A* e *B* são eventos:

A) mutuamente exclusivos.

B) complementares.

C) independentes.

D) condicionais.

E) elementares.

Resolução

Como

$$P_{(A \cap B)} = P_{(A)} \cdot P_{(B)} = 0{,}14$$

Os eventos são independentes.

Gabarito: C

7.6. Probabilidade condicional

Considerando que, para eventos dependentes, a ocorrência do evento *B* influenciará a probabilidade de ocorrência do evento *A*, utilizaremos a seguinte relação para o cálculo da probabilidade de A acontecer, sabendoe que *B* ocorreu.

$$P_{(A/B)} = \frac{P_{(A \cap B)}}{P_{(B)}}$$

6. Uma empresa fabrica motores a jato em duas fábricas: *A* e *B*. Um motor é escolhido ao acaso de um lote de produção. Nota-se que o motor apresenta defeitos. De observações anteriores, a empresa sabe que 2% e 3% são as taxas de motores fabricados com algum defeito em *A* e *B*, respectivamente. Sabendo-se que a fábrica *A* é responsável por 40% da produção, assinale a opção que dá a probabilidade de que o motor escolhido tenha sido fabricado em *A*.

A) 0,400
B) 0,030
C) 0,012
D) 0,308
E) 0,500

Resolução

Dos dados do enunciado, temos que:

$P(A) = 0,4$

$P(B) = 1 - P(A) = 0,6$

A probabilidade de um motor de *A* apresentar defeito será 0,02.

A probabilidade de um motor de *B* apresentar defeito será 0,03.

A probabilidade de que o motor escolhido tenha sido fabricado em *A*, sabendo-se que ele apresentou defeito, será dada pela relação:

$$P_{(A/defeito)} = \frac{P_{(A \cap defeito)}}{P_{(defeito)}}$$

$$P_{(A/defeito)} = \frac{P_{(A \cap defeito)}}{P_{(A \cap defeito)} + P_{(B \cap defeito)}}$$

$$P_{(A/defeito)} = \frac{0,4 \cdot 0,02}{0,4 \cdot 0,02 + 0,6 \cdot 0,03} \cong 0,308$$

Gabarito: d

7. Carlos, diariamente, almoça um prato de sopa no mesmo restaurante. Esta é feita de forma aleatória por um dos três cozinheiros que lá trabalham: 40% das vezes, a sopa é feita por João; 40% das vezes, por José; e 20% das vezes, por Maria. João salga demais a sopa 10% das vezes, José o faz em 5% das vezes e Maria 20% das vezes. Como de costume, um dia qualquer, Carlos pede a sopa e, ao experimentá-la, verifica que está salgada demais. A probabilidade de que essa sopa tenha sido feita por José é igual a:

A) 0,15

B) 0,25

C) 0,30

D) 0,20

E) 0,40

Resolução

Queremos calcular a probabilidade de a sopa ter sido feita por José, sabendo que ela estava muito salgada. Utilizando a fórmula de probabilidade condicional, temos:

$$P_{(\text{José}/\text{salgada})} = \frac{P_{(\text{José} \cap \text{salgada})}}{P_{(\text{salgada})}}$$

$$P_{(\text{José}/\text{salgada})} = \frac{P_{(\text{José} \cap \text{salgada})}}{P_{(\text{José} \cap \text{salgada})} + P_{(\text{José} \cap \text{salgada})} + P_{(\text{Maria} \cap \text{salgada})}}$$

$$P_{(\text{José} \cap \text{salgada})} = \frac{0,4 \cdot 0,05}{0,4 \cdot 0,1 + 0,4 \cdot 0,05 + 0,2 \cdot 0,2}$$

$$P_{(\text{José} \cap \text{salgada})} = \frac{0,02}{0,04 + 0,02 + 0,04} = 0,2 \text{ ou } 20\%$$

Gabarito: d

Questões de prova

1. Um grupo composto de cinco peritos, escolhidos entre sete possíveis peritos, deve ser formado para determinada investigação. Sabe-se que um dos possíveis peritos é do sexo masculino e os demais são do sexo feminino. A probabilidade de que esse grupo seja formado somente com peritos do sexo feminino é igual a:

A) 2/7

B) 1/5

C) 1/9

D) 4/7

E) 2/5

Resolução

A probabilidade de um evento será calculada pela relação:

$$P_{(A)} = \frac{evento}{espaço\ amostral} = \frac{E}{S}$$

Assim, para calcularmos a probabilidade de escolhermos um grupo somente com mulheres, temos:

$$P_{(\text{mulheres})} = \frac{\text{Grupos formados apenas por mulheres}}{\text{Total de grupos que podem ser formados}}$$

Grupos apenas com mulheres:

$$\frac{\underset{6}{\underline{m}} \cdot \underset{5}{\underline{m}} \cdot \underset{4}{\underline{m}} \cdot \underset{3}{\underline{m}} \cdot \underset{2}{\underline{m}}}{5!} = 6$$

Total de grupos que podem ser formados:

$$\frac{\underset{7}{\underline{p}} \cdot \underset{6}{\underline{p}} \cdot \underset{5}{\underline{p}} \cdot \underset{4}{\underline{p}} \cdot \underset{3}{\underline{p}}}{5!} = 21$$

Logo:

$$P_{(\text{mulheres})} = \frac{6}{21} = \frac{2}{7}$$

Gabarito: a

2. Em uma pescaria, os pescadores Alberto, Bruno e Carlos colocavam os peixes que pescavam em um mesmo recipiente. Ao final da pescaria, o recipiente continha 16 piaus e 32 piaparas. Na divisão dos peixes, cada um deles afirmou que teria pescado mais peixes que os outros dois.

A respeito dessa situação, se 2 peixes fossem retirados do recipiente, aleatoriamente, a probabilidade de que pelo menos um fosse um piau seria maior que $1/2$?

Resolução

Para calcularmos a probabilidade de, ao se retirar dois peixes do recipiente, **pelo menos um** ser um piau, vamos pensar em seu evento complementar, ao se retirarem dois peixes, nenhum ser um piau. Assim:

$$\frac{32}{48} \cdot \frac{31}{47} = \frac{992}{2256} \cong 0,43$$

Desse modo, se a probabilidade de nenhum peixe ser um piau é, aproximadamente, 0,43, a probabilidade de pelo menos um ser um piau será, aproximadamente, 0,57.

Portanto, a probabilidade de que pelo menos um peixe fosse um piau seria **maior** que ½.

3. Numa pesquisa em uma empresa, 200 funcionários foram questionados sobre sua satisfação ao realizarem as tarefas A e B. 110 pessoas responderam que não gostam de realizar a tarefa A; 86 pessoas responderam que não gostam de realizar a tarefa B; 10, entre elas Renata e Ana, responderam que gostam de realizar as duas tarefas.

No texto, ao se selecionar ao acaso dois funcionários entre os que gostam de realizar as duas tarefas, a probabilidade de que sejam escolhidas Renata e Ana é igual a:

A) 19/90
B) 1/90
C) 1/45
D) 1/20
E) 1/5

Resolução

A probabilidade de um evento será calculada pela relação:

$$P_{(A)} = \frac{evento}{espaço\ amostral} = \frac{E}{S}$$

Assim, a probabilidade de se selecionar ao acaso dois funcionários entre os 10 que gostam de realizar as duas tarefas e serem escolhidas Renata e Ana será dada por:

$$P = \frac{\text{número de duplas com Renata e Ana}}{\text{número de duplas no total}}$$

Existe apenas 1 (uma) dupla que pode ser feita com Renata e Ana.
Para calcularmos o número total de dupla que podemos montar com 10 pessoas, temos:

$$\frac{\frac{p}{10} \cdot \frac{p}{9}}{2!} = 45$$

Assim:

$$P = \frac{1}{45}$$

Gabarito: C

4. Dada uma equipe de dez servidores, entre eles Alberto e Bruna, *W* é o conjunto de todas as listas que podem ser formadas com exatamente três servidores.

A partir dessas informações, e sabendo-se que, nessa hipótese, *A* é o conjunto de todas as listas em que consta o nome de Alberto e *B* o conjunto daquelas em que consta o nome de Bruna, é correto afirmar que, selecionando-se ao acaso uma lista em *W*, a probabilidade de essa lista conter o nome de Bruna, mas não o de Alberto, é inferior a 10%?

Resolução

A probabilidade de um evento será calculada pela relação:

$$P_{(A)} = \frac{evento}{espaço\ amostral} = \frac{E}{S}$$

Assim, para calcularmos a probabilidade de que a lista tenha Bruna, mas não Alberto, temos:

$$P = \frac{\text{número de listas com Bruna e não Alberto}}{\text{número de listas no total}}$$

Número de listas no total:

$$\frac{\dfrac{S}{10} \cdot \dfrac{S}{9} \cdot \dfrac{S}{8}}{3!} = 120$$

Número de listas com Bruna, e não Alberto:

$$\frac{\dfrac{B}{1} \cdot \dfrac{ñA}{8} \cdot \dfrac{ñA}{7}}{2!} = 28$$

Então:

$$P = \frac{28}{120} \cong 0{,}23 \text{ ou } 23\%$$

Portanto, a probabilidade de essa lista conter o nome de Bruna, mas não o de Alberto, é **superior** a 10%

5. Um delegado precisa analisar 16 inquéritos distintos, sendo 6 relacionados a roubo, 5 relacionados à agressão e o restante relacionado à pensão alimentícia. Nessas condições, a probabilidade de esse delegado escolher somente um inquérito e este ser relacionado a roubo, sabendo-se que esse inquérito não é relacionado à agressão, é aproximadamente igual a:

A) 55%
B) 38%
C) 67%
D) 44%
E) 75%

Resolução

Do enunciado, temos

- 6 inquéritos relacionados a roubo;
- 5 inquéritos relacionados à agressão;
- 5 inquéritos relacionados à pensão alimentícia.

Como o enunciado nos informa que o inquérito selecionado não está relacionado com agressão, temos 16 – 5 = 11 inquéritos no total. Assim:

$$P = \frac{6}{11} \cong 0{,}55 \text{ ou } 55\%$$

Gabarito: a

6. Para realizar uma identificação humana, uma papiloscopista dispõe de 12 impressões digitais de palmas das mãos e 8 impressões digitais de solas dos pés, e uma dessas impressões digitais corresponde à identificação humana procurada. Dessa maneira, a probabilidade, na forma de taxa percentual, de que a identificação humana ocorra por uma das impressões digitais de solas dos pés é igual a:

A) 85%
B) 60%
C) 50%
D) 40%
E) 25%

Resolução

Do enunciado, temos:

- 1 impressões de mãos;
- 8 impressões de pés;
- 2 impressões no total.

Para que a única identificação humana procurada ocorra de uma das impressões de solas dos pés, temos:

$$P = \frac{8}{10} = 0{,}4 \text{ ou } 40\%$$

Gabarito: d

7. Uma urna *A* contém 2 bolas brancas, 3 vermelhas e 5 amarelas. Por sua vez, a urna *B* contém 2 bolas vermelhas e 3 pretas. Retira-se uma bola de cada urna, ao acaso. Então, a probabilidade de que ambas as bolas sejam da mesma cor é de:

A) 9/50
B) 3/25
C) 1/25
D) 1/50
E) 1/20

Resolução

Do enunciado, temos:

- **Urna A**
  - 2 bolas brancas
  - 3 bolas vermelhas
  - 5 bolas amarelas
  - 10 bolas no total
- **Urna B**
  - 2 bolas vermelhas
  - 3 bolas pretas
  - 5 bolas no total

A única possibilidade de que as duas bolas sejam da mesma cor é com a retirada de duas bolas vermelhas (as urnas não possuem outra cor em comum). Assim:

Bola vermelha na urna A:

$$P = \frac{3}{10}$$

Bola vermelha na urna B:

$$P = \frac{2}{5}$$

Para que a bola da urna A seja vermelha e a bola da urna B também seja vermelha:

$$\frac{3}{10} \cdot \frac{2}{5} = \frac{3}{25}$$

Gabarito: b

Memorização e revisão	
Probabilidade	$P_{(A)} = \frac{evento}{espaço\ amostral} = \frac{E}{S}$
Eventos complementares	$P_{(A \cap B)} = 0$ $P_{(A \cup B)} = 1$
União de probabilidades	$P_{(A \cup B)} = P_{(A)} + P_{(B)} - P_{(A \cap B)}$
Tipos de eventos	I. **Eventos mutuamente exclusivos:** a ocorrência do evento *A* exclui a possibilidade de ocorrência do evento *B* e a ocorrência do evento *B* exclui a possibilidade de ocorrência do evento *A*. II. **Eventos independentes:** a ocorrência do evento *A* não interfere na probabilidade de ocorrência do evento *B*. III. **Eventos dependentes ou condicionais:** a ocorrência do evento *A* interfere na probabilidade de ocorrência do evento *B*.
Probabilidade condicional	$P_{(A/B)} = \frac{P_{(A \cap B)}}{P_{(B)}}$

Notas:

MATEMÁTICA

CAPÍTULO 1. ARITMÉTICA

Fatoração

Para que possamos compreender a ferramenta por trás dos cálculos de MMC (Mínimo Múltiplo Comum), devemos conhecer o processo da fatoração de um número.

Fatorar significa escrever na forma de uma multiplicação de fatores primos.

Exemplo: fatoração de 84.

Primeiro escrevemos o número desejado (84) e traçamos uma linha vertical ao seu lado direito. Em seguida, dividimos sucessivamente pelos números primos divisores de 84, em ordem crescente, até que não seja possível prosseguir com a divisão. Por exemplo, como 84 é par, pode ser dividido por 2. Temos que $84 \div 2 = 42$. Em seguida, temos $42 \div 2 = 21$, $21 \div 3 = 7$ e, finalmente, $7 \div 7 = 1$.

84	2
42	2
21	3
7	7
1	

Todos os números destacados à direita da linha são os fatores que compõem o número desejado.

Logo, podemos dizer que $84=2\cdot2\cdot3\cdot7=2^2\cdot3\cdot7$.

Mínimo Múltiplo Comum (MMC)

Múltiplos

Os múltiplos de determinado número natural a são números escritos na forma $\kappa \times a$, com $\kappa \in N$.

Exemplos:

- Os múltiplos de 12 são 0, 12, 24, 36, 48, 60, 72, 84, 96, 108...
- Os múltiplos de 18 são 0, 18, 36, 54, 72, 90, 108, 126...

É possível reparar que existem alguns múltiplos que aparecem em ambas as sequências. Estes são os múltiplos comuns entre 12 e 18: 36, 72, 108...

O menor desses números é o Mínimo Múltiplo Comum (ou MMC) entre 12 e 18. Escrevemos MMC(12,18)=36.

Entretanto, a maneira mais fácil e prática de calcularmos o MMC entre dois (ou mais) números é por meio de uma fatoração simultânea, na qual devemos escolher sucessivamente os fatores que dividam por um dos números, até que não seja mais possível prosseguir com a divisão.

12 , 18	2	(os dois números são divisíveis por 2)
6 , 9	2	(apenas o 6 é divisível por 2)
3 , 9	3	(os dois são divisíveis por 3)
1 , 3	3	(apenas o 3 é divisível por 3)
1 , 1		

Assim, verificamos que o MMC entre 12 e 18 é $2^2 \cdot 3^2 = 4 \cdot 9 = 36$.

Exemplo: Vamos calcular o MMC entre 24 e 42.

24 , 42	2	(os dois números são divisíveis por 2)
12 , 21	2	(apenas o 12 é divisível por 2)
6 , 21	2	(apenas o 6 é divisível por 2)
3 , 21	3	(os dois são divisíveis por 3)
1 , 7	3	(apenas o 7 é divisível por 7)
1 , 1		

Logo, o MMC entre 24 e 42 é $2^3 \cdot 3 \cdot 7 = 168$.

Operações com frações

É comum nos depararmos com diversos problemas que envolvem frações, às vezes mesmo nos estudos de Estatística e Matemática Financeira, então é muito importante perder o medo dessas operações.

- **Soma e subtração de frações**

Para podermos somar ou subtrair frações, elas devem estar com o mesmo denominador. Quando isso ocorre, basta juntarmos as duas frações em uma só, como o exemplo a seguir:

$$\frac{2}{3} + \frac{7}{3} = \frac{2+7}{3} = \frac{9}{3} = 3$$

Quando as frações não possuem o mesmo denominador, devemos transformá-las para que passem a ficar iguais, seguindo os passos do exemplo a seguir:

$$\frac{3}{10}+\frac{7}{15}$$

Primeiro, calculamos o MMC entre os denominadores:

MMC(10,15)=30

Isso significa que, para somarmos as duas frações, o denominador em comum deve ser 30. Para descobrirmos as frações equivalentes às originais, devemos dividir o novo denominador por cada um dos denominadores anteriores e multiplicar os resultados pelos numeradores (conhecemos essa regra como: **divide pelo de baixo e multiplica pelo de cima**). Continuando o exemplo:

- 30 dividido por 10 resulta em 3, que multiplicado por 3 resulta em 9.
- 30 dividido por 15 resulta em 2, que multiplicado por 7 resulta em 14

Assim:

$$\frac{3}{10}+\frac{7}{15}=\frac{9}{30}+\frac{14}{30}=\frac{9+14}{30}=\frac{23}{30}$$

Os mesmos passos devem ser seguidos no caso de uma subtração.

Exemplo:

$$\frac{5}{4}-\frac{7}{6}=\frac{3\cdot 5}{12}-\frac{2\cdot 7}{12}=\frac{15-14}{12}=\frac{1}{12}$$

- **Produto entre frações**

Para multiplicar duas frações, basta calcular o produto dos numeradores e dividir pelo produto dos denominadores

Exemplo:

$$\frac{5}{6}\cdot\frac{6}{25}=\frac{5\cdot 8}{6\cdot 25}=\frac{40}{150}=\frac{4}{15}$$

É possível simplificarmos partes do numerador com partes do denominador para, muitas vezes, facilitar os cálculos. No exemplo, temos:

$$\frac{5}{6}\cdot\frac{8}{25}=\frac{\overset{1}{\cancel{5}}\cdot\overset{4}{\cancel{8}}}{\underset{3}{\cancel{6}}\cdot\underset{5}{\cancel{25}}}=\frac{4}{15}$$

Independentemente do número de frações a serem multiplicadas, a regra é a mesma:

$$\frac{2}{3}\cdot\frac{9}{22}\cdot\frac{5}{6}=\frac{\overset{1}{\cancel{2}}\cdot\overset{1}{\cancel{9}}\cdot 5}{\cancel{3}\cdot\underset{11}{\cancel{22}}\cdot\underset{2}{\cancel{6}}}=\frac{5}{22}$$

- **Divisão entre frações**

Dividir *a* por *b* é o mesmo que multiplicar *a* pelo inverso de *b*.

Ou seja, para calcularmos a divisão entre duas frações, devemos transformar a divisão em uma multiplicação pelo inverso, conforme o seguinte exemplo:

$$\frac{4}{5} \div \frac{2}{15} = \frac{4}{5} \cdot \frac{15}{2}$$

Mantemos a primeira fração $\left(\frac{15}{2}\right)$ e multiplicamos pelo inverso da segunda $\left(\text{ou seja } \frac{4}{5}\right)$:

$$\frac{\cancel{4}^{\,2}}{{}_{1}\cancel{5}} \cdot \frac{\cancel{15}^{\,3}}{\cancel{2}_{\,1}} = \frac{6}{1} = 6$$

Exercícios-modelo

1. Dividir certo número por 0,00125 equivale a multiplicá-lo por um número inteiro:

A) menor que 100.

B) compreendido entre 100 e 400.

C) compreendido entre 40 e 1000.

D) compreendido entre 1000 e 5000.

E) maior que 5000.

Resolução

$$\frac{1}{0{,}00125} = \frac{1}{\frac{125}{100000}} = \frac{100000}{125} = 800$$

Gabarito: C

2. Qual desses números é igual a 0,064?

A) $\left(\frac{1}{80}\right)^2$

B) $\left(\frac{1}{8}\right)^2$

C) $\left(\frac{2}{5}\right)^3$

D) $\left(\frac{1}{800}\right)^2$

E) $\left(\frac{8}{10}\right)^3$

Resolução

$$0{,}064 = \frac{64}{1000} = \frac{4^3}{10^3}\left(\frac{4}{10}\right)^3 = \left(\frac{2}{5}\right)^3$$

Gabarito: c

3. Três navios *A*, *B* e *C* estão atracados no Porto de Santos. O navio *A* retorna ao Porto de Santos a cada 5 meses, o navio *B* a cada 6 meses e o navio *C* a cada 9 meses. Se os três partirão hoje do porto, daqui a quantos meses estarão juntos de novo nesse mesmo porto?

A) 24
B) 36
C) 54
D) 72
E) 90

Resolução

Para calcular o momento quando os três navios estarão novamente no Porto de Santos, basta calcular o .

5 ,6 ,9	2
5 ,3 ,9	3
5 ,1 ,3	3
5 ,1 ,1	5
1 ,1 ,1	
	$2 \cdot 3^2 \cdot 5 = 90$

Gabarito: e

Questões

1. Considere os números a seguir:

I. 13,1
II. 13,018
III. 13,8
IV. 13,08
V. 13,0001

Assinale a alternativa em que esses números estão em ordem crescente.

A) III, II, IV, I e V
B) III, IV, I, II e V
C) V, II, IV, I e III
D) V, IV, III, I e II.
E) I, II, III, IV e V

Gabarito: c

2. Dados dois números reais a e b que satisfazem as desigualdades $1 \leq a \leq 2 \leq$ e $3 \leq b \leq 5$, pode se afirmar que:

A) $\frac{a}{b} \leq \frac{2}{5}$

B) $\frac{a}{b} \geq \frac{2}{3}$

C) $\frac{1}{5} \leq \frac{a}{b} \leq \frac{2}{3}$

D) $\frac{1}{5} \leq \frac{a}{b} \leq \frac{1}{2}$

E) $\frac{3}{2} \leq \frac{a}{b} \leq 5$

Gabarito: c

3. Três lâmpadas estão piscando, cada uma com uma frequência. A primeira pisca a cada 6 segundos, a segunda a cada 15 segundos e a terceira a cada 25 segundos. Se, em determinado instante, elas piscam juntas, depois de quanto tempo elas piscarão juntas novamente?

A) 75 s

B) 1 min

C) 2 min

D) 2 min 30s

E) 4 min

Gabarito:d

4. A metade de $\frac{4^{13}}{64}$ é igual a:

A) 2^8

B) 2^{10}

C) 2^{16}

D) 2^{18}

E) 2^{20}

Gabarito: e

5. Calculando $\frac{7}{5} - \frac{1}{5} \div 0{,}15$, obtemos:

A) $\frac{2}{15}$

B) $\frac{1}{15}$

C) 0,10

D) $\frac{1}{5}$

E) 0,05

Gabarito: b

CAPÍTULO 2. ÁLGEBRA

2.1. Equação do 1° grau

Em todo momento nos deparamos com contas que envolvem as regras de equação do 1° grau, em diversos assuntos estudados. Então, vamos lembrar quais são as regras envolvidas para sua **resolução.**

Lembrando que o significado da solução de uma equação do 1° grau (e do 2° também) é encontrar o valor de x (ou qualquer outra variável) que satisfaça a igualdade, ou seja, que faça a igualdade ser verdadeira.

Logo, a solução da equação $2x + 5 = 13$ é $x = 4$, pois $2 \times 4 + 5 = 8 + 5 = 13$. Desse modo, o objetivo da nossa **resolução** é conseguir chegar a uma expressão assim:

$$x = \textit{número}$$

Isso significa que devemos deixar o sozinho (isolado) no seu lado da equação. Para tanto, cada um dos números que o acompanha deve sair de perto dele (no exemplo anterior, o 2 que estava multiplicando e o 5 que estava somando), e a regra exige que, ao se retirar o número de um lado da equação, ele deve passar para o outro lado fazendo sua conta inversa.

> Ou seja, o que está de um lado passa para o outro fazendo a operação inversa:
> - O que está somando passa subtraindo.
> - O que está subtraindo passa somando.
> - O que está multiplicando passa dividindo.
> - O que está dividindo passa multiplicando.

Exemplos:

A) $x + 3 = 7$

O 3 que está somando de um lado passa para o outro subtraindo:

$$x = 7 - 3 \rightarrow x = 4$$

B) $4x = 48$

O 4 que está multiplicando de um lado passa para o outro dividindo:

$$x = \frac{48}{4} \rightarrow x = 12$$

C) $3x - 7 = 17$

O 7 que está subtraindo de um lado passa para o outro somando:

$$3x = 17 + 7 \rightarrow 3x = 24$$

O 3 que está multiplicando de um lado passa para o outro dividindo:

$$x = \frac{24}{3} \rightarrow x = 8$$

D) $\frac{2x}{3} - \frac{x}{4} = 5$

Primeiro, devemos trabalhar com a subtração das frações de x, calculando o MMC entre os denominadores (12) e utilizando as regras vistas nas operações de frações:

$$\frac{4 \cdot 2x - 3 \cdot x}{12} = 10 \rightarrow \frac{8x - 3x}{12} = 10 \rightarrow \frac{5x}{12} = 10$$

Agora, o 12 que está dividindo passa multiplicando:

$$5x = 10 \cdot 12$$

Finalmente, o 5 que está multiplicando passa dividindo:

$$x = \frac{120}{5} = 24$$

Exercícios-modelo

1. De mesada, Julia recebe de seu pai o dobro do que recebe de sua mãe. Se, em 5 meses, ela recebeu o total de R$ 375,00, então, de sua mãe, ela recebe, por mês:

A) R$ 15,00

B) R$ 20,00

C) R$ 25,00

D) R$ 30,00

E) R$ 35,00

Resolução

Sendo x o valor que Julia recebe da mãe, o valor que recebe do pai é $2x$. Assim, a cada mês ela recebe $x + 2x = 3x$.

Se, em 5 meses, ela recebeu 375, então, em cada mês, foi recebido o valor de $\frac{375}{5} = 75$ reais.

Assim:

$$3x = 75 \rightarrow x = \frac{75}{3} \rightarrow x = 25$$

Gabarito: C

2. Três pessoas distribuíram, em um bairro, 1430 panfletos de propaganda eleitoral. Bruno distribuiu a metade do número de panfletos de Alfredo, enquanto Charles distribuiu dois terços do número de panfletos distribuídos por Alfredo. O número de panfletos que Charles distribuiu **a mais** que Bruno foi:

A) 100

B) 110

C) 130

D) 150

E) 170

Resolução

Como as quantidades distribuídas por cada um são comparadas às de Alfredo, diremos que essa quantidade é .

$$\text{Alfredo: } x \text{ de Alfredo} = \frac{1}{2} \text{ de } x = \frac{1}{2}\cdot x = \frac{x}{2}$$

$$\text{Charles: } \frac{2}{3} \text{ de Alfredo} = \frac{2}{3} \text{ de } x = \frac{2}{3}\cdot x = \frac{3x}{3}$$

Como o total deve ser 1430, temos:

$$x + \frac{x}{2} + \frac{2x}{3} = 1430 \rightarrow \frac{6x + 3x + 4x}{6} = 1430 \rightarrow \frac{13x}{6} = 1430$$

$$13x = 1430.6 \rightarrow x = \frac{1430.6}{13} \rightarrow x = 660$$

Desse modo, a quantidade distribuída por:

- Alfredo: 660;
- Bruno: $\frac{660}{2} = 330$;
- Charles: $\frac{2.660}{3} = 440$.

Portanto, Charles distribuiu 110 a mais que o Bruno.

Gabarito: b

3. **3.** Uma bomba de vácuo retira metade do ar de um recipiente fechado a cada bombada. Sabendo que, depois 5 bombadas, foram retirados 62 gramas de ar, a quantidade de ar que permanece no recipiente após essas bombadas, em gramas, é igual a:

A) 2

B) 4

C) 5

D) 6

E) 7

Resolução

Sendo V o volume inicial, temos:

$$\frac{V}{2}+\frac{V}{4}+\frac{V}{8}+\frac{V}{16}+\frac{V}{32}=62$$

$$V=64$$

Assim, após as 5 bombadas, sobraram $64 - 62 = 2$ gramas de ar.

Gabarito: a

Questões

1. Duas pequenas fábricas de calçados, *A* e *B*, têm fabricado, respectivamente, 3000 e 1100 pares de sapatos por mês. Se, a partir de janeiro, a fábrica *A* aumentar sucessivamente a produção em 70 pares por mês e a fábrica *B* aumentar sucessivamente a produção em 290 pares por mês, a produção de *B* superará a produção de *A* a partir de:

A) maio
B) julho
C) setembro
D) novembro
E) dezembro

Gabarito: c

2. **2.** Se comprarmos 1 kg de açúcar e 3 kg de sal, gastaremos 3,10 reais e, se comprarmos 7 kg de açúcar e 2 kg de sal, gastaremos 8,40 reais. Quanto gastaremos para comprar 1 kg de açúcar e 1 kg de sal?

A) 0,7 reais
B) 1,3 reais
C) 1,7 reais
D) 3 reais
E) 2 reais

Gabarito: c

3. André, Bernardo e Carlos retiraram respectivamente $\frac{7}{36}$, $\frac{5}{24}$ e $\frac{13}{72}$ do total dos doces de um pacote. Qual a fração do total de doces que restou no pacote?

A) $\frac{7}{12}$
B) $\frac{1}{2}$
C) $\frac{13}{36}$
D) $\frac{29}{72}$
E) $\frac{5}{12}$

Gabarito: e

4. Laura abriu uma lata de óleo e usou $\frac{1}{4}$ para preparar uma receita e Joana usou $\frac{2}{5}$ do restante do óleo para fazer outra receita. Sabendo que restaram 405 mL de óleo na lata, qual volume original da lata em mililitros?

A) 850

B) 900

C) 950

D) 1000

E) 1100

Gabarito: b

2.2. Equação do 2° grau

Assim como em uma equação do 1° grau, na equação do 2° grau, encontramos o valor (os valores, neste caso) de x que faz a igualdade ser verdadeira. Porém, diferentemente do caso anterior, na equação do 2° grau, existe uma fórmula para ser seguida na **resolução**, conhecida como fórmula de Bhaskara.

Dada uma equação do 2° grau:

$$ax^2 + bx + c = 0$$

Observação:

a equação tem que ser sempre escrita assim, igualada a 0.

Devemos identificar os valores de a,b e c e substituí-los nas fórmulas:

$$\Delta = b^2 - 4.a.c$$

$$x = \frac{-b \pm \sqrt{\Delta}}{2.a}$$

Repare que, na última fórmula, aparece a expressão ±, o que significa que devemos fazer duas contas, uma para o + e outra para o −.

Exemplos:

A) $x^2 - 3x + 2 = 0$

Comparando com a expressão genérica $ax^2 + bx + c$, temos os seguintes valores:

$a = 1, b = -3, c = 2$ (repare que os sinais desses números devem obedecer aos sinais da equação)

Assim, começamos encontrando o valor de Δ:

$$\Delta = b^2 - 4 \cdot a \cdot c = (-3)^2 - 4 \cdot 1 \cdot 2 = 9 - 8 = 1$$

Para encontrar os valores de x:

$$x=\frac{-b\pm\sqrt{\Delta}}{2\cdot a}=\frac{-(-3)\pm\sqrt{1}}{2\cdot 1}=\frac{3\pm 1}{2}$$

Logo:

$$x=\frac{3+1}{2}=\frac{4}{2}=2$$

ou:

$$x=\frac{3-1}{2}=\frac{2}{2}=1$$

Portanto, os valores $x = 1$ ou $x = 2$ são os que satisfazem a equação.

B) $x^2 + 4x - 12 = 0$

$$a = 1, b = 4, c = -12$$

Assim:

$$\Delta = b^2 - 4 \cdot a \cdot c = 4^2 - 4.1.(-12) = 16 + 48 = 64$$

$$x=\frac{-b\pm\sqrt{\Delta}}{2\cdot a}=\frac{-4\pm\sqrt{64}}{2\cdot 1}=\frac{-4\pm 8}{2}$$

Logo:

$$x=\frac{-4\pm 8}{2}=\frac{4}{2}=2$$

ou:

$$x=\frac{-4-8}{2}=-\frac{12}{2}=6$$

Portanto, os valores $x = 2$ ou $x = -6$ são os que satisfazem a equação.

Exercícios resolvidos

4. Para a realização de uma atividade cívica, 180 alunos de um colégio foram levados ao pátio e colocados em fileiras. Sabendo-se que o número de alunos em cada fileira corresponde ao número de fileiras mais 3, pode-se concluir que o número de alunos de uma fileira é:

A) 15

B) 13

C) 11

D) 9

E) 17

Resolução

De acordo com o enunciado, temos:

- número de fileiras: x;
- número de alunos em cada fileira: $x + 3$;
- total de alunos $= x \cdot (x + 3)$.

Assim:

$$x \cdot (x + 3) = 180 \rightarrow x^2 + 3x = 180 \rightarrow x^2 + 3x - 180 = 0$$

$$a = 1, \quad b = 3, \quad c = -180$$

Dessa forma:

$$\Delta = b^2 - 4 \cdot a \cdot c = 3^2 - 4 \cdot 1 \cdot (-180) = 9 + 720 = 729$$

$$x = \frac{-b \pm \sqrt{\Delta}}{2 \cdot a} = \frac{-3 \pm \sqrt{729}}{2 \cdot 1} = \frac{-3 \pm 27}{2}$$

Logo:

$$x = \frac{-3+27}{2} = \frac{24}{2} = 12$$

ou:

$$x = \frac{-3-27}{2} = -\frac{30}{2} = -15$$

Como x representa o número de fileiras, o resultado negativo não é válido. Portanto, $x = 12$.

Então, o número de alunos por fileira é: $x + 3 = 12 + 3 = 15$.

Gabarito: a

5. A soma de dois números é $\frac{9}{10}$ e o produto entre eles é $\frac{1}{5}$. Então, o maior entre eles é:

A) $\frac{1}{5}$

B) $\frac{1}{2}$

C) $\frac{2}{5}$

D) $\frac{4}{5}$

E) $\frac{3}{5}$

Resolução

Temos:

$$\begin{cases} x+y=\dfrac{9}{10} \\ x\cdot y=\dfrac{1}{5} \end{cases} \Rightarrow \begin{cases} y=\dfrac{9}{10}-x \\ x\cdot y=\dfrac{1}{5} \end{cases}$$

Substituindo a 1ª equação na segunda, temos:

$$x\left(\frac{9}{10}-x\right)=\frac{1}{5}\Rightarrow \frac{9}{10}x-x^2=\frac{1}{5}\Rightarrow x^2-\frac{9}{10}x+\frac{1}{5}=0$$

Multiplicando a equação toda por 10, temos:

$$10x^2-9x+2=0$$

Então:

$$\Delta=b^2-4ac=(-9)^2-4\cdot 10\cdot 2=81-80=1$$

Portanto:

$$x=\frac{-b\pm\sqrt{\Delta}}{2a}=\frac{-(-9)\pm 1}{2\cdot 10}=\frac{9\pm 1}{20}$$

Dessa equação, temos:

$$x_1=\frac{10}{20}=\frac{1}{2}\text{ e }y_1=\frac{9}{10}-\frac{1}{2}=\frac{9-5}{10}=\frac{4}{10}=\frac{2}{5}$$
$$x_2=\frac{8}{20}=\frac{2}{5}\text{ e }y_2=\frac{9}{10}-\frac{2}{5}=\frac{9-4}{10}=\frac{5}{10}=\frac{1}{2}$$

Logo, o maior dos dois números é $\frac{1}{2}$.

Gabarito: b

Questões

5. O valor de x que satisfaz a equação $\frac{1}{x}=\frac{2}{x+2}$ é:

A) 0

B) 1

C) 2

D) 3

E) 4

Gabarito: c

6. O menor número natural, diferente de 4, que dividido por 15, 25 e 40 deixa o mesmo resto 4 é:

A) 404

B) 504

C) 554

D) 604

E) 654

Gabarito: d

7. Hoje, o pai tem o triplo da idade do filho e, daqui a 12 anos, o filho terá a metade da idade do pai. Em quantos anos a idade do filho será $\frac{3}{5}$ da idade do pai?

A) 20 anos

B) 21 anos

C) 22 anos

D) 23 anos

E) 24 anos

Gabarito: e

8. Havia 27 pessoas num baile. Amanda dançou com 10 rapazes, Bela com 11 rapazes, Carolina com 12 rapazes, e assim por diante, até Zulmira, a última garota do salão, que dançou com todos os rapazes. Quantos rapazes estavam no salão?

A) 15

B) 16

C) 17

D) 18

E) 19

Gabarito: d

9. A área do retângulo é calculada multiplicando-se a medida dos lados. Sabe-se que, em um retângulo cuja área é $\frac{21}{2}$, o comprimento é 0,5 maior que a largura. Então, o perímetro dele mede:

A) 12

B) 13

C) 14

D) 15

E) 16

Gabarito: b

10. A proporção áurea (muito utilizada pelos gregos na crença de sua divindade) é a raiz positiva da equação $x = 1 + \frac{1}{x}$. O valor numérico dessa proporção é:

A) $\frac{\sqrt{5}+1}{2}$

B) $\dfrac{\sqrt{5}-1}{2}$

C) $\sqrt{5}-1$

D) $\sqrt{5}+1$

E) $\dfrac{\sqrt{5}}{2}-1$

Gabarito: a

11. O produto entre dois números naturais a e b é 15. Se subtrairmos 1 unidade do primeiro e somarmos 2 unidades ao segundo, o produto passa a ser 6.

Então, $\dfrac{a}{b}$ é igual a:

A) 1,5

B) 1,2

C) 0,7

D) 0,333...

E) 0,15

Gabarito: e

12. Um professor prometeu distribuir 140 balas aos alunos de uma classe. No dia da distribuição, faltaram 7 alunos e, assim, os que estavam presentes receberam, cada um, 1 bala a mais. Sendo N o número total de alunos na classe, a soma dos algarismos é:

A) 7

B) 8

C) 6

D) 9

E) 5

Gabarito: b

13. Dois carros partem ao mesmo tempo da cidade de São Paulo, ambos em direção a uma mesma cidade do interior, a 360 km de distância. O primeiro percorre, em média, 30 km por hora a mais que o segundo e, desse modo, chega 2 horas antes ao destino. A soma das velocidades médias dos dois carros, em km/h, é:

A) 120

B) 130

C) 150

D) 140

E) 160

Gabarito: c

14. Quando perguntei as idades de Paulo e de sua filha, ele respondeu:

"A soma de nossas idades é 31 e o produto é igual a 58."

Resolvendo o enigma, descobri que, quando a sua filha nasceu, Paulo tinha:

A) 30 anos

B) 27 anos

C) 29 anos

D) 25 anos

E) 24 anos

Gabarito: b

Memorização e revisão	
Resolução de equações e sistemas	• **O que está somando passa subtraindo.** • **O que está subtraindo passa somando.** • **O que está multiplicando passa dividindo.** • **O que está dividindo passa multiplicando.**
Equação do 2° grau	$x = \frac{-b \pm \sqrt{\Delta}}{2 \cdot a}$ $\Delta = b^2 - 4 \cdot a \cdot c$

Nota:

CAPÍTULO 3. PORCENTAGEM

O termo "por cento" tem origem em "para cada 100 partes", ou seja, 35 por cento (ou 35%) significa 35 partes para cada 100 partes:

$$35\% = \frac{35}{100}$$

Para trabalharmos com porcentagem, muitas vezes é mais fácil nos acostumarmos com a notação decimal, fazendo a transformação:

$$35\% = \frac{35}{100} = 0,35$$

Uma dica para transformarmos uma representação percentual em um número decimal é, a partir da representação percentual, deslocarmos a vírgula duas casas para a esquerda.

Exemplos:

- 47% = 0,47 (como 47 é um número inteiro, podemos escrever como 47,0)
- 40% = 0,40 = 0,4
- 6% = 0,06 (observe que são deslocadas duas casas, ou seja, 6% não é igual a 0,6)
- 0,3% = 0,003
- 23,5% = 0,235
- 140% = 1,40

Outro conceito importante, é aprendermos a trocar a preposição "de" por uma multiplicação.

Exemplos:

- 20% de R$ 40,00 $= \frac{20}{100} \cdot 40 =$ R$ 8,00
- 120% de 300 kg $= \frac{120}{100} \cdot 300 = 360$ kg
- Metade de 35% de 68 litros $= \frac{1}{2} \cdot \frac{35}{100} \cdot 68 = 11,9$ litros

Exercícios resolvidos

Leia o texto a seguir para responder às questões de 1 a 3.

Uma corretora de seguros negocia cinco tipos de apólices de seguro denominadas I, II, III, IV e V. Nos primeiros 20 dias do mês, a corretora negociou 1240 apólices. O gráfico A mostra a participação, em porcentagem, de cada um dos tipos de apólice nesses 1240 negócios. Por sua vez, o gráfico B mostra, em porcentagem, a meta de participação nos negócios a ser alcançada até o fim do mês por tipo de apólice. Sabe-se que a meta a ser atingida é a de negociações de 1500 apólices no mês.

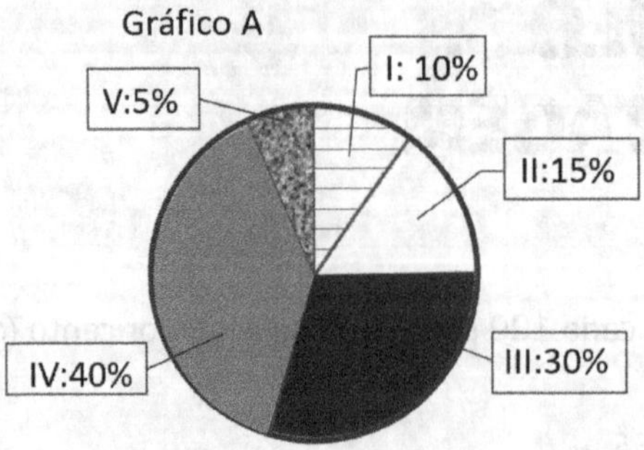

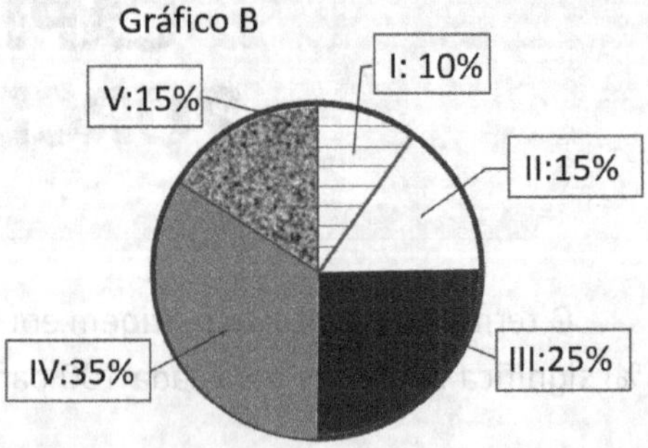

1. O número de negociações, ainda necessárias, da apólice V, para alcançar exatamente a meta prevista para ela, é:

A) 75

B) 163

C) 124

D) 62

E) 225

Resolução

Meta para a apólice V:

15% de 1500 = 0,15 · 1500 = 225

Apólices V já negociadas:

5% de 1240 = 0,05 · 1240 = 62

Assim, o número necessário de apólices para serem negociadas será de 225 – 62 = 163.

Gabarito: b

2. A apólice que deve ser menos negociada, no tempo que ainda falta, para que a meta seja exatamente atingida, é a:

A) IV

B) II

C) III

D) I

E) V

Resolução

Calculando o número de apólices que devem ainda ser negociadas (meta – já negociadas)

I. 10% de 1500 – 10% de 1240 = 0,1 · 1500 – 0,1 · 1240 = 26

II. 15% de 1500 – 15% de 1240 = 0,15 · 1500 – 0,15 · 1240 = 39

III. 25% de 1500 – 30% de 1240 = 0,25 · 1500 – 0,3 · 1240 = 3

IV. 35% de 1500 – 40% de 1240 = 0,35 · 1500 – 0,4 · 1240 = 29

V. 15% de 1500 – 5% de 1240 = 0,15 · 1500 – 0,05 · 1240 = 62

Assim, a apólice que deve ser menos negociada é a III.

Gabarito: c

3. Considere que os preços de negociação das apólices sejam 1 unidade monetária para a apólice I, 2 unidades monetárias para a II, 3 unidades monetárias para a III, 4 unidades monetárias para a IV e 5 unidades monetárias para a V. Se a meta mensal de 1500 negociações, com participação conforme descrito no gráfico B, for atingida, a participação da apólice IV na arrecadação total das negociações realizadas nesse mês, em porcentagem aproximada, é igual a:

A) 48

B) 40

C) 35

D) 45

E) 42

Resolução

I. 10% de 1500 = 150

II. 15% de 1500 = 225

III. 25% de 1500 = 375

IV. 35% de 1500 = 525

V. 15% de 1500 = 225

Multiplicando pelo valor de cada apólice, temos:

I. 150 × 1 = 150

II. 225 × 2 = 450

III. 375 × 3 = 1125

IV. 525 × 4 = 2100

V. 225 × 5 = 1125

Logo, a participação da apólice IV no total arrecadado será de:

$$\frac{2100}{150+450+1125+2100+1125} = \frac{2100}{4950} = 0,42 \text{ ou } 42\%$$

Gabarito: e

6. Um produto é vendido com o lucro de 20% sobre o preço de custo. Então, o lucro sobre o preço de venda é:

A) 15%

B) 16,67%

C) 18%

D) 20%

E) 22,22%

Resolução

Considere: L = lucro, V = preço de venda e C = preço de custo.

Assim, temos:

$$\begin{cases} L = V - C \\ L = 0,2C \end{cases} \sim \begin{cases} L = V - C \\ 5L = C \end{cases}$$

Substituindo a segunda equação na primeira, temos:

$$L = V - 5L \Rightarrow 6L = V \Rightarrow L = \frac{1}{6}V = 0,1667V = 16,67\%V$$

Gabarito: b

Questões

1. Ana recebeu 2 aumentos consecutivos de 10% em seu salário. Sabendo que seu salário inicial é de R$ 2.000,00, qual é o salário dela após o primeiro aumento?

A) R$ 2.200,00

B) R$ 2.100,00

C) R$ 2.500,00

D) R$ 2.400,00

E) R$ 2.300,00

Gabarito: a

2. Ana recebeu 2 aumentos consecutivos de 10% em seu salário. Sabendo que seu salário inicial é de R$ 2.000,00, qual é o salário dela após o segundo aumento?

A) R$ 2.400,00

B) R$ 2.420,00

C) R$ 2.500,00

D) R$ 2.800,00

E) R$ 2.820,00

Gabarito: b

3. Ana recebeu 2 aumentos consecutivos de 10% em seu salário. Sabendo que seu salário inicial é de R$ 2.000,00, qual é a variação percentual entre o salário inicial de Ana e o salário após o segundo aumento?

A) 18%

B) 20%

C) 21%

D) 25%

E) 19%

Gabarito: c

4. Lima vende laranjas na feira. Nas primeiras horas do dia, vendeu 20% das laranjas que tinha. Depois, na xepa, reduziu o preço em 30% e vendeu 60% do restante das laranjas. Ao recolher a barraca, verificou que ainda havia 168 laranjas. Quantas laranjas havia na barraca no começo do dia?

A) 525

B) 520

C) 500

D) 480

E) 475

Gabarito: a

5. Se X representa 40% de Y, então Y representa:

A) 60% de X

B) 80% de X

C) 120% de X

D) 200% de X

E) 250% de X

Gabarito: e

6. O IPCA (Índice Nacional de Preços ao Consumidor Amplo) é um índice mensal que, resumidamente, registra a mudança nos preços e no custo de vida dos brasileiros, indicando alta ou baixa desses preços e do custo de vida, sempre em relação ao mês imediatamente anterior.

O IBGE (Instituto Brasileiro de Geografia e Estatística) é o órgão responsável por efetuar os cálculos e divulgar o índice mensal, assim como o acumulado no ano e o acumulado nos últimos 12 meses. Sabendo que, em outubro de 2021, o IPCA foi de 1,25% e que, em novembro do mesmo ano, foi de 0,95%, no acumulado desses dois meses, o IPCA ficou entre:

A) 2,208% e 2,215%.

B) 2,215% e 2,225%.

C) 2,195% e 2,205%.

D) 2,185% e 2,195%.

E) 2,225% e 2,235%.

Gabarito: a

7. Em uma empresa, há 360 funcionários, metade homens e metade mulheres. Sabe-se que 45% dos funcionários têm Ensino Médio completo como o maior grau de escolaridade e os demais têm Ensino Superior completo. Entre os funcionários homens, 95 têm Ensino Superior completo. O número de mulheres que têm Ensino Médio completo como maior grau de escolaridade é:

A) 77

B) 81

C) 79

D) 78

E) 80

Gabarito: a

8. Os bens do Sr. João foram partilhados após sua morte. Os custos processuais correspondem a 10% do valor total dos bens. Após os custos, a partilha foi feita de modo que a esposa do Sr. João ficou com a metade do saldo e a outra metade foi repartida igualmente entre os três filhos do casal. A parte de cada um dos filhos, em relação ao valor total dos bens antes dos custos, corresponde a:

A) 20%

B) 15%

C) 10%

D) 12,5%

E) 17,5%

Gabarito: b

9. Na família de Lia, 92% das pessoas já tomaram a vacina contra a covid e 5% das pessoas que não tomaram vão tomar hoje. Qual a porcentagem de pessoas da família de Lia, em relação ao total, que vai tomar vacina hoje?

A) 3%

B) 0,4%

C) 1,2%

D) 0,95%

E) 2,4%

Gabarito: b

10. Na prova objetiva de um concurso, acertei 40% das questões, errei 30% do restante e deixei 21 questões sem responder. Quantas questões acertei?

A) 30

B) 25

C) 24

D) 22

E) 20

Gabarito: e

11. Uma melancia "pesa" 10 kg. Sabe-se que 95% de sua massa é constituída por água. A fruta é submetida a um processo de desidratação (que elimina apenas água) até que a participação de água em sua massa se reduza a 90%. A massa de melancia após esse processo de desidratação será, em kg, igual a:

A) 5/9
B) 9/5
C) 5
D) 9
E) 9,5

Gabarito: c

14. João tem uma quitanda onde vende ovos. Certo dia, pela manhã, vendeu $\frac{2}{5}$ dos ovos que tinha. À tarde, vendeu $\frac{1}{3}$ do restante dos ovos e, ao final do dia, sobraram 10 dúzias na quitanda. Quantos ovos ele tinha no começo do dia?

A) 600
B) 620
C) 640
D) 660
E) 680

Gabarito: d

Nota:

CAPÍTULO 4. RAZÃO E PROPORÇÃO

4.1. Regras de três simples e relações entre grandezas

A regra de três é um método prático para resolver problemas que envolvam duas ou mais grandezas.

Quando utilizamos apenas duas grandezas, temos a **regra de três simples** e, quando trabalhamos com três ou mais grandezas, temos a **regra de três composta**.

Observação: chamamos grandeza, na Matemática, tudo aquilo que pode ser quantificado e assumir um valor. Por exemplo: quantidade de reais gastos, quantidade de litros de uma substância, quantidade em kg, número de dias, horas, minutos etc.

As relações entre essas grandezas podem ser classificadas em **diretamente proporcionais** e **inversamente proporcionais**.

Dizemos que as grandezas são **diretamente proporcionais** quando possuem mesmo crescimento proporcional. Ou seja, ao aumentarmos uma grandeza, a outra também aumenta, ou, ao diminuirmos uma grandeza, a outra também diminui.

Exemplos:

A) Litros de gasolina adquiridos e o preço a se pagar por eles (quanto mais litros colocados, maior o preço pago).

B) Número de carros em uma viagem e a quantidade de pessoas que poderão viajar (quanto mais carros em uma viagem, mais pessoas poderão viajar).

C) Quantidade de trabalho a ser feito e o tempo que irá demorar (quanto mais trabalho para se fazer, maior o tempo necessário para realizá-lo).

Exercício resolvido

1. João comprou 4 tomates, gastando um total de R$ 22,00. Se tivesse comprado 10 tomates, quanto teria gastado?

Resolução

Primeiro, montamos uma tabela com os dados das grandezas apresentados:

tomates	R$ gastos
4	22
10	x

Quanto mais tomates forem comprados, mais reais serão gastos. Logo, as grandezas são diretamente proporcionais. Nesse caso, fazemos uma multiplicação em cruz, conforme o exemplo:

tomates	R\$ gastos
4	22
10	x

$$4 \times x = 10 \times 22 \rightarrow 4x = 220 \rightarrow x = \frac{220}{4} \rightarrow x = 55$$

Logo, João teria gastado **R$ 55,00**.

Por sua vez, as grandezas **inversamente proporcionais** possuem crescimento com relação inversa. Ou seja, ao aumentarmos uma grandeza, a outra diminui na mesma proporção e vice-versa.

Exemplos:

A) Número de pessoas para fazer um trabalho e o tempo que irá demorar para concluí-lo (quanto mais pessoas estiverem ajudando em um trabalho, menor será o tempo necessário para realizá-lo).

B) Velocidade de um carro e o tempo gasto na viagem (quanto mais rápido, menos tempo se gasta).

Exercício resolvido

2. Se 6 pintores levam 10 dias para pintar uma casa, quantos dias 3 pintores levariam para pintar essa mesma casa?

Resolução

Quanto mais pintores participarem, menos tempo demorará o serviço. Logo, as grandezas são inversamente proporcionais. Nesse caso, fazemos uma multiplicação em linha, conforme o exemplo a seguir:

pintores	dias
6 ⟷	10
3 ⟷	x

$$3 \times x = 6 \times 10 \rightarrow 3x = 60 \rightarrow x = \frac{60}{3} \rightarrow x = 20$$

Resumindo:

- grandezas diretamente proporcionais – multiplicação em cruz;
- grandezas inversamente proporcionais – multiplicação em linha.

Observação:

a relação entre as grandezas é identificada por meio de análises das situações ao se aumentar ou diminuir uma grandeza e verificar o que ocorre com a outra.

Exercícios resolvidos

3. Uma fábrica engarrafa 3000 refrigerantes em 6 horas. Quantas horas levará para engarrafar 4000 refrigerantes?

A) 6
B) 8
C) 10
D) 12
E) 14

Resolução

Quanto mais refrigerantes precisarem ser engarrafados, mais horas serão necessárias. Logo, as grandezas são diretamente proporcionais e a multiplicação tem que ser em cruz:

refrigerantes	horas
3000	6
4000	x

$$3000 \times x = 4000 \times 6 \rightarrow x = \frac{24000}{3000} = 8$$

Gabarito: b

4. Trinta operários constroem uma casa em 120 dias. Em quantos dias quarenta operários construiriam essa casa?

A) 40
B) 80
C) 90
D) 130
E) 140

Resolução

Quanto mais operários trabalhando, menos tempo será necessário para construírem a casa. Logo, as grandezas são inversamente proporcionais e a multiplicação deve ser em linha:

operarios	dias
30	120
40	x

$$40 \times x = 30 \times 120 \rightarrow x = \frac{3600}{40} = 90$$

Gabarito: c

5. Podemos dizer que tomates frescos são constituídos de polpa e água, numa proporção de 60% de água em cada tomate. Se, para a fabricação de tomates secos, desidratarmos 7 kg de tomates frescos, tal que a parte de água passe a ser de 30%, quantos quilos de tomates secos teremos ao final do processo?

A) 4,9

B) 4,5

C) 4,2

D) 4,0

E) 3,6

Resolução

Temos em 7 kg de tomate, $60\% \cdot 7 = 4{,}2$ kg de água, ou seja, o que nos dá $7 - 4{,}2 = 2{,}8$ kg de polpa.

Após o processo de desidratação, esses 2,8 kg de polpa serão equivalentes a 70% do tomate seco.

Assim, temos:

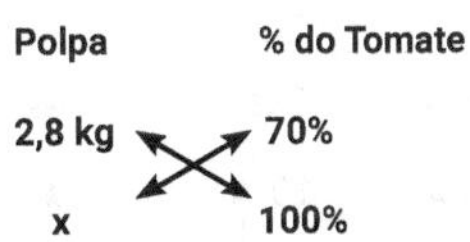

$70\% \cdot x = 2{,}8 \cdot 100\% \Rightarrow x = 4$ kg

Gabarito: d

6. Considerando que 8 pintores pintam 10 casas idênticas de um conjunto habitacional em 3 dias, trabalhando 5 horas por dia, quantas horas levariam 6 pintores para pintar 8 casas no mesmo conjunto habitacional?

A) 14

B) 16

C) 18

D) 19

E) 20

Resolução

Temos a seguinte tabela:

Pintores	Casas	Dias
8	10	3
6	8	x

Agora vamos analisar quais são as grandezas diretamente proporcionais e quais são inversamente proporcionais, sempre comparando **com a coluna em que temos a incógnita *x*.**

Note que, quanto mais dias temos para realizar o trabalho, mais casas os pintores conseguirão pintar (diretamente proporcionais).

No entanto, quanto mais dias temos para pintar, menos pintores precisamos para concluirmos o trabalho (inversamente proporcionais).

Pintores	Casas	Dias
8 ↓	10 ↑	3 ↑
6	8	x

Então, inverteremos a seta da coluna dos pintores, **para que todas as setas apontem para a mesma direção.**

Pintores	Casas	Dias
6 ↑	10 ↑	3 ↑
8	8	x

Agora selecionamos todos que estão **na linha e na coluna da incógnita *x*.**

Pintores	Casas	Dias
6	10	[3]
[8]	[8]	(x)

Então, o valor de *x* será:

$$x = \frac{8 \cdot 8 \cdot 3}{6 \cdot 10}$$

Note que aqueles que selecionamos estão no numerador da fração e os demais ficam no denominador.

Então, $x = 3{,}2$ dias.

Trabalhando 5 horas por dia, teremos $3{,}2 \cdot 5 = 16$ horas.

Gabarito: b

Questões

1. Em um problema de regra de três composta, entre as variáveis X, Y e Z, sabe-se que, quando o valor de Y aumenta, o de X também aumenta, mas, quando Z aumenta, o valor de X diminui. Sabendo-se, ainda, que, para X = 1 e Y = 2, o valor de Z = 4, o valor de X, para Y = 18 e Z = 3, é:

A) 6,75
B) 15
C) 18
D) 12
E) 16

Gabarito: b

2. Para asfaltar 1 km de estradas, 30 homens gastaram 12 dias trabalhando 8 horas por dia. 20 homens, para asfaltar 2 km da mesma estrada, trabalhando 12 horas por dia, gastarão:

A) 6 dias
B) 12 dias
C) 24 dias
D) 28 dias
E) 26 dias

Gabarito: c

3. Um motorista de táxi, trabalhando 6 horas por dia durante 10 dias, gasta R$ 1.026,00 de gás. Qual será o seu gasto mensal se trabalhar 4 horas por dia, durante todos os 30 dias do mês?

A) R$ 1.026,00
B) R$ 2.052,00
C) R$ 3.078,00
D) R$ 4.104,00
E) R$ 4.000,00

Gabarito: b

4. Operando 12 horas por dia, 20 máquinas produzem 6000 peças em 6 dias. Com 4 horas a menos de trabalho diário, 15 daquelas máquinas produzirão 4000 peças em:

A) 8 dias
B) 9 dias
C) 9 dias e 6 horas
D) 8 dias e 12 horas
E) 7 dias

Gabarito: a

5. Em um escritório de advocacia, 18 advogados devem examinar 400 contas bancárias dos envolvidos em um processo de fraude. Em 14 dias, esses advogados examinaram 150 contas e, nesse momento, 4 advogados foram transferidos para outro trabalho. Os advogados restantes terminaram de examinar as contas em:

A) 20 dias

B) 24 dias

C) 28 dias

D) 30 dias

E) 35 dias

Gabarito: d

6. Carlinhos comprou dois potes de sorvete, ambos do mesmo tamanho. Um dos potes continha quantidades iguais dos sabores chocolate, creme e morango, enquanto o outro tinha quantidades iguais dos sabores chocolate e baunilha. Então, nessa compra, a porcentagem relativa ao sabor chocolate é:

A) 40%

B) 41,67%

C) 43,33%

D) 45%

E) 46,67%

Gabarito: b

7. A razão entre a idade de Jesus e seu pai José é igual a $\frac{2}{9}$. Se a soma de suas idades é 55 anos, a idade de Jesus é:

A) 12

B) 13

C) 10

D) 19

E) 33

Gabarito: c

8. Um tanque de combustível de um automóvel flex estava cheio com uma mistura de 80% de gasolina e o restante álcool. Após utilizar a metade do tanque, o seu proprietário completou-o com álcool, apenas. O percentual de álcool no tanque passou a ser de:

A) 30%

B) 45%

C) 50%

D) 60%

E) 75%

Gabarito: d

9. Um artifício usualmente praticado pelas indústrias brasileiras para aumentar seus lucros é diminuir a massa ou o volume de seus produtos, juntamente com alguma alteração de preço. Considere certo tipo de bolacha em cuja embalagem constava conteúdo com 200 g e custava R$ 1,00. Com a nova embalagem, o seu conteúdo passou para 165 g e seu custo para R$ 1,65. Qual foi a porcentagem do reajuste realizado por unidade de massa?

A) 65%
B) 75%
C) 80%
D) 90%
E) 100%

Gabarito: e

10. Às 8 h de certo dia, um tanque, cuja capacidade é de 2000 L, estava cheio de água. Entretanto, um furo na base desse tanque fez com que a água por ele escoasse a uma vazão constante. Se, às 14 h desse mesmo dia, o tanque estava com apenas 1760 L, então a água em seu interior se reduziu à metade às:

A) 21 h do mesmo dia.
B) 23 h do mesmo dia.
C) 4 h do dia seguinte.
D) 8 h do dia seguinte.
E) 9 h do dia seguinte.

Gabarito: e

Memorização e revisão	
Grandezas diretamente proporcionais	Quando as grandezas possuem mesmo crescimento proporcional. Ou seja, ao aumentarmos uma grandeza, a outra também aumenta, ou, ao diminuirmos uma grandeza, a outra também diminui.
Grandezas inversamente proporcionais	Quando as grandezas possuem crescimento com relação inversa. Ou seja, ao aumentarmos uma grandeza, a outra diminui na mesma proporção e vice-versa.

CAPÍTULO 5. MÉDIAS

5.1. Média aritmética ($\overline{x}$)

Consideremos a seguinte situação: Monalisa é aluna em uma escola e, neste bimestre, fez 3 provas de Matemática. Na primeira, tirou 6,0; na segunda, 8,5; e, na terceira, 6,5. Ao perguntar ao professor como seria calculada a média na disciplina, ele respondeu que seria só calcular a média aritmética.

Qual seria, então, a média de Monalisa na disciplina?

Basta somar as três notas e depois dividir o resultado por três.

$$\overline{x} = \frac{6 + 8{,}5 + 6{,}5}{3} = \frac{21}{3} = 7$$

A média aritmética é calculada por meio da soma de todos os dados dividida pelo número de dados:

$$\overline{x} = \frac{x_1 + x_2 + \cdots + x_n}{n}$$

Podemos ainda representar a fórmula usando a forma reduzida:

$$\overline{x} = \frac{\sum_{i=1}^{n} x_i}{n}$$

em que $\sum_{i=1}^{n} x_i$ representa o somatório do primeiro (x_1) ao último dado (x_n).

Exercícios resolvidos

1. Calcule a média aritmética dos números 17, 15, 11, 25, 32.

Resolução

$$\overline{x} = \frac{17 + 15 + 11 + 25 + 32}{5} = \frac{100}{5} = 20$$

Portanto, a média aritmética é 20.

2. Na tabela a seguir, a primeira linha representa a ocorrência de dados e a segunda, a frequência com que os dados ocorrem. Calcule a média aritmética dos dados.

x_i	35	36	37	38	39	40	41	42	43
f_i	1	9	9	4	3	5	10	7	2

Resolução

$$\overline{x} = \frac{35 + 39.9 + 37.9 + 38.4 + 39.3 + 40.5 + 41.10 + 42.7 + 43.2}{1 + 9 + 9 + 4 + 3 + 5 + 10 + 7 + 2}$$

$$\overline{x} = \frac{1951}{50} = 39{,}02$$

Portanto, a média aritmética é 39,02.

5.2. Média ponderada

Vamos retornar à história da Monalisa e das suas notas.

Lembramos que ela fez 3 provas e tirou as notas 6,0, 8,5 e 6,5. Porém, ao questionar o professor sobre o cálculo da média, desta vez ele respondeu que agora as provas teriam pesos 1, 2 e 3, respectivamente.

Qual seria então, a média de Monalisa?

Como a média agora é ponderada, devemos fazer:

$$\overline{x} = \frac{6{,}0 \times 8{,}5 \times 2 + 6{,}5 \times 3}{1 + 2 + 3} = \frac{6 + 17 + 19{,}5}{6} \cong 7{,}58$$

A média ponderada é calculada a partir da soma de todos os dados multiplicados pelos respectivos pesos dividida pela soma desses pesos:

$$\overline{x}_{\overline{p}} = \frac{x_1 \cdot p_1 + x_2 \cdot p_2 + \cdots + x_n \cdot p_n}{p_1 + p_2 = \cdots + p_n}$$

em que p_i é o peso do respectivo dado x_i.

Questões

1. Sabe-se que a média aritmética de 5 números inteiros distintos, estritamente positivos, é 16. O maior valor que um desses números pode assumir é:

A) 16
B) 20
C) 50
D) 70
E) 100

Gabarito: d

2. A distribuição das idades dos alunos de uma classe é dada pelo seguinte gráfico:

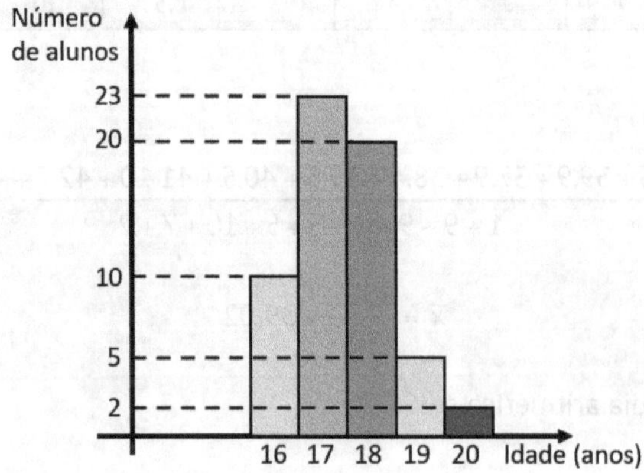

A média das idades dos alunos está mais bem representada na alternativa:

A) 16 anos e 10 meses

B) 17 anos e 1 mês

C) 17 anos e 5 meses

D) 18 anos e 6 meses

E) 19 anos e 2 meses

Gabarito: c

3. A tabela a seguir mostra os tempos que 5 alunos levaram para resolver uma prova.

A	B	C	D	E
2h40min	1h50min	2h10min	3h05min	1h20min

O tempo médio gasto por esses alunos para resolver a prova foi de:

A) 2h05min

B) 2h19min

C) 2h21min

D) 2h15min

E) 2h13min

Gabarito: e

4. O gráfico mostra a distribuição das notas obtidas por uma turma de 40 alunos numa prova de Matemática:

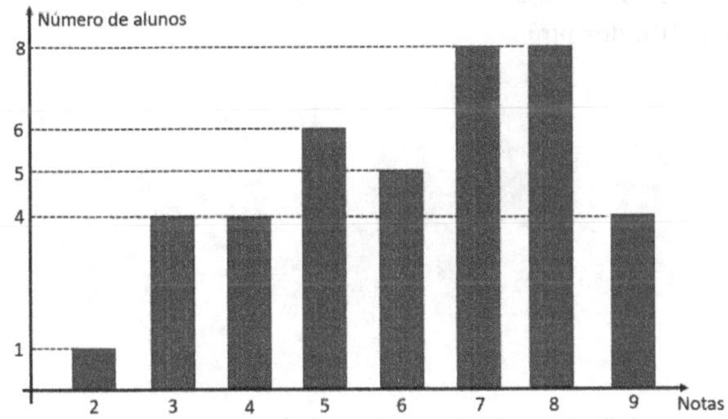

Pode-se concluir que a média aritmética das notas dessa turma foi:

A) 6,35

B) 7,05

C) 6,85

D) 7,25

E) 6,15

Gabarito: e

5. Considere 5 números positivos $A = 2x$, $B = x + 10$, $C = x$, $D = 2x + 10$ e $E = 4x$. Se o menor número for descartado, a média aritmética entre eles aumenta em 7 unidades. Então, x vale:

A) 21

B) 22

C) 23

D) 24

E) 25

Gabarito: d

6. Na disciplina Máquinas Térmicas de uma conceituada faculdade, são aplicadas 3 provas durante o curso, a primeira com peso 1, a segunda com peso 2 e a terceira com peso 3, nas respectivas notas. Bitola Testa, aluno do curso, tirou nota 6 nas duas primeiras provas. Se a média necessária para ser aprovado na matéria é 5, qual deverá ser a nota mínima que ele deverá tirar na terceira prova?

A) 3,0

B) 3,5

C) 3,8

D) 4,0

E) 4,2

Gabarito: d

7. Num time de voleibol com 6 jogadores, a média aritmética das alturas dos jogadores é 1,92 m. Substituindo três desses jogadores por jogadores mais jovens vindos da base, essa média aumentou em 4 cm. Então, a média das alturas dos jogadores novos supera a média das alturas dos que foram substituídos em:

A) 4 cm

B) 5 cm

C) 6 cm

D) 7 cm

E) 8 cm

Gabarito: e

Memorização e revisão	
Média aritmética	$\overline{x} = \dfrac{x_1 + x_2 + \cdots + x_n}{n}$
Média ponderada	$\overline{x}_{\overline{p}} = \dfrac{x_1 \cdot p_1 + x_2 \cdot p_2 + \cdots + x_n \cdot p_n}{p_1 + p_2 = \cdots + p_n}$

Notas:

CAPÍTULO 6. FUNÇÕES

Digamos que você seja contatado por uma loja para ser vendedor.

O dono da loja lhe faz a seguinte proposta: você receberá, mensalmente, um salário fixo de R$ 500,00 mais uma parte variável de 6% sobre os valores de venda que realizar.

Se você realizar, no mês:

- R$ 30.000,00 em vendas, receberá R$ 500 + 6% · R$ 30.000 = R$ 2.300,00;
- R$ 40.000,00, receberá, R$ 500 + 6% · R$ 40.000 = 2.900,00;
- R$ 100.000,00, receberá, R$ 500 + 6% · R$ 100.000 = R$ 6.500,00.

No entanto, se o mês for muito fraco e você vender apenas:

- R$ 1.000,00, receberá R$ 500,00 + 6% · R$ 1.000 = R$ 560,00.

Podemos dizer, então, que o seu salário está em função das vendas que realizar e a fórmula que define seu salário ao final do mês é definida por:

$$S(x) = 500 + 0{,}06 \cdot x$$

em que: $S(x)$ é o valor do salário e x é o valor das vendas realizadas.

Vejamos outro exemplo:

Uma empresa importa peças de motor da China por R$ 200,00 e vende, no mercado brasileiro, por R$ 500,00. Tem despesas fixas entre taxas, impostos, salários de funcionários e outros no valor de R$ 155.000,00 mensais.

Então, o lucro (ou o prejuízo) dessa empresa poderia ser expresso pela fórmula:

$$L(x) = 500x - (155000 + 200x) = 300x - 155.000$$

Essa fórmula representa a diferença entre a receita ($500x$) e a despesa ($155000 = 200x$).

Se, no mês, a empresa comercializar:

- 1000 unidades, o lucro será de 300 · 1000 − 155000 = R$ 145.000,00;
- 500 unidades, o lucro será de 300 · 500 − 155.000 = −R$ 5.000,00, ou seja, a empresa estará com prejuízo de R$ 5.000,00.

Podemos, inclusive, encontrar o ponto de equilíbrio (break-even point), que indica o número de motores que a empresa precisa comercializar no mês para que não haja prejuízo nem lucro, ou seja, a função $L = 0$.

$$300x - 155.000 = 0 \Leftrightarrow x = \frac{155.000}{300} = 516{,}7 \text{ peças de motor}$$

Assim, se a empresa comercializar entre 516 e 517 peças no mês, ela estará praticamente no ponto de equilíbrio, com lucro praticamente nulo.

Raiz (ou zero) de uma função

Chamamos de raiz ou zero de uma função o valor ou valores de x que anulam a função.

Exemplo:

Encontre a raiz da função $f(x) = 3x - 8$.

Basta fazer $f(x) = 3x - 8 = 0 \Rightarrow 3x = 8 \Rightarrow x = \frac{8}{3}$

Portanto, a raiz (ou zero) da função é $\frac{8}{3}$.

Domínio e imagem de uma função

Domínio de uma função é o conjunto dos valores que x pode assumir e **Imagem**, por sua vez, é o conjunto dos valores da função, resultante dos valores de x substituídos na fórmula da função.

Exemplos

1. Encontre o domínio da função $f(x) = \frac{1}{2} + 20$.

Resolução

Sabemos que, na Matemática, a divisão por zero é inadmissível. Assim, o x pode assumir qualquer valor real, exceto o valor zero. Matematicamente, escrevemos:

$$D_f = R - \{0\}$$

2. Dada a função $g(x) = x + \frac{1}{x^2}$, encontre a imagem da função para $x = 2$.

Resolução

A imagem é o valor da função para $x = 2$, ou seja, $g(2) = 2 + \frac{1}{2^2} = 2{,}25$.

Questões

1. Uma criança nasceu com 3 kg de peso (massa), que aumentou, linearmente, 200 g por mês, durante os 5 meses seguintes. A fórmula que descreve a massa da criança, em quilogramas, durante esse período é:

A) $M(x) = 3 + 200x$, em que x representa os meses decorridos.

B) $M(x) = 3000 + 200x$, em que x representa os meses decorridos.

C) $M(x) = 3 + 0{,}2x$, em que x representa os meses decorridos.

D) $M(x) = 3 + 2x$, em quem x representa os meses decorridos.

E) $M(x) = 3000 + 2x$, em que x representa os meses decorridos

Gabarito: C

2. Uma empresa que fabrica sapatos tem despesa fixa mensal de R$ 120.000,00. Os custos de fabricação dos sapatos são de R$ 35,00 por par, o qual consegue vender por R$ 60,00. Se, em determinado mês, a empresa comercializar 5200 pares, então ela terá, nesse mês:

A) um prejuízo de R$ 15.000,00.

B) um lucro de R$ 15.000,00.

C) um prejuízo de R$ 10.000,00.

D) um lucro de R$ 10.000,00.

E) nem lucro, nem prejuízo.

Gabarito: d

3. O senhor Severo combinou com seu filho Astuto que, a partir daquele bimestre, as suas mesadas (referentes ao bimestre em questão) seriam calculadas em função de sua média em Matemática no colégio. Ele receberia um valor fixo de R$ 100,00 mais R$ 12,00 multiplicado pela sua nota. Astuto recebeu, no bimestre seguinte ao acordo, mesadas de R$ 202,00 (por mês). Então, a nota bimestral de Matemática foi:

A) 7,5

B) 8,0

C) 8,5

D) 9,0

E) 9,5

Gabarito: c

6.1. Função do 1° grau (ou função afim)

A função do 1° grau ou função afim é toda função do tipo:

$$f(x) = ax + b, \text{com } a, b \in R \text{ e } a \neq 0.$$

Nota:

se a = 0, temos uma função constante, que, apesar de ser uma função linear, não é considerada uma função afim.

Exemplos:

- $f(x) = 8x + 7,$ $a = 8$ e $b = 7$
- $f(x) = 5 + 3x,$ $a = 3$ e $b = 5$
- $f(x) = \frac{x}{3},$ $a = \frac{1}{3}$ e $b = -3$
- $g(x) = 100 - 0{,}5x,$ $a = -0{,}5$ e $b = 100$
- $h(x) = \frac{3x-7}{2},$ $a = \frac{3}{2}$ e $b = -\frac{7}{2}$

6.1.1. Gráfico de uma função do 1° grau

O gráfico de uma função do 1° grau será sempre uma reta, não paralela a nenhum dos eixos cartesianos. Se $a > 0$, dizemos que a função é crescente e, se $a < 0$, dizemos que ela é decrescente.

Exemplo:

Considere a função $f(x) = 2x - 3$.

Para $x = 0, f(0) = 2 \cdot (0) - 3 = -3$ e, para $f(x) = 0, 0 = 2x - 3$, o que nos remete a $2x = 3 \Leftrightarrow x = \frac{3}{2} = 0$.

Então, deduzimos que o gráfico (que é uma reta) passa pelos pontos $(0; -3)$ e $\left(\frac{3}{2}; 0\right)$ e podemos traçar o seguinte gráfico:

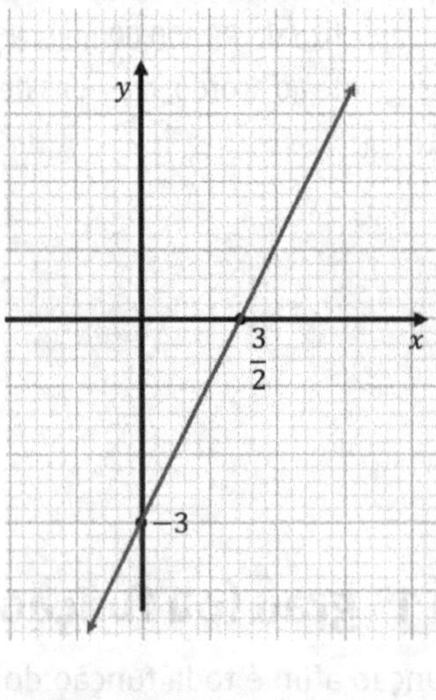

Exercícios resolvidos

1. Alberto coloca 1 litro de água para ferver no fogão. A água, que está inicialmente a 22 °C, esquenta 5 graus a cada minuto. Qual a função que descreve a temperatura T da água (em °C), em função do tempo t (em minutos), até a fervura, a 100 °C?

A) $T(t) = 22 + 5t$, em que $t \in R$.

B) $T(t) = 22 + 5t$, em que $0 \leq t \leq 15{,}6$.

C) $T(t) = 22t + 5$, em que $0 \leq t \leq 20$.

D) $T(t) = 22t + 5$, em que $0 \leq t \leq 15{,}6$.

E) $T(t) = 22t + 5t$, em que $22 \leq t \leq 100$.

Resolução

Como a temperatura inicial é de 22 °C e a elevação dela é 5 °C a cada minuto, temos $T(t) = 22 + 5t$, mas precisamos limitar o domínio para que a temperatura máxima seja 100 °C.

Então:

$$22+5t=100 \Rightarrow 5t=78 \Rightarrow t=\frac{78}{5}=15,6s$$

Ou seja, o domínio da função está no intervalo $0 \leq t \leq 15,6$.

Assim, temos $T(t) = 22 + 5t, 0 \leq t \leq 15,6$.

Gabarito: b

2. Uma empresa automobilística está testando um novo modelo de carro. Cinquenta litros de combustível são colocados no tanque desse carro, que é dirigido em uma pista de testes até que todo o combustível tenha sido consumido. O segmento de reta no gráfico mostra o resultado desse teste, no qual a quantidade de combustível no tanque é indicada no eixo *y* e a distância percorrida pelo automóvel é indicada no eixo *x*.

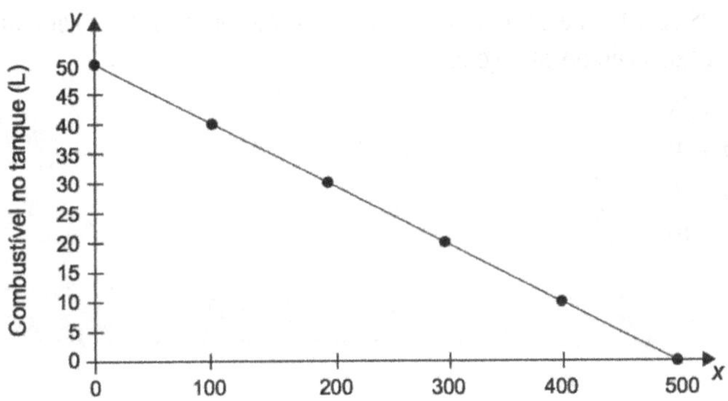

A expressão algébrica que relaciona a quantidade de combustível no tanque e a distância percorrida pelo automóvel é:

A) $y=-10x+500$

B) $y=-\frac{x}{10}+50$

C) $y=-\frac{x}{10}+500$

D) $y=\frac{x}{10}+50$

E) $y=\frac{x}{10}+500$

Resolução

A função é representada por uma reta. Portanto seu formato é $y = ax + b$.

Pelo gráfico, temos que, para $x = 0, y = 50$ e, para $x = 500, y = 0$. Assim:

$$\begin{cases} 50=a\cdot(0)+b \\ 0=a\cdot 500+b \end{cases}$$

Da primeira equação, deduzimos que $b = 50$. Substituindo na segunda, temos:

$$0 = 500a + 50 \Rightarrow a = -\frac{1}{10}$$

Assim, temos:

$$y = -\frac{1}{10}x + 50 = -\frac{x}{10} + 50$$

Gabarito: b

Questões

4. Uma prestadora de serviços cobra pela visita à residência do cliente e pelo tempo necessário para realizar o serviço na residência. O valor da visita é R$ 40,00 e o valor da hora para realização do serviço é R$ 20,00. Uma expressão que indica o valor a ser pago (P) em função das horas (h) necessárias à execução do serviço é:

A) $P = 40h + 20$
B) $P = 20h + 40$
C) $P = 40h - 20$
D) $P = 20h - 40$
E) $P = 60h$

Gabarito: b

5. Uma cisterna de 6000 L foi esvaziada em um período de 3 h. Na primeira hora, foi utilizada apenas uma bomba, mas, nas duas horas seguintes, a fim de reduzir o tempo de esvaziamento, outra bomba foi ligada com a primeira. O gráfico formado por dois segmentos de reta mostra o volume de água presente na cisterna, em função do tempo. Qual a vazão, em litro por hora, da bomba que foi ligada no início da segunda hora?

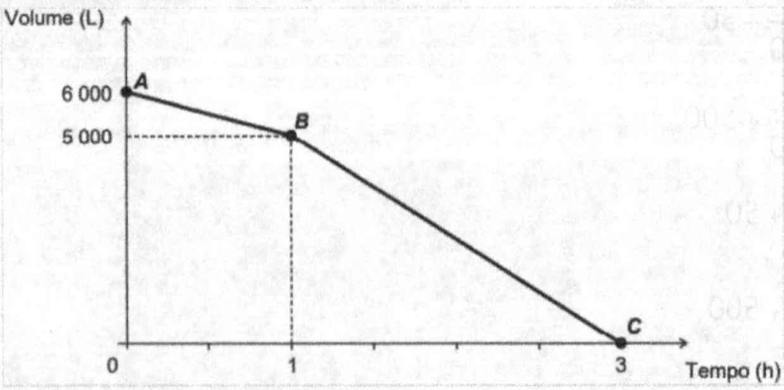

A) 1000
B) 1250
C) 1500
D) 2000
E) 2500

Gabarito: c

6. Sabe-se que o preço pago por uma corrida de táxi inclui uma parcela fixa, que é denominada bandeirada, e uma parcela variável, que é função da distância percorrida. Se o preço da bandeirada é R$ 4,60 e o quilômetro rodado é R$ 0,96, a distância percorrida pelo passageiro que pagou R$ 19,00 para ir de sua casa ao shopping é de:

A) 5 km

B) 10 km

C) 15 km

D) 20 km

E) 25 km

Gabarito: c

7. Determinada espécie de pimenteira, ao atingir 20 cm de altura, começa a crescer de forma linear. A cada dia que passa, essa planta aumenta 2,5 cm. Assim, é possível descrever essa situação como uma função do 1º grau, em que a altura $h(d)$ está em função dos dias, cuja lei de formação é:

A) $h(d) = 2{,}5d$

B) $h(d) = 2{,}5d + 20$

C) $h(d) = 2{,}5d + 2{,}5$

D) $h(d) = 20d$

E) $h(d) = 2{,}5d - 20$

Gabarito: b

8. Um fazendeiro resolveu investir em uma colheitadeira para facilitar o serviço na plantação. Sabe-se que o valor pago foi de R$ 300.000,00 no ano da compra e que é bastante comum que máquinas desse porte percam o seu valor ao decorrer dos anos. Supondo que a taxa de depreciação de uma máquina desse porte é de R$ 22.000,00 por ano, devido ao seu constante uso, podemos afirmar que o valor da colheitadeira, ao final de 7 anos, será de:

A) R$ 154.000,00

B) R$ 246.000,00

C) R$ 146.000,00

D) R$ 174.000,00

E) R$ 210.000,00

Gabarito: c

9. Dada a função afim $f(x) = ax + b$, sabe-se que $f(3) = 6$ e $f(-2) = -3$. O valor de $a + b$ é igual a:

A) 2

B) 2,1

C) 2,2

D) 2,3

E) 2,4

Gabarito: e

10. Podemos afirmar que o zero da função $f(x) = -2x + 5$ é igual a:

A) 2

B) 2,5

C) −2,5

D) −5

E) 5

Gabarito: b

6.2. Função do 2° grau (ou função quadrática)

A função do 2° grau ou função quadrática é uma função do tipo

$$f(x) = ax^2 + bx + c, \text{com } a, b, c \in R \text{ e } a \neq 0.$$

Exemplos:

- $f(x) = 3x^2 - 2x + 5$, $a = 3, b = -2$ e $c = 5$
- $f(x) = -3x^2 + 9$, $a = -3, b = 0$ e $c = 9$
- $f(x) = 8x^2 + 4x$, $a = 8, b = 4$ e $c = 0$
- $f(x) = -6x + 7 - \dfrac{x^2}{3}$, $a = \dfrac{1}{3}, b = -6$ e $c = 7$

6.2.1. Raízes da função do 2° grau

As raízes da função do 2° grau podem ser calculadas pelas fórmulas de Bhaskara:

Discriminante: $\Delta = b^2 - 4ac$

Raízes: $x = \dfrac{-b \pm \sqrt{\Delta}}{2a}$

Nota:

se $\Delta = 0$, a função do 2º grau terá ruas raízes reais iguais.

Se $\Delta < 0$, a função não terá raízes reais. Nesse caso, as raízes podem ser calculadas no campo dos complexos, ou seja, serão imaginárias.

6.2.2. Fatoração da função do 2° grau

Conhecendo as raízes x_1 e x_2 da função, podemos fazer a seguinte fatoração:

$$f(x) = ax^2 + bx + c = a(x - x_1)(x - x_2)$$

Exemplo:

Fatore $2x^2 - 7x + 6$.

Primeiro, calculamos as raízes:

$$\Delta = b^2 - 4ac = (-7)^2 - 4(2)(6) = 49 - 48 = 1$$

$$x = \frac{-b \pm \sqrt{\Delta}}{2a} = \frac{-(-7) \pm \sqrt{1}}{2(2)} = \frac{7 \pm 1}{4} \Rightarrow x_1 = 2 \text{ e } x_2 = \frac{3}{2}$$

Logo:

$$2x^2 - 7x + 6 = 2(x-2)\left(x - \frac{3}{2}\right)$$

6.2.3. Gráfico, vértice e intersecção com o eixo das ordenadas

O gráfico de uma função do 2° grau é sempre uma parábola.

Algumas características dessa parábola são importantes.

- Se $a > 0$, a concavidade será voltada para cima:

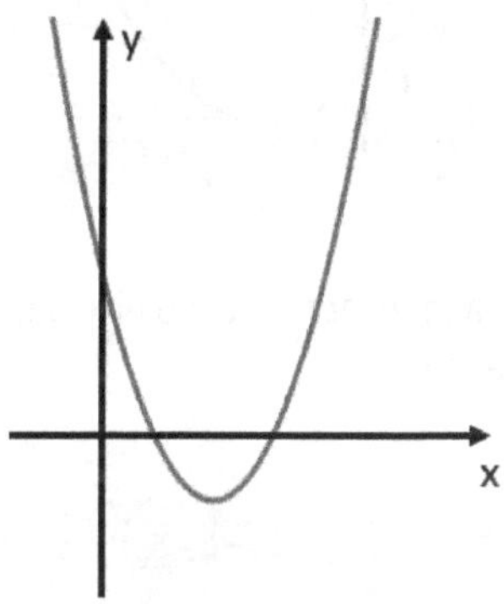

- Se $a < 0$, a concavidade será voltada para baixo:

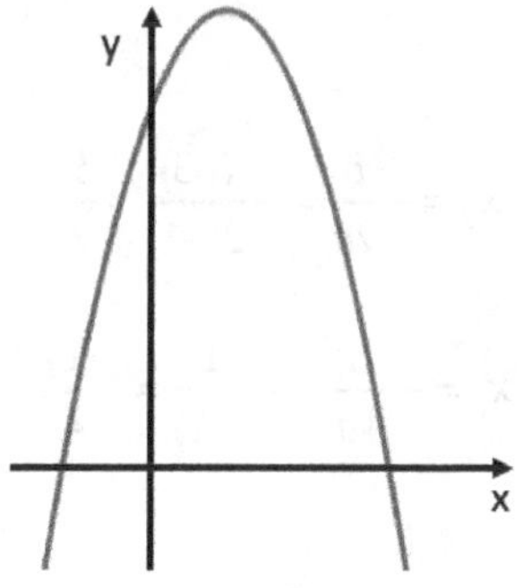

- O vértice da parábola tem coordenadas $\left(-\frac{b}{2a};-\frac{\Delta}{4a}\right)$:

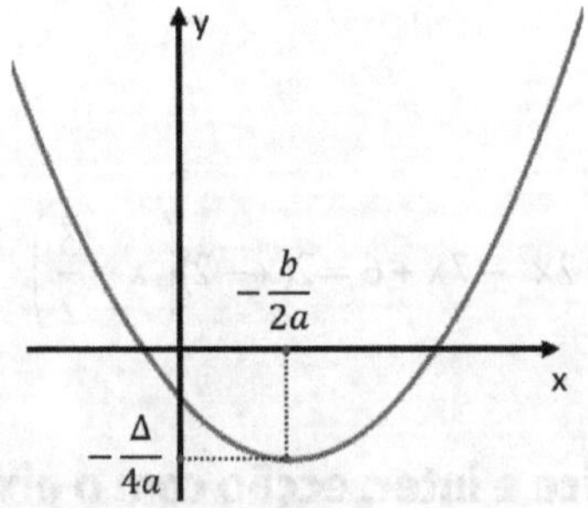

- A parábola intersecta o eixo das ordenadas no ponto (0;c):

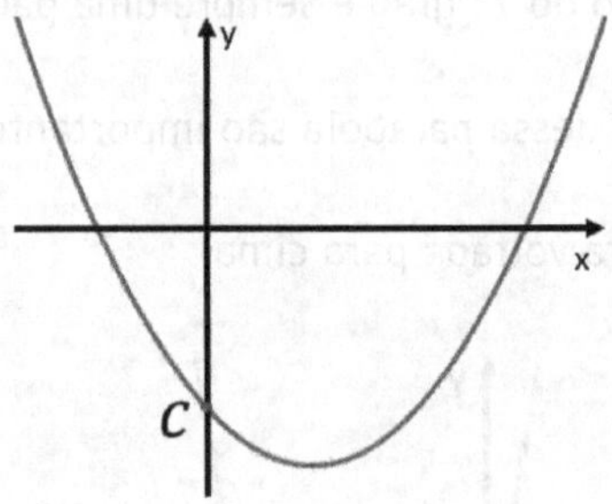

Exemplos:

1. Encontre as raízes, o vértice e a intersecção com o eixo das ordenadas da função $f(x) = x^2 - 3x + 2$ e faça o esboço do seu gráfico.

Resolução

Cálculo das raízes:

$$\Delta = b^2 - 4ac = (-3)^2 - 4 \cdot 1 \cdot 2 = 1$$

$$x = \frac{-b \pm \sqrt{\Delta}}{2a} = \frac{-(-3) \pm \sqrt{1}}{2(1)} = \frac{3 \pm 1}{2} \Rightarrow x = 1 \text{ ou } x = 2$$

Cálculo do vértice:

$$x_v = -\frac{b}{2a} = -\frac{(-3)}{2(-1)} = \frac{3}{2}$$

$$x_v = -\frac{\Delta}{4a} = -\frac{1}{4(1)} = -\frac{1}{4}$$

Intersecção com o eixo y:

(0; c) = (0; 2)

Assim, temos o gráfico:

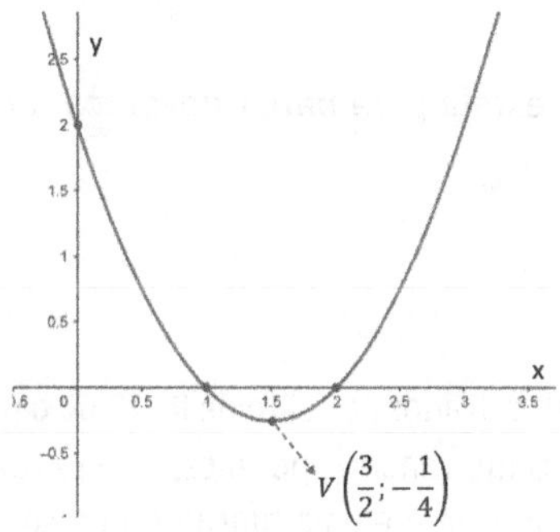

2. Dado o gráfico da parábola, encontre a função correspondente:

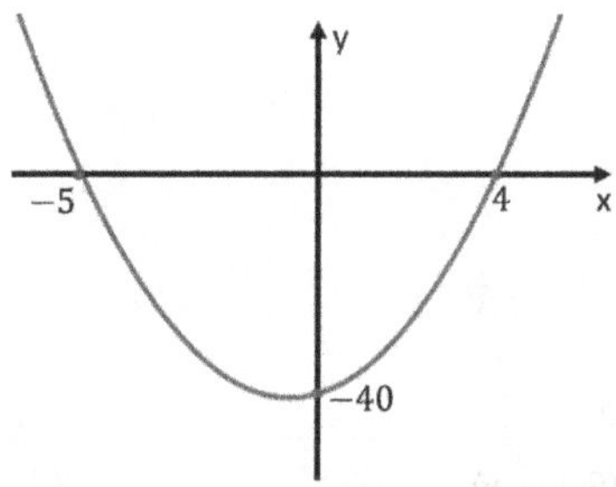

A função pode ser escrita na forma fatorada como

$f(x) = a(x - x_1)(x - x_2) = a(x - (-5))(x - 4) = a(x + 5)(x - 4)$

Desenvolvendo o cálculo, temos:

$f(x) = a(x - 5)(x - 4) = a(x^2 + x - 20) = ax^2 + ax - 20a$

Como a parábola intersecta o eixo y em (0; c), concluímos, pelo gráfico, que:

$$-20a = -40 \Rightarrow a = 2$$

Logo:

$$f(x) = ax^2 + ax - 20a = 2x^2 + 2x - 40$$

Exercícios resolvidos

3. Uma condição necessária e suficiente para que o gráfico da função quadrática $f(x) = (m - 1)x2 + (m^2 - 4)x - m + 3 = 0$ seja uma parábola cuja concavidade esteja voltada para baixo é:

A) $m = 1$

B) $0 < m < 1$

C) $m > 3$

D) $-2 < m < 2$

E) $m < 1$

Resolução

Para que a concavidade esteja para baixo, devemos ter $a < 0$.

Assim, $m - 1 < = \Longrightarrow m < 1$.

Gabarito: e

4. Um fabricante pode produzir calçados ao custo de R$ 20,00 o par. Estima-se que, se cada par for vendido por x reais, o fabricante venderá, por mês, $(80 - x)$ pares de sapatos, com $0 \leq x \leq 80$. Assim, o lucro mensal do fabricante é uma função do preço de venda. O preço de venda que maximiza o lucro é:

A) R$ 45,00

B) R$ 50,00

C) R$ 52,00

D) R$ 54,50

E) R$ 99,00

Resolução

Lucro = Vendas – Custos

$L(x) = x \cdot (80 - x) - 20(80 - x)$

$L(x) = 80x - x^2 - 1600 + 20x = -x^2 + 100x - 1600$

Na parábola com concavidade para baixo ($a < 0$), o ponto de máximo ocorre no vértice. Assim:

$$x_v = -\frac{b}{2a} = -\frac{100}{2(-1)} = 50$$

Portanto, o preço do par de sapatos que maximiza o lucro é R$ 50,00.

Gabarito: b

Questões

11. A função quadrática $f(x) = 4x^2 - 4x - k$ não possui raízes reais. Então, podemos afirmar que:

A) $k = 1$

B) $k < 1$

C) $k > 1$

D) $k < -1$

E) $k > -1$

Gabarito: d

12. O gráfico de uma função do 2º grau, dada por $f(x) = x^2 - mx + m - 1$, com $m \in R$, tem um único ponto em comum com o eixo das abscissas (eixo x). Então, $f(2)$ é igual a:

A) 0

B) 1

C) 2

D) 3

E) 4

Gabarito: b

13. A parábola da equação $y = ax^2$ passa pelo vértice de outra parábola $y = 4x - x^2$. Então:

A) $a = 1$

B) $a = \frac{3}{2}$

C) $a = \frac{5}{4}$

D) $a = 2$

E) $a = -1$

Gabarito: a

14. A distância do vértice da parábola $y = -x^2 + 8x - 17$ ao eixo das abscissas é:

A) 1

B) 2

C) 4

D) 6

E) 8

Gabarito: a

15. Se $f(x) = x^2 - 3x$ e $x \neq 0$, o valor de $\frac{f(x+3) - f(x)}{x}$ é igual a:

A) 1

B) −3

C) 6

D) 2

E) −4

Gabarito: c

16. A parábola da figura a seguir representa o gráfico da função $f(x) = x^2 - 3x + 4$.

O valor da área do retângulo sombreado é:

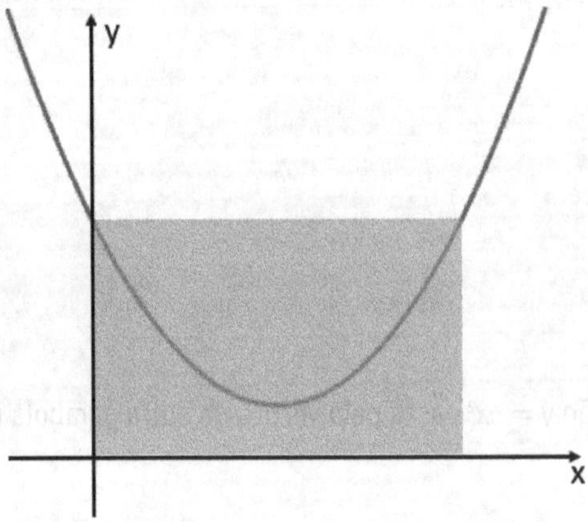

A) 8
B) 12
C) 16
D) 20
E) 24

Gabarito: b

17. Os pontos (0, 0) e (2, 1) estão no gráfico de uma função quadrática f. O mínimo de f é assumido no ponto de abscissa $x = -\frac{1}{4}$ Logo, o valor de $f(1)$ é:

A) 1/10
B) 2/10
C) 3/10
D) 4/10
E) 5/10

Gabarito: c

18. A receita mensal das vendas de x (em milhares de unidades) de um produto é dada por $R(x) = x^2 - x$ e o custo da produção é dado por $C(x) = 2x^2 - 7x + 8$.

O lucro máximo é obtido quando são vendidas:

A) 1000 unidades
B) 2000 unidades
C) 2500 unidades
D) 3000 unidades
E) 3200 unidades

Gabarito: d

19. O lucro de uma pequena empresa é dado por uma função quadrática cujo gráfico está representado na figura a seguir:

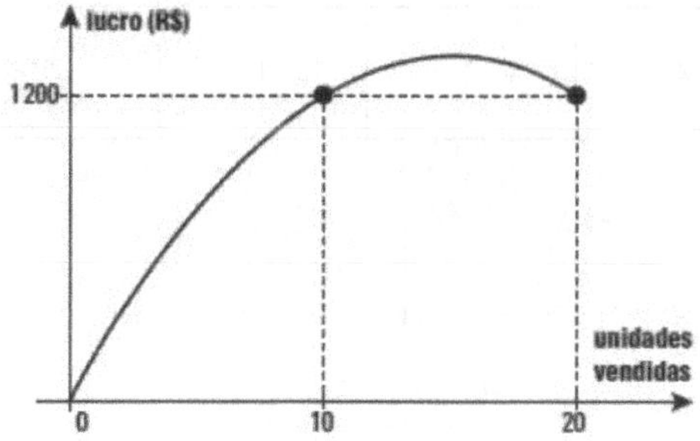

Podemos concluir que o lucro máximo é de:

A) R$ 1.280,00

B) R$ 1.400,00

C) R$ 1.350,00

D) R$ 1.320,00

E) R$ 1.410,00

Gabarito: C

6.3. Função exponencial

Considere a função exponencial $f(x) = 2^x$.

Vamos atribuir alguns valores para x e verificar o que acontece com $f(x)$.

x	-2	-1	0	1	2
$f(x)$	$\frac{1}{4}$	$\frac{1}{2}$	1	2	4

Graficamente, temos:

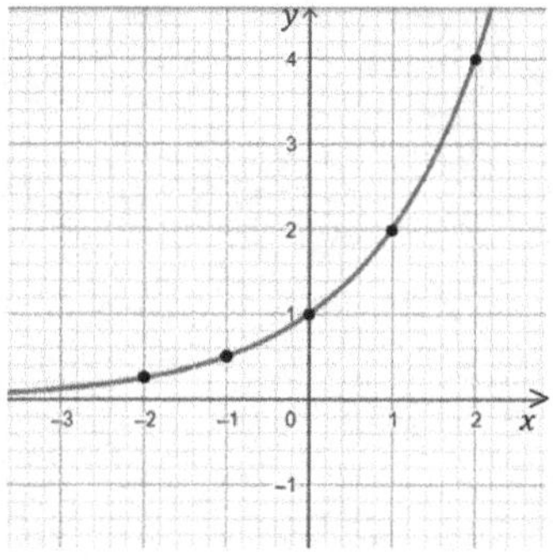

Agora, veja como seria o comportamento da função $f(x) = \left(\frac{1}{2}\right)^x$.

A tabela e o gráfico seriam:

x	−2	−1	0	1	2
$f(x)$	4	2	1	$\frac{1}{2}$	$\frac{1}{4}$

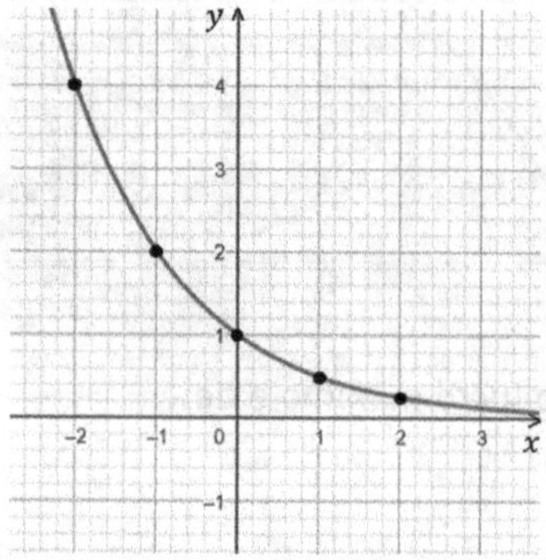

Então, podemos observar que a função exponencial é crescente ou decrescente, de acordo com o valor da base.

Temos, portanto, que, na função exponencial $f(x) = a^x$:

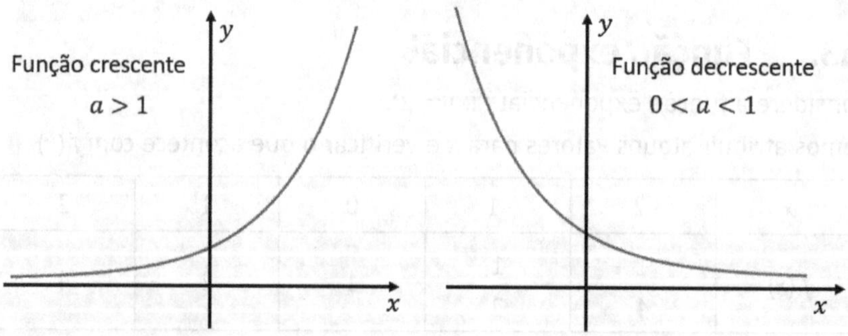

Exercícios resolvidos

5. Se $(4x)^2 + 16 \cdot 2^{x^2}$, o valor de x^x é:

A) 27

B) 4

C) 0,25

D) 1

E) $-\frac{1}{27}$

Resolução

$$(4^x)^2 = 16 \cdot 2^{x^2} \Longrightarrow (4^2)^x = 2^4 \cdot 2^{x^2} \Longrightarrow 2^{4x} = 2^{4+x^2}$$

Igualando os expoentes, temos:

$$4x = 4 + x^2 \Rightarrow x^2 - 4x + 4 = 0 \Rightarrow (x-2)^2 = 0 \Rightarrow x = 2$$

Então:

$$x^x = 2^2 = 4$$

Gabarito: b

6. Um novo aparelho eletrônico foi lançado no mercado em janeiro de 2014, quando foram vendidas cerca de 3 milhões de unidades. A partir de então, esse número teve um crescimento exponencial, dado pela expressão $V = n \cdot k^t$, em que n e k são constantes reais e t é o número de meses após o lançamento (janeiro = 0, fevereiro = 1 etc.).

Se, em fevereiro desse ano, foram vendidos 4,5 milhões de aparelhos, podemos concluir que, no mês seguinte, esse número passou para:

A) 5,63 milhões
B) 10,13 milhões
C) 4,96 milhões
D) 8,67 milhões
E) 6,75 milhões

Resolução

Para $t = 0$, temos 3 milhões em vendas. Então:

$$V = n \cdot k^0 = 3 \Rightarrow n = 3$$

Em fevereiro ($t = 1$), temos 4,5 milhões de aparelhos vendidos:

$$V = 3 \cdot k^1 = 4{,}5 \Rightarrow k = \frac{4{,}5}{3} = 1{,}5$$

Em março ($t = 2$), temos:

$V = 3 \cdot (1{,}5)^2 = 3 \cdot 2{,}25 = 6{,}75$ milhões de aparelhos

Gabarito: e

Questões

20. Se $f(x) = (4\%)^x$, então $f\left(\frac{1}{2}\right)$ é igual a:

A) 2%
B) 4%
C) 10%
D) 20%
E) 50%

Gabarito: d

21. A função exponencial $f(x)=\left(\dfrac{1}{m-5}\right)^{-x}$ é decrescente se, e somente se:

A) m≠5

B) m>6

C) m<5

D) m<5 ou m>6

E) 5<m<6

Gabarito: e

22. Sob determinadas condições, o antibiótico gentamicina, quando ingerido, é eliminado pelo organismo à razão de metade do volume acumulado a cada 2 horas. Daí, se *K* é o volume da substância no organismo, pode-se utilizar a função $f(t)=K\cdot\left(\dfrac{1}{2}\right)^{t/2}$ para estimar a sua eliminação depois de um tempo t, em horas. Nesse caso, o tempo mínimo necessário para que uma pessoa conserve, no máximo, 2 mg desse antibiótico no organismo, tendo ingerido 128 mg numa única dose, é de:

A) 12 horas e meia

B) 12 horas

C) 10 horas e meia

D) 8 horas

E) 6 horas

Gabarito: b

23. Para estimar a área da figura ABDO (sombreada no desenho), em que a curva AB é parte da representação gráfica da função $f(x) = 2^x$, João demarcou o retângulo OCBD e, em seguida, usou um programa de computador que "plota" pontos aleatoriamente no interior desse retângulo. Sabendo que dos, 1000 pontos "plotados", apenas 540 ficaram no interior da figura ABDO, a área estimada dessa figura, em unidade de área, é igual a:

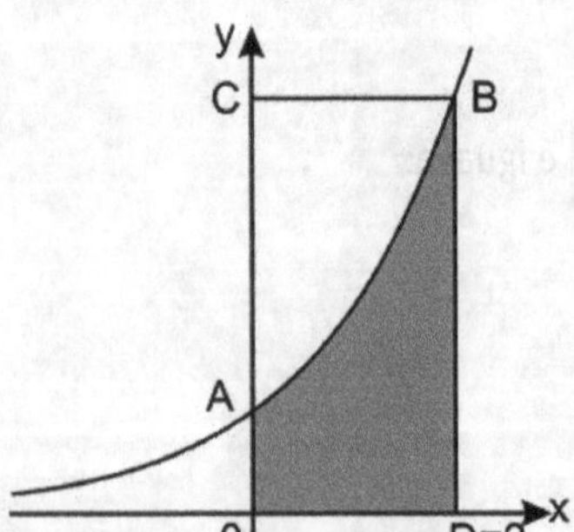

A) 4,32
B) 4,36
C) 3,92
D) 3,84
E) 3,52

Gabarito: a

24. A espécie de bactéria que causa determinada doença, ao infectar um ser humano, é capaz de duplicar sua população a cada 16 horas. A partir do instante em que o indivíduo toma a primeira dose do antibiótico, porém, a população dessa bactéria passa a se reduzir à metade a cada 24 horas. No dia 1, às 15h00min, uma pessoa fez um exame que revelou a presença de uma população P_0 dessa bactéria em seu organismo. Em determinado instante, essa pessoa tomou a primeira dose do antibiótico, de forma que, ao repetir o exame no dia 7, às 15h00min, a população da referida bactéria havia se reduzido para $\frac{P_0}{2}$. A partir desses dados, pode-se concluir que a primeira dose do antibiótico foi administrada a essa pessoa no:

A) dia 3, às 7h00min.
B) dia 3, às 15h00min.
C) dia 3, às 23h00min.
D) dia 4, às 7h00min.
E) dia 4, às 15h00min.

Gabarito: b

6.4. Função logarítmica

6.4.1. Logaritmos

Comecemos com um exemplo.

Se perguntarmos qual o expoente de x que torna a expressão $3^x = 81$, poderíamos fazer a pergunta de outra forma: qual o logaritmo de 81 na base 3?

A resposta seria 4.

Matematicamente, escrevemos:

$$3^x = 81 \Leftrightarrow log_3 81 = 4$$

Exemplos:

- $log_2 16 = 4$, pois $2^4 = 16$.
- $log_3 243 = 5$, pois $3^5 = 243$.

Na notação $log_b a$ (lê-se logaritmo de a na base b, ou simplesmente *log* de *a* na *b*), sendo *a* chamado de logaritmando e *b* de base.

Há duas condições de existência para logaritmo: o logaritmando deve ser positivo ($a > 0$) e a base deve ser positiva e diferente de 1 ($1 \neq b > 0$)

Nota 1:

quando a base do logaritmo não é apresentada, adota-se base igual a 10.

Exemplo: $log\ 100 = log^{10}\ 100 = 2$.

Nota 2:

quando a base do logaritmo é o número e (neperiano), costuma-se escrever In.

Nota 3:

o logaritmo de 1 é nulo, ou seja, $log_b 1 = 0$.

Exemplo: $ln\ a = log_e a$, com $e \cong 2{,}7128...$ (número neperiano ou de Euler).

Principais propriedades dos logaritmos

- $a^{\log_a b} = b$
- $log_b a^n = n \cdot log_b a$
- $log_{b^m} a = \dfrac{1}{m} \cdot log_m a$
- $log_b a = \dfrac{\log_c a}{\log_c b}$
- $log_b a = \dfrac{1}{\log_a b}$
- $log_c a + log_c b = log_c (a \cdot b)$
- $log_c a - log_c b = log_c \left(\dfrac{a}{b}\right)$

Exercícios resolvidos

7. Sabe-se que $log_3 x = 4$ e $log\ 1000 = y$. Então $x + y$ é igual a:

A) 15
B) 103
C) 84
D) 181
E) 30

Resolução

$$log_3 x = 4 \Rightarrow x = 3^4 = 81$$

$$y = log 1000 = log_{10} 1000 = 3$$

Então, $x + y = 81 + 3 = 84$.

Gabarito: C

8. A condição necessária e suficiente para a existência de $log_{8-x}(x-3)$ é:

A) $x \leq 3$

B) $x > 3$

C) $x < 8$

D) $3 < x < 7$ ou $7 < x < 8$

E) $x > 8$

Resolução

A condição de existência do logaritmo é que o logaritmando seja positivo e a base seja positiva e diferente de 1. Assim:

$$x - 3 > 0 \Rightarrow x > 3 \text{ e } 8 - x > 0 \text{ e } 8 - x \neq 1 \Rightarrow x < 8 \text{ e } x \neq 7.$$

Então, $3 < x < 8$ e $x \neq 7$ ou $3 < x < 7$ ou $7 < x < 8$.

Gabarito: d

9. Sejam *x*, *y* e *x* números reais tais que seus logaritmos em dada base *k* são números primos satisfazendo:

$log_k(xy) = 49$ e $log_k\left(\frac{x}{z}\right) = 44$

Então, $log_k(xyz)$ é igual a:

A) 52

B) 61

C) 67

D) 80

E) 97

Resolução

Temos:

$$log_k(xy) = log_k x + log_k y = 49$$

Mas, segundo o enunciado, $log_k x$ e $log_k y$ são números primos. Se a soma deles é ímpar, concluímos que um é par e o outro é ímpar. Sendo 2 o único primo par, deduzimos que o outro é 47.

Da outra equação, temos:

$$log_k\left(\frac{x}{z}\right) = log_k x - log_k z = 44$$

Como $log_k z$ também é um número primo, concluímos que $log_k x = 47$ e $log_k y = 2$ ($log_k x \neq 2$ pois $log_k x > 0$) e $log_k z = 3$. Assim:

$$log_k(xyz) = log_k x + log_k y + log_k z = 47 + 2 + 3 = 52$$

Gabarito: a

6.4.2. Função logarítmica

Agora vamos pensar na função $f(x) = log_2 x$ em que $x > 0$.

A tabela ficaria assim:

x	$\frac{1}{4}$	$\frac{1}{2}$	1	2	4
$f(x)$	-2	-1	0	1	2

Graficamente, temos:

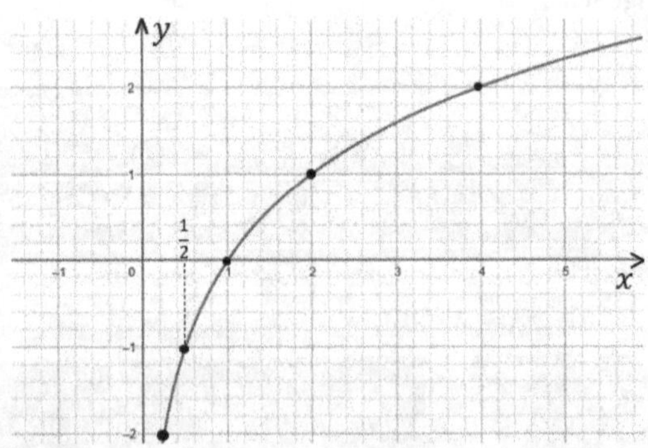

Se tomarmos a função $f(x) = log_{0,5}\, x$ na qual $x > 0$, teremos a tabela:

x	$\frac{1}{4}$	$\frac{1}{2}$	1	2	4
$f(x)$	2	1	0	-1	-2

E o gráfico:

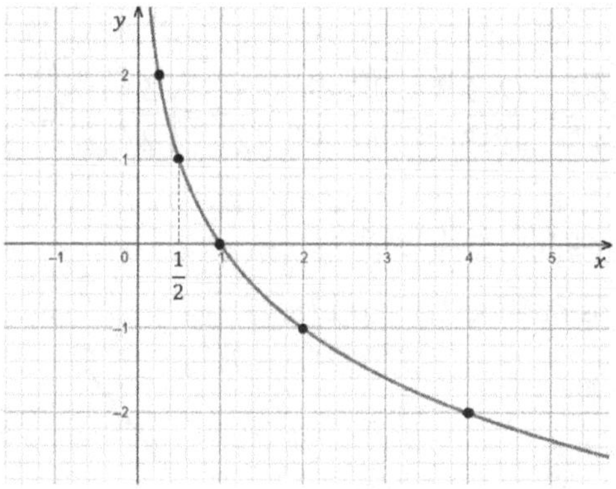

Assim como na função exponencial, a função logarítmica $f(x) = log_a x$ será crescente ou decrescente, de acordo com o valor da base:

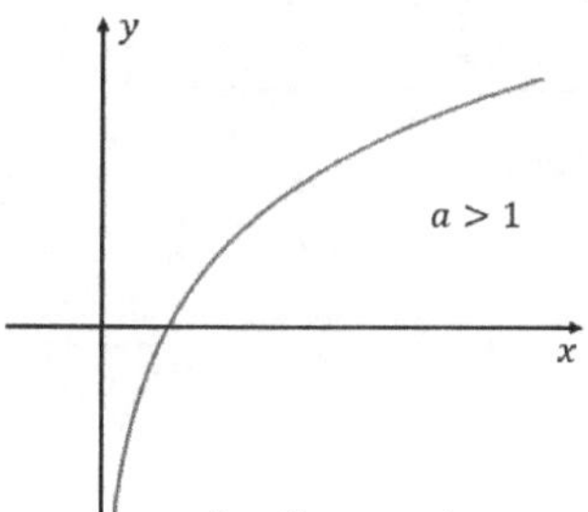

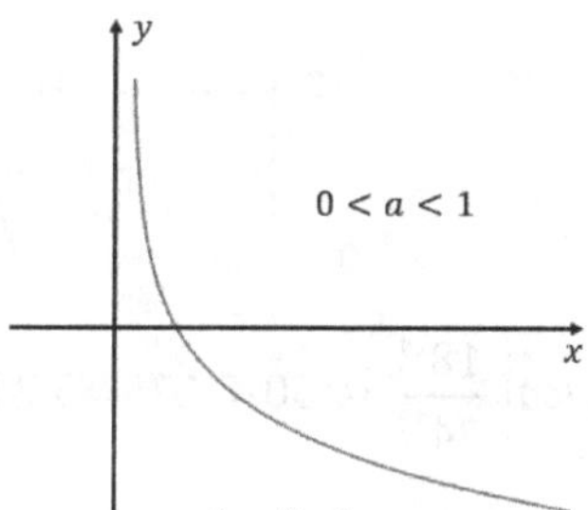

Exercícios resolvidos

10. Observando-se o gráfico da função $y = log\,x$, representado a seguir, podemos afirmar que um valor aproximado da expressão $E = log\left(\dfrac{18^{24}}{24^{18}}\right)$:

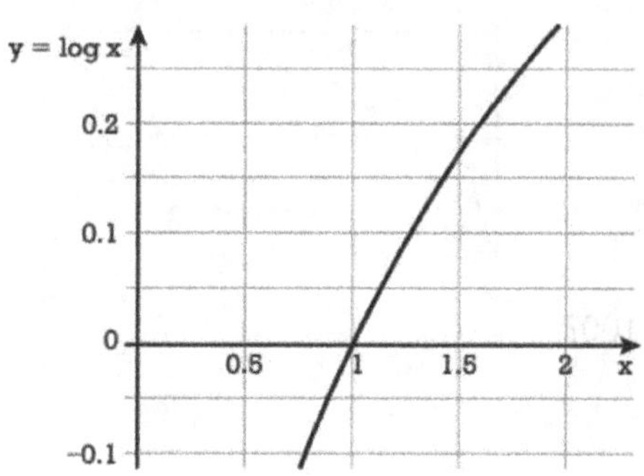

A) 5,25
B) 7,45
C) 6,50
D) 4,25
E) 8,50

Resolução

Temos:

$$\frac{18^{24}}{24^{18}}=\frac{(2\cdot3)^{24}}{(2^3\cdot3)^{18}}=\frac{2^{24}\cdot3^{48}}{2^{54}\cdot3^{18}}=\frac{3^{30}}{2^{30}}=\left(\frac{3}{2}\right)^{30}=1,5^{30}$$

$$\text{Logo}, log\left(\frac{18^{24}}{24^{18}}\right)=log1,5^{30}=30\cdot log1,5$$

No gráfico, notamos que $log\ 1,5 \cong 0,175$.

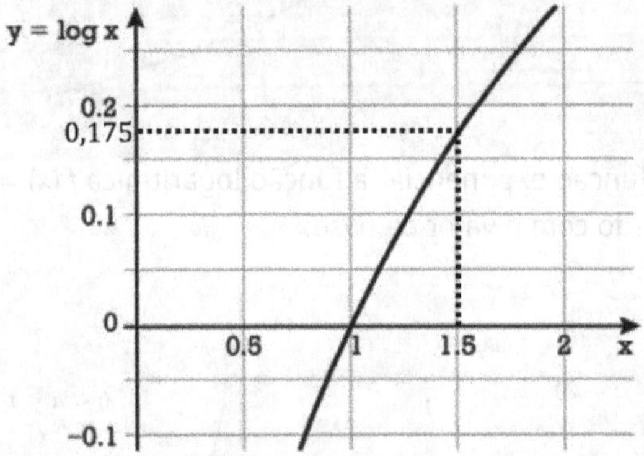

$$\text{Portanto}, log\left(\frac{18^{24}}{24^{18}}\right)\cong 30\cdot 0,175=5,25$$

Gabarito: a

11. A função $f(x) = 2 \cdot ln\ x$ apresenta o gráfico seguinte.

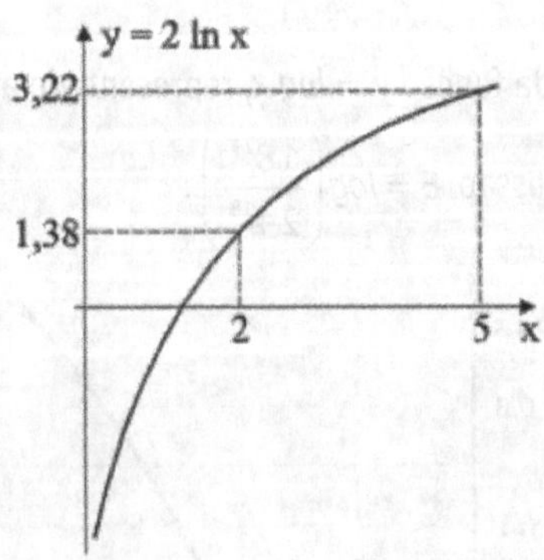

Qual o valor de ln 100?

A) 4,6

B) 3,91

C) 2,99

D) 2,3

E) 1,1109

Resolução

$$ln\ 100 = ln\ (2^2 \cdot 5^2) = 2 \cdot ln\ 2 + 2 \cdot ln\ 5$$

Pelo gráfico, temos que:

$2 \cdot ln\ 2 = 1{,}38 +$ e $2\ ln\ 5 = 3{,}22$

Assim, $ln\ 100 = 2 \cdot ln\ 2 + 2 \cdot ln\ 5 = 1{,}38 + 3{,}22 = 4{,}6$

Gabarito: a

Questões

25. Se $log\ 2 = a$ e $log\ 3 = b$, o valor de $log_{1,5}\ 135$ é igual a:

A) $\dfrac{3ab}{a-b}$

B) $\dfrac{2b-a+1}{2b-a}$

C) $\dfrac{3b-a}{b-a}$

D) $\dfrac{3b+a}{b-a}$

E) $\dfrac{3b-a+1}{b-a}$

Gabarito: d

26. Os vértices B e D de um retângulo $A\ B\ C\ D$, pertencentes ao gráfico da função $f(x) = log_2 x$ tem abscissas, respectivamente, iguais a 8 e 0,25. Sabendo-se que os lados $\overline{AD}$ e $\overline{BC}$ do retângulo são paralelos ao eixo das ordenadas, a área do retângulo é:

A) 38,75

B) 38

C) 38,25

D) 38,5

E) 39

Gabarito: a

27. A taxa de crescimento populacional de um país é de 2% ao ano. Utilizando os dados da tabela a seguir e considerando que essa taxa permanecerá constante, podemos afirmar que a população desse país dobrará em cerca de:

N	*log N*
2,00	0,3010
2,02	0,3054
2,04	0,3096

A) 15 anos

B) 20 anos

C) 25 anos

D) 30 anos

E) 35 anos

Gabarito: e

28. A relação $P(t) = P_0(1 + r)^t$, em que $r > 0$ é constante, representa uma quantidade P que cresce exponencialmente em função do tempo $t > 0$. P_0 é a quantidade inicial e r é a taxa de crescimento em dado período. Nesse caso, o tempo de dobra da quantidade é o período necessário para ela dobrar. O tempo de dobra T pode ser calculado pela fórmula:

A) $T = log_{(1+r)}2$

B) $T = log_r 2$

C) $T = log_2 r$

D) $T = log_2(1 + r)$

E) $T = log_{(1+r)}(2r)$

Gabarito: a

29. No artigo "Desmatamento na Amazônia Brasileira: com que intensidade vem ocorrendo?", o pesquisador Philip M. Fearnside, do Inpa, sugere como modelo matemático para o cálculo da área de desmatamento a função $D(t) = D(0) \cdot e^{k \cdot t}$, em que $D(t)$ representa a área de desmatamento no instante t, que é medido em anos desde o instante inicial, $D(0)$ a área de desmatamento no instante inicial $t = 0$ e k a taxa média anual de desmatamento da região. Admitindo que tal modelo seja representativo da realidade e a taxa média anual de desmatamento (k) da Amazônia seja 0,6% e usando a aproximação $ln(2) \cong 0,69$, o número de anos necessários para que a área de desmatamento da Amazônia dobre seu valor, a partir de um instante inicial prefixado, é, aproximadamente:

A) 51

B) 115

C) 15

D) 151

E) 11

Gabarito: b

Memorização e revisão	
Função afim	$f(x) = ax + b$, com $a, b \in R$ e $a \neq 0$.
Função do 2° grau	$f(x) = ax^2 + bx + c$, com $a, b, c \in R$ e $a \neq 0$.
Função exponencial	$f(x) = a^x$
Função logarítmica	$f(x) = log_a x$

Memorização e revisão	
Propriedades do logaritmo	• $a^{\log_a b} = b$ • $\log_b a^n = n \cdot \log_b a$ • $\log_{b^m} a = \frac{1}{m} \cdot \log_m a$ • $\log_b a = \frac{\log_c a}{\log_c b}$ • $\log_b a = \frac{1}{\log_c b}$ • $\log_c a + \log_c b = \log_c (a \cdot b)$ • $\log_c a + \log_c b = \log_c \left(\frac{a}{b}\right)$

Nota:

CAPÍTULO 7. MATEMÁTICA FINANCEIRA

7.1. Fator de aumento

Quando precisamos aumentar um valor x em certa porcentagem i (notação utilizada em Matemática Financeira), em vez de somarmos, vamos utilizar o fator de multiplicação $(1 + i)$.

Assim, o valor aumentado será:

$$V = x \cdot (1 + i)$$

Essa forma de representar o aumento permite trabalhar com aumentos sucessivos e é responsável pelas fórmulas de juros simples e juros compostos.

Observação: perceba que sempre o valor a ser aumentado estará na posição do x nessa fórmula.

Exercícios resolvidos

1. Uma máquina de lavar que custava R$ 600,00 sofreu um aumento de 25%, qual é seu valor após o aumento?

Resolução

A porcentagem de aumento é 25% = 0,25 e o valor a ser aumentado é 1200. Assim, o valor após o aumento é:

$$V = 1200 \cdot (1 + 0{,}25) = 1200 \cdot 1{,}25 = 1500$$

Resposta: a máquina de lavar passou a custar R$ 1500,00.

2. Em um belo dia de calor, Homer foi tomar uma cerveja na taverna do Moe. Devido ao período de alta demanda, Moe decidiu aumentar o preço da cerveja em 20%, passando a custar R$ 6,00. Quanto custava o copo de cerveja antes do aumento?

A) R$ 5,00

B) R$ 5,40

C) R$ 4,80

D) R$ 7,20

E) R$ 6,80

Resolução

A porcentagem de aumento é 20% = 0,2 e o valor após o aumento é 6,00. Assim, existe um valor x a ser aumentado da seguinte forma:

$$x \cdot (1+0,2)=6$$
$$x \cdot 1,2=6$$
$$x=\frac{6}{1,2}=5$$

Gabarito: a

Observação:

repare que a forma como o exercício foi resolvido não seria a mesma que partir dos R$ 6,00 e retirar 20%. Isso resultaria em R$ 4,80, que está **errado**. Atente-se, pois **sempre** existe essa pegadinha nas alternativas de exercícios desse modelo.

3. O salário de um funcionário teve reajustes no valor de 10% em abril, de 20% em maio e de 30% em junho. Qual o percentual final de aumento?

Resolução

Vamos aprender, neste exercício, a trabalhar com aumentos sucessivos. Cada vez que for necessário aumentar percentualmente certo resultado, utilizaremos o fator de multiplicação, não importa se for feito em cima do valor inicial ou em cima de um valor que já sofreu aumento.

Assim, a partir de um valor inicial genérico x, sofrendo aumentos de 10% = 0,1, 20% = 0,2 e 30% = 0,3, o valor final após o aumento é:

$$V = x \cdot (1 + 0,1) \cdot (1 + 0,2) \cdot (1 + 0,3)$$
$$V = x \cdot 1,1 \cdot 1,2 \cdot 1,3 = x \cdot 1,716$$

Para enxergarmos esse valor como um único aumento em relação a x, faremos:

$$V = x \cdot 1,716 = x \cdot (1 + 0,716)$$

Ou seja, temos um fator de aumento de 0,716 = 71,6%

Gabarito: o salário teve um aumento final de 71,6%.

4. Certa mercadoria, que custava R$ 12,50, teve um aumento, passando a custar R$ 13,50. A majoração sobre o preço antigo é de:

A) 1,0%

B) 10,0%

C) 12,5%

D) 8,0%

E) 10,8%

Resolução

O valor inicial (a ser aumentado) é R$ 12,50 e o valor final é R$ 13,50. Assim:

$13{,}50 = 12{,}50.\ (1 + i)$ (passamos 12,50 dividindo para o outro lado)

$$\frac{13{,}50}{12{,}50} = 1 + i$$

$$1{,}08 = 1 + i$$

$$i = 0{,}08 = 8\%$$

Gabarito: d

7.2. Fator de redução

Quando precisamos reduzir um valor x em certa porcentagem i, em vez de subtrairmos, vamos utilizar o fator de multiplicação $(1 - i)$.

Assim, o valor reduzido será:

$$V = x \cdot (1 - i)$$

Observação:

perceba que sempre o valor a ser diminuído estará na posição do x nessa fórmula.

Exercícios resolvidos

5. Após muita negociação, um cliente que iria pagar R$ 55.000,00 em um carro, conseguiu um desconto de 10%. Qual o valor do carro após o desconto?

Resolução

Assim como fizemos no fator de aumento, a porcentagem da redução é 10% = 0,1 e o valor a ser reduzido é R$ 55.000, então o valor final será:

$$V = 55000.\ (1 - 0{,}1) = 55000 \cdot 0{,}9 = 49500$$

Gabarito: o carro custará R$ 49.500,00.

6. Dois descontos sucessivos de 10% correspondem a um desconto de:

A) 20%
B) 21%
C) 19%
D) 18%
E) 17%

Resolução

A porcentagem de desconto é 10% = 0,1. Para fazermos dois descontos sucessivos, devemos utilizar o fator de redução duas vezes, partindo de um valor inicial genérico x:

$$V = x \cdot (1 - 0{,}1) \cdot (1 - 0{,}1)$$
$$V = x \cdot 0{,}9.0{,}9 = x \cdot 0{,}81$$

Para enxergarmos esse valor como um único fator de redução:

$$V = x \cdot 0{,}81 = x \cdot (1 - 0{,}19)$$

Este equivale a uma redução de 0,19 = 19%.

Gabarito: c

7. Uma mercadoria que custava R$ 750,00 sofreu um aumento de 30%. Após algum tempo, sofreu um desconto de 20%. Qual é o valor da mercadoria após o desconto?

Resolução

Temos um aumento de 30%=0,3 e, em seguida, uma redução de 20% = 0,2. Assim, partindo do valor inicial de R$ 750, o valor final é obtido por:

$$V = 750 \cdot (1 + 0{,}3) \cdot (1 - 0{,}2)$$
$$V = 750 \cdot 1{,}3.0{,}8 = 780$$

Gabarito: o valor final será de R$ 780,00.

8. Em certo mês, um comerciante promoveu uma liquidação em que todos os artigos de sua loja tiveram os preços rebaixados em 20%. Se, ao encerrar a liquidação, o comerciante pretende voltar a vender os artigos pelos preços anteriores aos dela, então os preços oferecidos na liquidação devem ser aumentados em:

A) 18,5%
B) 20%
C) 22,5%
D) 25%
E) 27,5%

Resolução

A partir do valor inicial *x*, aplicamos o fator de redução de 20% = 0,2 e, em seguida, o fator de aumento genérico *i*, de tal forma que o valor final também seja x.

$$x \cdot (1 - 0{,}2) \cdot (1 + i) = x$$

$x \cdot 0{,}8.\ (1 + i) = x$ (passamos o primeiro x para o outro lado dividindo)

$$0{,}8 \cdot (1 + i) = \frac{x}{x}$$

$$0{,}8 \cdot (1 + i) = 1$$

$$(1 + i) = \frac{1}{0{,}8}$$

$$1 + i = 1{,}25$$

$$i = 1{,}25 - 1 = 0{,}25 = 25\%$$

Gabarito: d

Observação:

poderíamos resolver os exercícios 3, 6 e 8 atribuindo um valor qualquer para o x. De preferência, para facilitarmos o cálculo, substituímos x por 100. Isso pode ser feito em qualquer exercício que apresenta apenas porcentagens, sem nenhum valor fixo.

7.3. Introdução à Matemática Financeira

Conforme dissemos antes, na Matemática Financeira, estudamos a evolução (geralmente crescimento) do dinheiro com o tempo. Para isso, precisamos definir alguns elementos importantes para esse estudo.

7.3.1. Definições e características

- **Juro**: remuneração pelo empréstimo de um recurso financeiro. Significa o valor do ganho, o quanto o dinheiro aumenta. Será representado por J.
- **Capital (ou principal)**: recurso financeiro transacionado. Significa o valor que sofrerá o aumento. Será representado por C.
- **Taxa de juro**: valor do juro, em uma **unidade de tempo**, expresso como uma porcentagem do capital. Será representado por i.

Ou seja, a taxa de juro depende da unidade de tempo à qual ela se refere, por exemplo:

a) a taxa de juro de 20% a.a. (ao ano) significa que, em um ano, o valor do juro é de 20% do capital;

b) a taxa de juro de 4% a.m. (ao mês) significa que, em um mês, o valor do juro é de 4% do capital.

- **Montante**: valor acumulado do capital mais o juro. Será representado por M.

A partir das definições, podemos estabelecer as seguintes fórmulas:

$$J = C \cdot i$$

$$M = C + J$$

Exercícios resolvidos

9. Calcule o juro e o montante de uma aplicação de R$ 2.000,00 durante um ano a uma taxa de 25% a.a.

Resolução

Lembrando que o capital é sempre o valor a ser aumentado, temos: $C = 2000$ e $i = 25\% = 0{,}25$. Assim, o valor do juro (ganho) da aplicação é:

$$J = C \cdot i = 2000 \cdot 0{,}25 = 500$$

Logo, o montante (total acumulado) da aplicação é:

$$M = C + J = 2000 + 500 = 2500$$

Gabarito: o juro foi de R$ 500,00 e o montante de R$ 2.500,00.

10. Qual a taxa de juro de uma aplicação anual de R$ 500,00, sabendo que eu resgatei R$ 630,00?

Resolução

$$C = 500$$

$$M = 630$$

$$i = ?$$

Primeiro, calculamos o juro:

$$M = C + J \rightarrow 630 = 500 + J \rightarrow J = 130$$

Utilizando a fórmula do juro, temos:

$$J = C \cdot i \rightarrow 130 = 500 \cdot i \rightarrow \frac{130}{500} = i \rightarrow i = 0{,}26 = 26\%$$

Gabarito: a taxa de juro é 26% a.a.

11. Um produto é vendido a R$ 240,00 à vista ou com uma entrada de 25% e mais uma parcela de R$ 216,00 após um mês. Qual é a taxa de juro mensal envolvida nessa operação?

Resolução

Em uma situação de financiamento, a taxa de juros é sempre aplicada sobre o saldo devedor, o que indica um aumento na sua dívida. Quando for escolhida a opção de pagamento a prazo, o valor pago na entrada não cobrirá o valor total do produto, então a dívida sofrerá um aumento até ser liquidada na segunda prestação. Assim:

Entrada $= 25\%$ de $240 = 0{,}25 \cdot 240 = 60$

Saldo devedor $= 240 - 60 = 180$

Isso significa que, após dar a entrada, ainda resta uma dívida de R$ 180,00, que deverá ser paga após um mês. Mas, enquanto esse tempo passa, a dívida aumenta, de modo que tenha que ser paga uma parcela de R$ 216,00 para liquidar. Então, para encontrar a taxa desse aumento, temos:

- $C = 180$ (valor que será aumentado)
- $M = 216$ (valor após o aumento)

Assim como no anterior, calculamos o valor do juro primeiro:

$$M = C + J \rightarrow 216 = 180 + J \rightarrow J = 36$$

Mas, como $J = C \cdot i \rightarrow 36 = 180 \cdot i \rightarrow \dfrac{38}{180} = i \rightarrow i = 0{,}2 = 20\%$

Gabarito: a taxa de juro foi de 20% a.m.

O estudo que fizemos até agora apresentou sempre a variação percentual em um único período (mês, ano etc.). Quando precisamos trabalhar em mais de um período, devemos levar em consideração o regime de capitalização aplicado no problema, no nosso caso: o regime de capitalização simples.

7.4. Regime de capitalização simples (juros simples)

É o regime em que a taxa de juros incide sempre sobre o capital. Assim, em cada período da aplicação, os juros são sempre iguais ao produto do capital pela taxa do período. Sendo n o prazo da aplicação, temos as seguintes relações:

$$J = C \cdot i \cdot n$$

$$M = C + J$$

$$M = C(1 + i \cdot n)$$

Cuidado:

pelo resto do nosso estudo, a taxa i e os períodos n devem se referir à mesma unidade de tempo! Quando se referirem a unidades de tempo diferentes, devemos corrigir algum dos dois.

Repare que o montante (capital total acumulado) é o resultado da soma entre o capital inicial e os juros referentes ao período n ($M = C + J$) e a fórmula $M = C(1 + i \cdot n)$ é apenas a sua forma fatorada.

Exercícios resolvidos

12. Em uma aplicação de R$ 2.000,00, calcule o juro e o montante acumulado após três meses, a uma taxa de juros simples de 5% a.m.

Resolução

$$C = 2000$$
$$n = 3 \text{ meses}$$
$$i = 5\% \text{ a.m.} = 0{,}05$$

Assim, utilizando a fórmula dos juros, temos:

$$J = C \cdot i \cdot n = 2000 \cdot 0{,}05.3 = 300$$
$$M = C + J = 2000 + 300 = 2300$$

Gabarito: o valor dos juros é R$ 300,00 e do montante é R$ 2.300,00.

13. Um capital de R$ 20.000,00 é aplicado à taxa de juros simples de 30% a.a. pelo prazo de 4 anos. Calcule o montante obtido.

Resolução

$$C = 20000$$
$$n = 4 \text{ anos}$$
$$i = 30\% \text{ a.a.} = 0{,}3$$

Utilizando a fórmula do montante, temos:

$$M = C \cdot (1 + ni) = 20000 \cdot (1 + 4.0{,}3) = 20000 \cdot (1 + 1{,}2) = 2000 \cdot 2{,}2$$
$$M = 4400$$

Gabarito: o montante é de R$ 4.400,00.

14. A qual taxa mensal de juros simples, um capital de R$ 25.000,00 gera um montante de 30.000,00 após 4 meses?

Resolução

$$C = 25000$$
$$M = 30000$$
$$n = 4 \text{ meses}$$

Da fórmula do montante, temos:

$$M = C \cdot (1 + ni) \rightarrow 30000 = 25000 \cdot (1 + 4 \cdot i) \rightarrow \frac{30000}{25000} = 1 + 4i$$

$$1{,}2 = 1 + 4i \rightarrow 0{,}2 = 4i \rightarrow \frac{0{,}2}{4} = i \rightarrow i = 0{,}05 = 5\%$$

Gabarito: a taxa de juros é de 5% a.m.

15. O valor a ser pago por um empréstimo de R$ 4.500,00 a uma taxa de juros simples de 0,5% ao dia, ao final de 78 dias, é de:

A) R$ 6.255,00
B) R$ 5.500,00
C) R$ 6.500,00
D) R$ 4.855,00
E) R$ 5.750,00

Resolução

$$C = 4500$$
$$i = 0{,}5\% \text{ a.d.} = 0{,}005$$
$$n = 78 \text{ dias}$$
$$M = C \cdot (1 + n \cdot i) = 4500 \cdot (1 + 78 \cdot 0{,}005) = 4500 \cdot (1 + 0{,}39) = 4500 \cdot 1{,}39$$
$$M = 6255$$

Gabarito: a

Às vezes, pode acontecer de a taxa e o período estarem em unidades diferentes. Quando isso acontece, devemos corrigir ao menos um dos dois. Caso precisemos corrigir o n, não existe nenhum segredo, transformamos da forma com que estamos acostumados (por exemplo: 1 ano = 12 meses, 1 semestre = 3 bimestres etc,. conforme a necessidade).

Questões

1. Um capital de R$ 18.000,00 foi aplicado por um período de seis meses a juro simples produzindo um montante de R$ 21.780,00. A taxa mensal de juro simples que produziu esse montante foi de:
   A) 4%
   B) 3,5%
   C) 3%
   D) 2,5%
   E) 2%

Gabarito: b

2. Há um ano, Bruno comprou uma casa por R$ 50 mil. Para isso, tomou emprestados R$ 10 mil de Edson e R$ 10 mil de Carlos, prometendo devolver-lhes o dinheiro, após um ano, acrescidos de 5% e 4% de juros, respectivamente.

   A casa valorizou 3% durante esse período de um ano. Sabendo-se que Bruno vendeu a casa hoje e pagou o combinado a Edson e Carlos, o seu lucro foi de:
   A) R$ 400,00
   B) R$ 500,00
   C) R$ 600,00
   D) R$ 700,00
   E) R$ 800,00

Gabarito: c

3. No período de um ano, certa aplicação financeira obteve um rendimento de 26%. No mesmo período, porém, ocorreu uma inflação de 20%. Então, é correto afirmar que o rendimento efetivo da referida aplicação foi de:
   A) 3%
   B) 4%
   C) 5%
   D) 5,2%
   E) 6%

Gabarito: c

4. Um capital aplicado a juros simples, à taxa de 8% ao mês, triplica em:
   A) 6 meses
   B) 12 meses
   C) 18 meses
   D) 25 meses
   E) 30 meses

Gabarito: d

5. A taxa de juros simples mensal que quadruplica um capital em dois anos é:

A) 1,25%

B) 8%

C) 10%

D) 12,5%

E) 15%

Gabarito: d

6. Durante quanto tempo um capital de R$ 10 mil deve ser aplicado a uma taxa de juros simples mensal de 2,5% para render R$ 1.000,00?

A) 4

B) 3

C) 5

D) 7

E) 6

Gabarito: a

7. Determinado capital *C* quintuplicou ao ser aplicado em regime de juros simples à taxa *i*. O tempo *t*, em meses, em que o capital ficou aplicado é:

A) $\frac{i}{4}$

B) $4i$

C) $\frac{4}{i}$

D) $\frac{C \cdot i}{4}$

E) $\frac{4}{C \cdot i}$

Gabarito: c

7.5. Regime de capitalização composta (juros compostos)

Suponha que você aplique a quantia de R$ 10.000,00 a juros mensais de 10% em um fundo de investimento de renda pré-fixada. No primeiro mês, você terá um rendimento de 10% de R$ 10.000 = R$ 1.000, ficando com um montante de R$ 11.000,00. Já, no segundo mês, se mantiver o total aplicado, você terá, como rendimento, 10% de R$ 11.000,00, ou seja, R$ 1.100,00, ficando com o montante de R$ 12.100,00. Para o final do terceiro mês, o rendimento será de 10% de R$ 12.100,00 = R$ 1.210,00, totalizando um montante de R$ 13.310,00.

Então, temos:

- Final do 1º mês: $10.000 \cdot (1{,}1) = \text{R\$ } 11.000{,}00$;
- Final do 2º mês: $10.000 \cdot (1{,}1) \cdot (1{,}1) = 10.000 \cdot (1{,}1)^2 = \text{R\$ } 12.100{,}00$;
- Final do 3º mês: $10.000 \cdot (1{,}1) \cdot (1{,}1) \cdot (1{,}1) = 10.000 \cdot (1{,}1)^3 = \text{R\$ } 13.310{,}00$;
- Final do 4º mês: $10.000 \cdot (1{,}1) \cdot (1{,}1) \cdot (1{,}1) \cdot (1{,}1) = 10.000 \cdot (1{,}1)^4 = \text{R\$ } 14.641{,}00$;

⋮

- Final do 10º mês: $10.000 \cdot (1{,}1)^{10} \cong \text{R\$ } 25.937{,}42$.

Note que, no regime de juros simples, o total acumulado seria de $\text{R\$ } 10{,}000 \cdot (1 + 10 \cdot 0{,}1) = \text{R\$ } 20{,}000{,}00$.

De onde vem a diferença de R$ 5.937,42?

Juro composto é um regime de capitalização em que os juros de um período incidem sobre o valor acumulado até o período imediatamente anterior, ou seja, juros sobre juros.

$$M = C(1 + i)^n$$

em que:

- *M* é o montante ou capital total acumulado;
- *C* é o capital inicial;
- *I* é a taxa de juros;
- *N* é o período da aplicação (ou dívida).

Nota:

se uma questão não especificar o regime de juros (simples ou composto) em seu enunciado, considere sempre juros compostos.

Exercícios resolvidos

16. Uma aplicação financeira promete juros compostos mensais de 2%. Se uma pessoa deixar R$ 15.000,00 nesta aplicação por um ano, quanto, aproximadamente, teria ao final do período? [utilize, se precisar, $(1{,}02)^{10} = 1{,}219$]

A) R$ 18.632,00

B) R$ 18.777,00

C) R$ 19.005,00

D) R$ 19.023,00

E) R$ 20.739,00

Resolução

Temos:

$$M = C(1 + i)^n$$

Ao final de 10 meses, o montante seria

$$M_{10} = 15000 \cdot (1 + 0{,}2)^{10} = 15000 \cdot (1{,}02)^{10}$$

Segundo o enunciado, $(1{,}02)^{10} = 1{,}219$.

Então:

$$M_{10} = 15000 \cdot 1{,}219 = R\$\ 18.285{,}00$$

Para completarmos um ano de aplicação, faltam ainda 2 meses. Assim:

$$M_{12} = 18.285 \cdot (1{,}02)^2 = R\$\ 19.023{,}71$$

Gabarito: d

17. João comprou R$ 18.000,00 em ações que se valorizaram durante dois meses, a uma taxa constante. Ao final do período, realizou lucro, vendendo-as por R$ 19.845,00. Qual a taxa de juros mensais equivalentes ao lucro realizado?

A) 5%

B) 6%

C) 7%

D) 8%

E) 9%

Resolução

$$M = C \cdot (1 = i)^n$$

$$19845 = 18000 \cdot (1 + i)^2$$

$$1{,}1025 = (1 = i)^2$$

$$(1 + i) = \sqrt{1{,}1025} = 1{,}05$$

$$i = 1{,}05 - 1 = 0{,}05 = 5\%$$

Gabarito: a

7.6. Lucro, preço de custo e preço de venda

Como todos sabemos, o lucro é o objetivo principal de qualquer empresa no sistema capitalista. Por mais que sejam consideradas responsabilidades sociais, sustentabilidade, inclusão social e demais pautas cada vez mais cobradas pela sociedade, sem lucro, a empresa não sobrevive e nenhuma dessas pautas poderá ser atingida.

O **custo**, por sua vez, deverá incluir todas as despesas com insumos, mão de obra, publicidade, gastos com aluguel de espaços ou maquinário para a produção de bens ou serviços. Embora fora da realidade contábil, nas **questões** e nos exercícios que resolveremos, serão inclusos os impostos e as taxas também como custos (exceto em **questões** que citem esses itens à parte).

Os custos, normalmente, são divididos em fixos e variáveis. Os fixos são aqueles que não dependem do volume produzido, como aluguel de imóveis e pagamento de salários. Já os variáveis dependem da quantidade produzida, como matéria-prima e gastos com energia na produção.

Por fim, o **preço de venda** é definido equacionando-se a demanda, a oferta e os custos de produção. Uma empresa eficiente é aquela que consegue chegar a um preço final do produto que supere os custos, consiga competir, de forma eficiente, com a concorrência e que o consumidor esteja disposto a pagar.

Desse modo, chegamos, finalmente, ao lucro, pela diferença entre o preço de venda e os custos do produto.

$$L = V - C$$

Contabilmente, o lucro pode ser calculado sobre o preço de venda ou sobre o preço de custo do produto.

Exemplo: Um produto é vendido com lucro de 10% sobre o preço de custo. Qual o lucro sobre o preço de venda?

Resolução

$$\begin{cases} L = V - C \\ L = 0{,}1 \cdot C \end{cases} \Rightarrow \begin{cases} L = V - C \\ C = 10L \end{cases}$$

Substituindo a segunda equação na primeira, temos:

$$L = V - 10L \Rightarrow 11L = V \Rightarrow L = \frac{1}{11}V \Rightarrow L \cong 0{,}091V = 9{,}1\%V$$

Gabarito: o lucro sobre o preço de venda é de, aproximadamente, 9,1%.

Questões

8. Em meados de julho deste ano, uma mercadoria sofreu um aumento de 15%, depois um desconto de 10% e, por fim, outro aumento de 12%. Um cliente que havia consultado o preço no início do mês de julho pediu que o comerciante vendesse o produto pelo mesmo preço que ele havia visto antes das mudanças de preço. Ao atender o cliente, o lojista concedeu um desconto de, aproximadamente:

A) 10,5%
B) 13,7%
C) 16,1%
D) 20,6%
E) 22,5%

Gabarito: b

9. Um produto, tabelado em R$ 100,00, é vendido em 2 parcelas de R$ 50,00, sendo a primeira no ato e a segunda para 30 dias. Se o comprador optar pelo pagamento à vista, receberá um desconto de 10% sobre o preço de tabela. Ao escolher o pagamento a prazo, o comprador está pagando um juro mensal de:

A) 0%
B) 5%
C) 10%
D) 20%
E) 25%

Gabarito: e

10. Carlos aplicou R$ 1.000,00 em um fundo de investimento A que paga juros mensais compostos de 5% e João aplicou R$ 2.000,00 em um fundo de investimento B que paga juros mensais simples de 10%. Quantos meses, no mínimo, Carlos deverá esperar para que o seu montante fique maior que o de João?

Dados:

- $(1{,}05)^{30} = 4{,}322$
- $(1{,}05)^{40} = 7{,}04$
- $(1{,}05)^{50} = 11{,}467$
- $(1{,}05)^{60} = 18{,}68$
- $(1{,}05)^{70} = 30{,}426$

A) 30
B) 41
C) 52
D) 59
E) 68

Gabarito: c

11. João, Maria e Antônia tinham, juntos, R$ 100.000,00. Cada um deles investiu sua parte por um ano, com juros de 10% ao ano.
Depois de creditados seus juros no final desse ano, Antônia passou a ter R$ 11.000,00 mais o dobro do novo capital de João. No ano seguinte, os três reinvestiram seus capitais, ainda com juros de 10% ao ano.
Depois de creditadas os juros de cada um no final desse segundo ano, o novo capital de Antônia era igual à soma dos novos capitais de Maria e João. Qual era o capital inicial de João?

A) R$ 20.000,00
B) R$ 22.000,00
C) R$ 24000,00
D) R$ 26.000,00
E) R$ 28.000,00

Gabarito: a

12. No próximo dia 08/12, Maria, que vive em Portugal, terá um saldo de 2.300 euros em sua conta-corrente, e uma prestação a pagar no valor de 3.500 euros, com vencimento nesse dia. O salário dela é suficiente para saldar tal prestação, mas será depositado nessa conta-corrente apenas em 10/12.

Maria está considerando duas opções para pagar a prestação:

I. Pagar no dia 8. Nesse caso, o banco cobrará juros de 2% ao dia sobre o saldo negativo diário em sua conta-corrente, por dois dias.

II. Pagar no dia 10. Nesse caso, ela deverá pagar uma multa de 2% sobre o valor total da prestação.

Suponha que não haja outras movimentações em sua conta-corrente. Se Maria escolher a opção 2, ela terá, em relação à opção 1:

A) desvantagem de 22,50 euros.

B) vantagem de 22,50 euros.

C) desvantagem de 21,52 euros.

D) vantagem de 21,52 euros.

E) vantagem de 20,48 euros.

Gabarito: c

13. Uma mercadoria, cujo preço de custo era *x*, foi adquirida com desconto de 8% e, logo em seguida, foi vendida com acréscimo de 10% sobre o preço de custo. Se o lucro obtido nessa transação foi de R$ 900,00, o valor de *x* é:

A) R$ 4.000,00

B) R$ 5.000,00

C) R$ 3.800,00

D) R$ 4.200,00

E) R$ 5.600,00

Gabarito: b

14. Um fabricante consegue vender cada unidade fabricada por R$ 80,00. O custo de produção consiste num custo fixo de R$ 4.500,00 mais R$ 50,00 por unidade fabricada. Chama-se ponto de equilíbrio a quantidade de unidades vendidas em que a receita se iguala ao custo, isto é, quando não há lucro nem prejuízo para o fabricante.

Se esse fabricante vender 50 unidades a mais que as do ponto de equilíbrio, seu lucro será de:

A) R$ 1.500,00

B) R$ 1.800,00

C) R$ 1.200,00

D) R$ 2.000,00

E) R$ 2.300,00

Gabarito: a

15. Em todos os dias 10 dos meses de janeiro, fevereiro e março de certo ano, o Sr. W. Bofete aplicou a mesma quantia de R$ 1.000,00 à taxa de juros compostos de 10% ao mês. Podemos concluir que o montante dessa aplicação em 10 de abril desse mesmo ano foi de:

A) R$ 4.203,00

B) R$ 3.641,00

C) R$ 4.015,00

D) R$ 3.135,00

E) R$ 3.968,00

Gabarito: b

Memorização e revisão	
Fator de aumento	$V = x \cdot (1 + i)$
Fator de redução	$V = x \cdot (1 - i)$
Juros simples	$M = C(1 + i \cdot n)$
Juros compostos	$M = C(1 + i)^n$

Nota:

CAPÍTULO 8. GEOMETRIA PLANA

8.1. Ângulos

Definição

Chamamos ângulo geométrico a região plana limitada por duas semirretas de mesma origem.

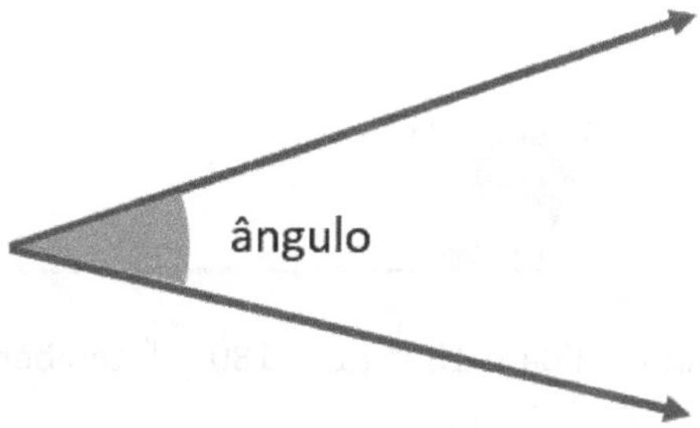

Medida

A medida de um ângulo é dada pela sua abertura. A unidade de medida mais usual é o grau, correspondente a $\frac{1}{360}$ uma volta inteira. Cada grau é dividido em 60 minutos (1° = 60') e cada minuto é dividido em 60 segundos (1' = 60").

Classificação

Os ângulos são classificados em:

- **nulo** – é aquele cuja medida é nula, ou seja, $\alpha = 0°$;
- **agudo** – é o ângulo cuja medida está compreendida entre 0° e 90° ($0° < \alpha < 90°$):

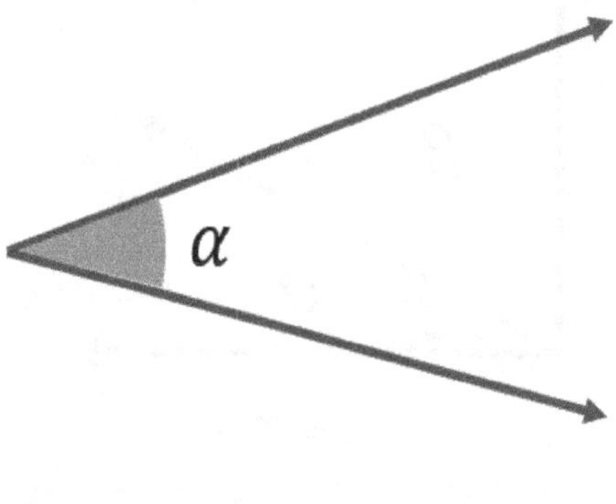

- **reto** – é o ângulo cuja medida é 90° ($\alpha = 90°$):

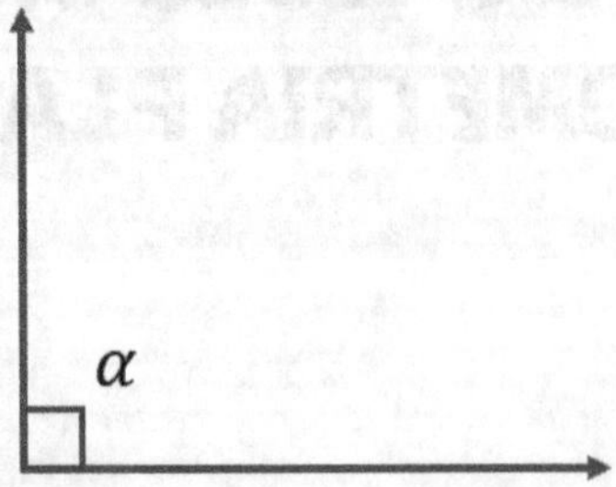

- **obtuso** – é o ângulo cuja medida está compreendida entre 90° e 180° ($90° < \alpha < 180°$):

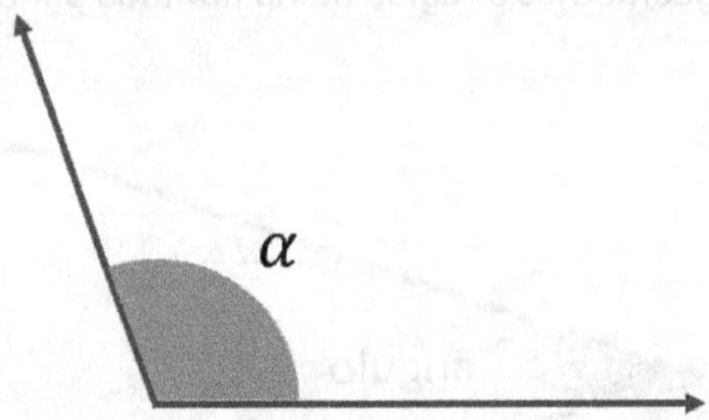

- **raso** – é o ângulo cuja medida é 180° ($\alpha = 180°$). É também chamado de ângulo de meia volta:

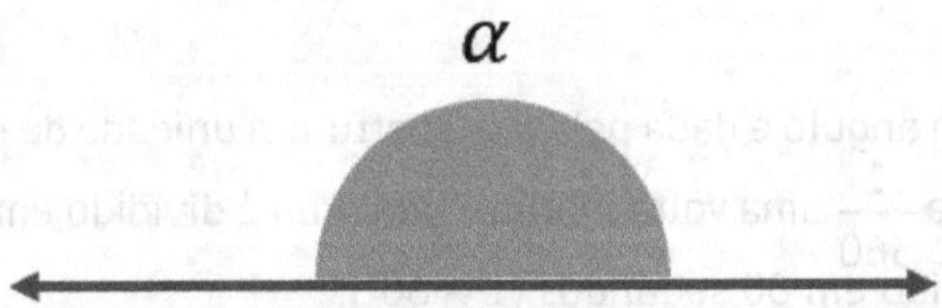

Ângulos complementares

Se a soma de dois ângulos resulta em 90° ($\alpha + \beta = 90°$), eles são chamados complementares, isto é, α é o complemento de β e vice-versa.

Indicamos dois ângulos complementares por α e $90° - \alpha$.

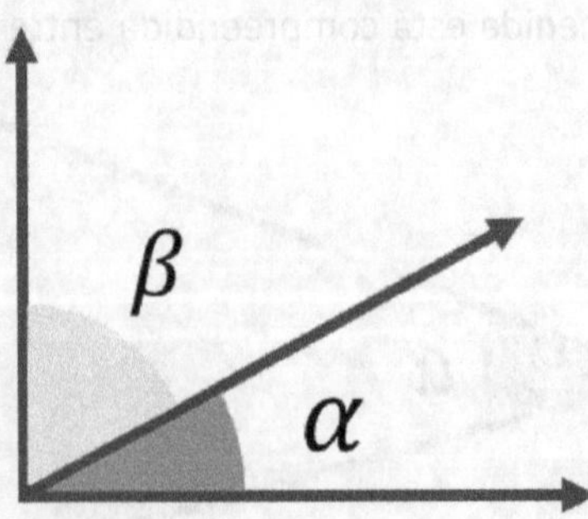

$\beta = 90° - \alpha$

Ângulos suplementares

Se $\alpha + \beta = 180°$, então eles são chamados suplementares, isto é, α é o suplemento de β e vice-versa.

Indicamos dois ângulos suplementares por α e $180° - \alpha$

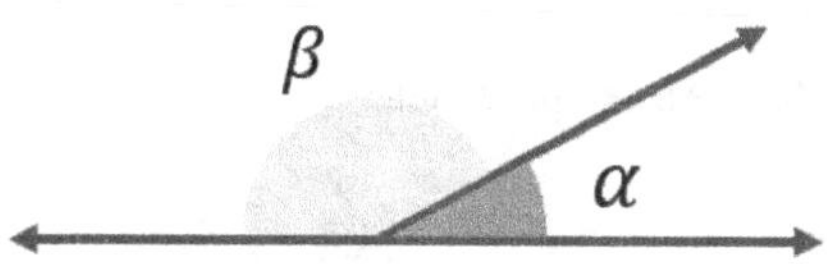

$\beta = 180° - \alpha$

Ângulos formados por duas paralelas e uma transversal

Considere duas retas paralelas r e s (r // s), cortadas por uma reta transversal *t*, formando a figura a seguir:

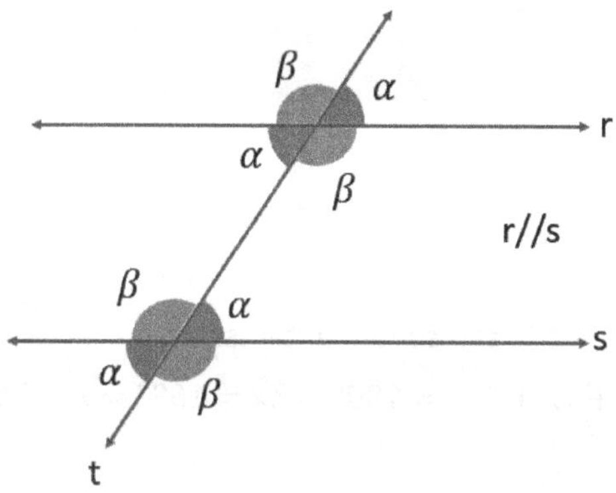

Nela, qualquer ângulo α e qualquer ângulo β são suplementares, ou seja, $\alpha + \beta = 180°$.

Exercícios resolvidos

1. Um ângulo cuja medida vale um terço do seu suplemento mede, em graus:

A) 30

B) 45

C) 60

D) 90

E) 135

Resolução

Temos:

$$a = \frac{1}{3} \cdot (180° - a) \Rightarrow 3a = 180° - a \Rightarrow 4a = 180° \Rightarrow a = 45°$$

Gabarito: b

2. Na figura a seguir, as retas r e s são paralelas:

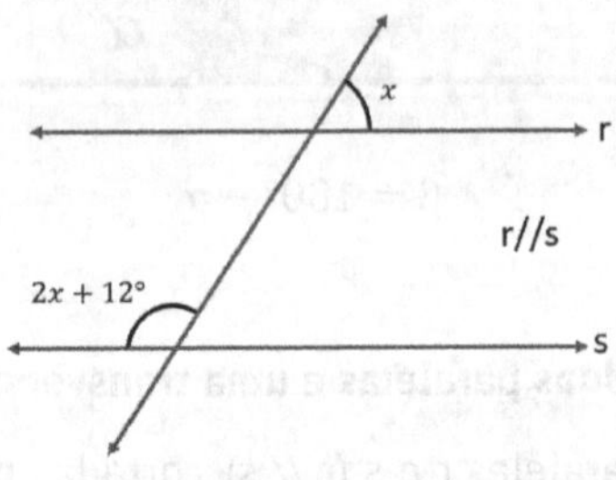

Então, a medida do ângulo assinalado com x é, em graus:

A) 48

B) 51

C) 56

D) 60

E) 61

Resolução

Os ângulos x e $2x + 12°$ são suplementares:

$$x + 2x + 12° = 180° \Rightarrow 3x = 168° \Rightarrow x = 56°)$$

Gabarito: c

3. O menor ângulo formado pelos ponteiros das horas e dos minutos de um relógio às 3h15min é:

A) 0°

B) 2°30'

C) 5°

D) 7°30'

E) 9°

Resolução

Às 3h, o ângulo formado é de 90°.

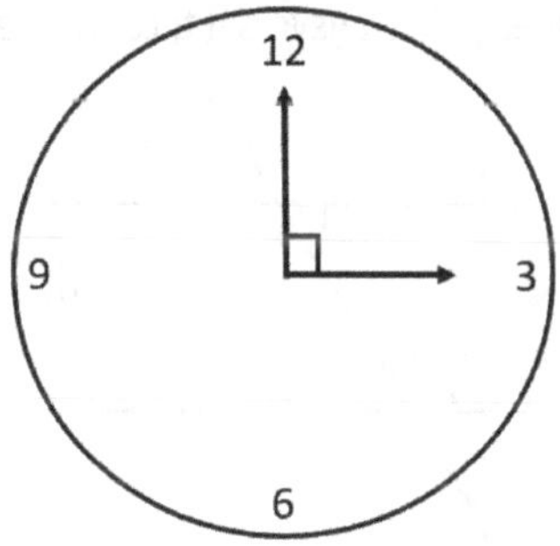

Às 3h15min, o ponteiro dos minutos terá se deslocado apontando para o 3 e o ponteiro das horas terá se deslocado o proporcional a 15 min.

A cada hora, o ponteiro das horas se desloca $\frac{360°}{12} = 30°$.

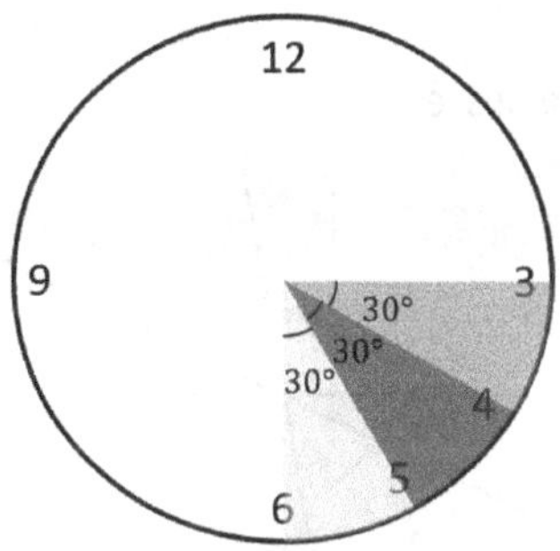

Como 15 min é igual a $\frac{1}{4}$ de hora, o ponteiro das horas percorrerá $\frac{1}{4}$ de $30° = 7{,}5° = 7°30'$.

Gabarito: d

Questões

1. As retas *r* e *s* são interceptadas pela transversal t, conforme a figura:

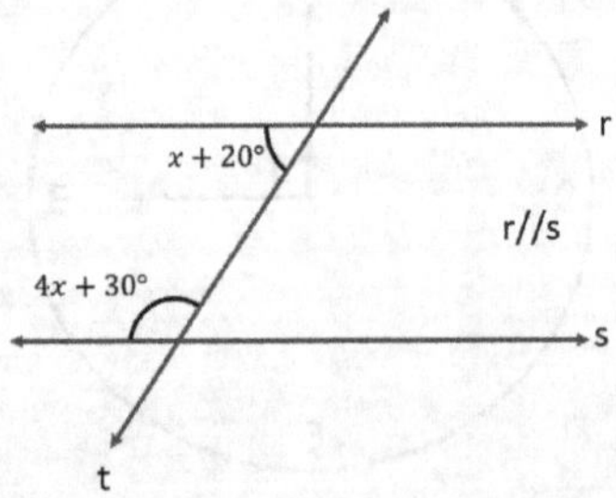

O valor de *x*, em graus, para que *r* e *s* sejam paralelas é:

A) 20
B) 26
C) 28
D) 30
E) 35

Gabarito: b

2. Na figura, o valor de α, em graus, é:

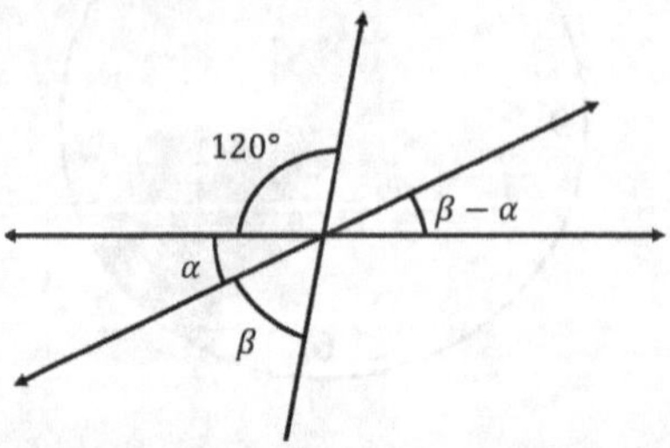

A) 15
B) 18
C) 20
D) 25
E) 30

Gabarito: c

3. O menor ângulo, em graus, formado pelos ponteiros (das horas e dos minutos) de um relógio às 4h40min é:

A) 90
B) 100
C) 110
D) 120
E) 130

Gabarito: d

8.2. Triângulos

Ângulos no triângulo

A soma dos ângulos internos de um triângulo é sempre igual a 180°.

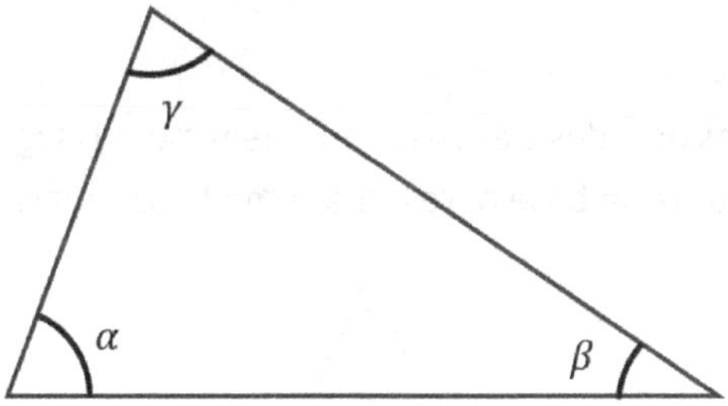

$$\alpha + \beta + \gamma = 180°$$

Ângulo externo

Ao prolongarmos um dos lados de um triângulo, temos a formação do chamado ângulo externo (e). A sua medida equivale à soma das medidas dos ângulos internos não adjacentes a ele.

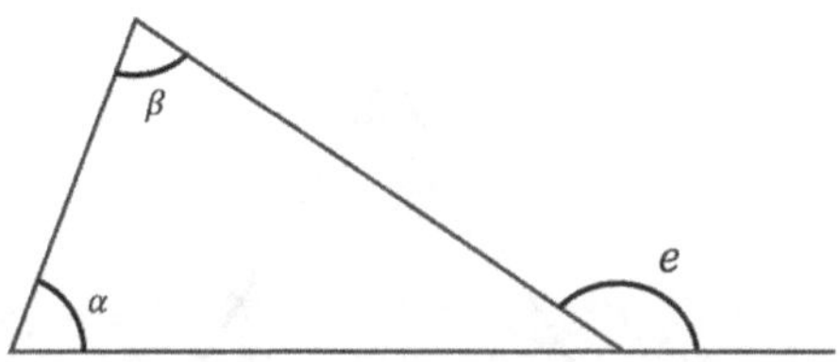

$$e = \alpha + \beta$$

Classificação de triângulos quanto aos lados

Triângulo escaleno

Quando os três lados apresentam medidas desiguais, trata-se do triângulo escaleno, ou seja, os três ângulos têm medidas desiguais:

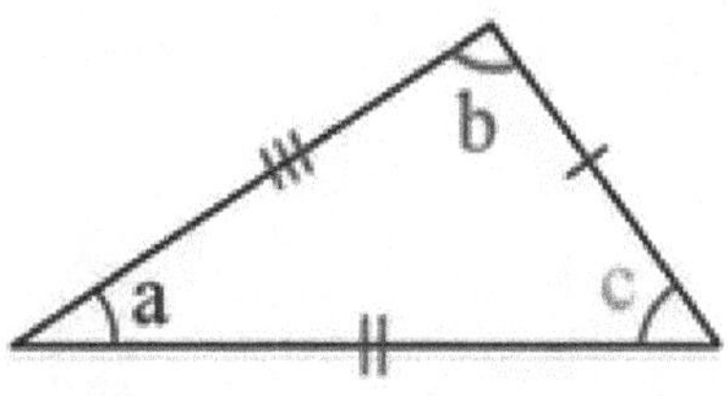

Nota:

em qualquer triângulo, o maior lado fica oposto ao maior ângulo e o menor lado fica oposto ao menor ângulo.

Triângulo isósceles

Quando pelo menos dois dos três lados possuem medidas iguais, trata-se do triângulo isósceles, ou seja, os ângulos da base apresentam medidas iguais:

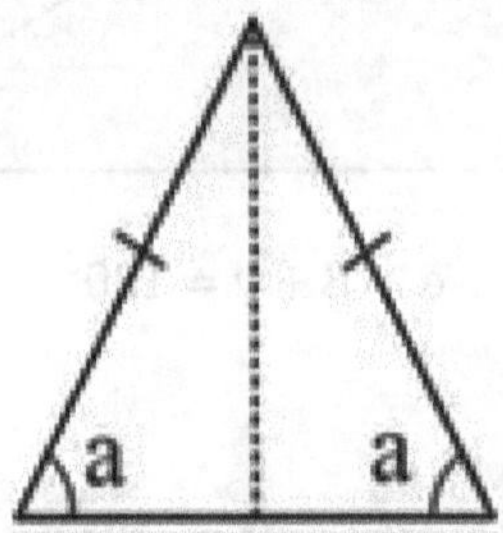

Triângulo equilátero

Quando os três lados apresentam medidas iguais, trata-se do triângulo equilátero, ou seja, os três ângulos possuem medidas iguais:

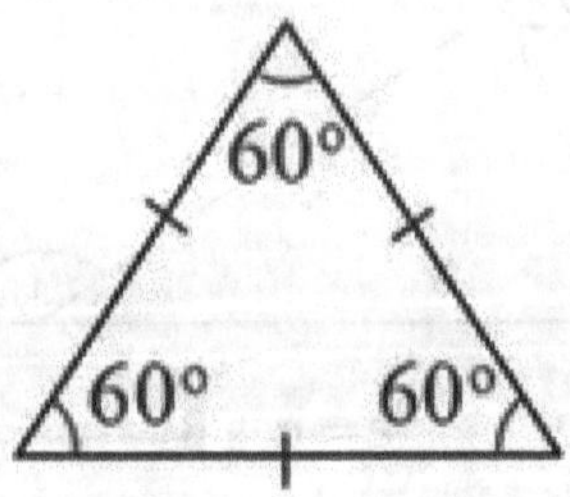

Exercícios resolvidos

4. Os ângulos internos de um triângulo medem $x + 5°$, $2x - 25°$ e $\frac{2x}{3} - 20°$. O menor ângulo desse triângulo mede, em graus:

A) 20

B) 40

C) 50

D) 60

E) 65

Resolução

$$x+5°+2x-25°+\frac{2x}{3}-20°=180° \Rightarrow \frac{3x+6x+2x}{3}-40°=180° \Rightarrow$$

$$\frac{11x}{3}=220° \Rightarrow x=60°$$

Então, os ângulos do triângulo medem:

$x+5°=60°+5°=65°$

$2x-25°=2\cdot 60°-25°=95°$ e

$\frac{2x}{3}-20°=\frac{2\cdot 60°}{3}-20°=20°$

Gabarito: a

5. Na figura, $AB = AC$ e $AD = CD = CB$:

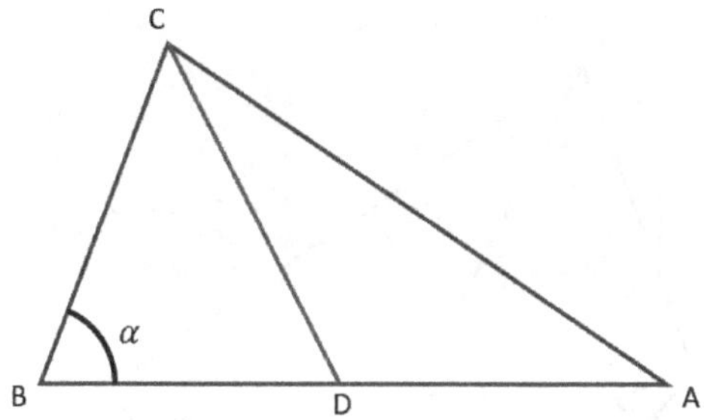

A medida, em graus, do ângulo $A\hat{B}C$, assinalado com α, é:

A) 57

B) 60

C) 65

D) 72

E) 80

Resolução

O triângulo ADC é isósceles e o ângulo $B\hat{D}C$ é externo a ele:

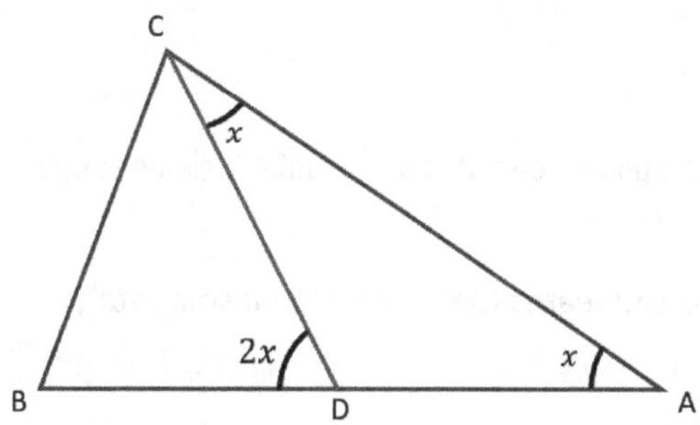

Como $CD = CB$, o triângulo BCD também é isósceles:

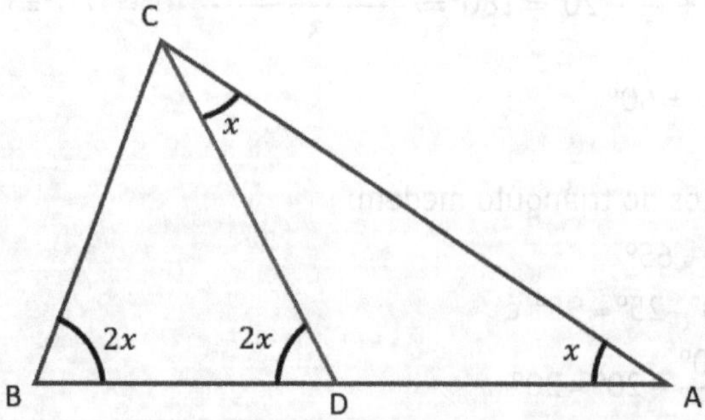

Como $AB = AC$, o triângulo ABC também é isósceles. Portanto, o ângulo $B\hat{C}A$ mede, igualmente, $2x$. Então, concluímos que o ângulo $B\hat{C}D$ mede x:

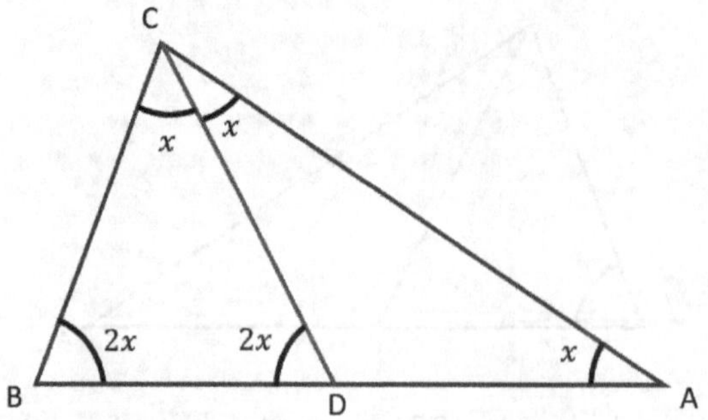

No triângulo BCD, temos:

$x + 2x + 2x = 180° \Rightarrow x = 36°$)

O ângulo α mede $2x$, portanto $\alpha = 72°$.

Gabarito: d

Questões

4. Na figura, B, C e D são pontos distintos da circunferência de centro O, e o ponto A é exterior a ela. Além disso:

I. A, B, C e A, O, D são colineares (pertencem a mesma reta);

II. $AB = OB$;

III. $C\hat{O}D = 72°$.

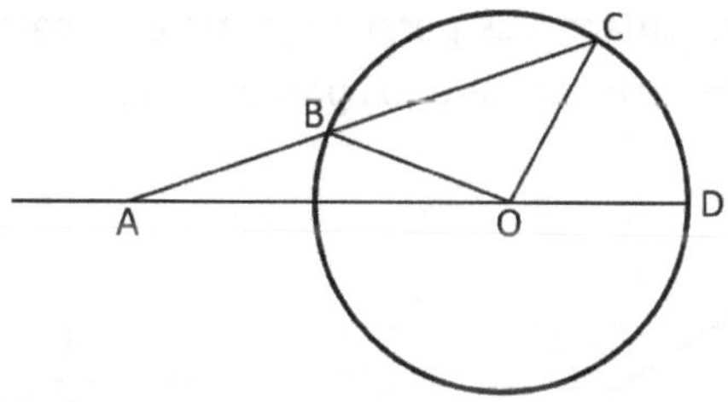

Nessas condições, a medida de $A\hat{B}O$, em graus, é:

A) 120
B) 128
C) 132
D) 135
E) 150

5. Na figura, $AB = AC$ e $AD = DB = BC$:

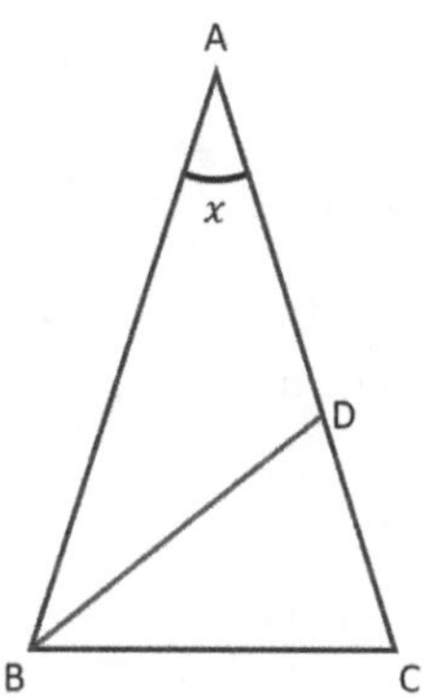

Gabarito: c

O ângulo $B\hat{A}C$, assinalado com x, mede, em graus:

A) 30
B) 32
C) 36
D) 40
E) 45

Gabarito: c

Semelhança de triângulos

Dois triângulos são semelhantes se possuem, entre eles, pares de ângulos de mesma medida e, consequentemente, lados homólogos proporcionais.

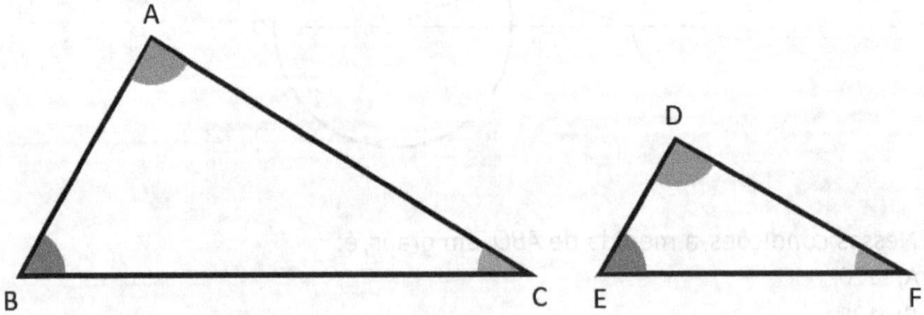

$$\Delta ABC \sim \Delta DEF \quad \Leftrightarrow \quad \begin{cases} \hat{A} = \hat{D} \\ \hat{B} = \hat{E} \\ \hat{C} = \hat{F} \end{cases} \quad \text{e} \quad \frac{AB}{DE} = \frac{BC}{EF} = \frac{AC}{DF}$$

Nota:

para concluirmos que dois triângulos são semelhantes, basta reconhecermos dois pares de ângulos congruentes entre eles, já que a soma dos ângulos internos de um triângulo é sempre 180°.

Exercícios resolvidos

6. Em certo dia ensolarado, em um local plano e horizontal, um prédio forma uma sombra de 18 m no chão. No mesmo instante, ao lado do prédio, um poste com 3 m de altura forma uma sombra de 1,2 m.

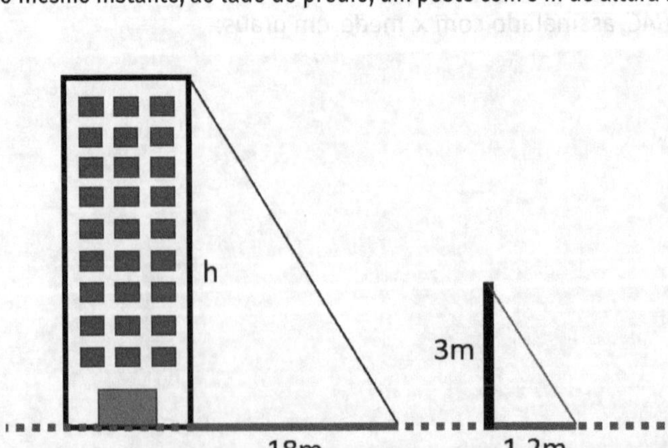

Então, a altura do prédio é, em metros:

A) 35

B) 40

C) 45

D) 50

E) 54

Resolução

Como os raios solares chegam paralelos à Terra, a proporção entre a altura do prédio e a sua sombra será a mesma que a altura do poste e a sombra deste.

Assim:

$$\frac{h}{3} = \frac{18}{1,2} \Rightarrow h = \frac{3 \cdot 18}{1,2} = 45\text{m}$$

Gabarito: C

7. Na figura a seguir, $AB = 5$ cm, $BC = 4$ cm e $AC = 6$ cm.

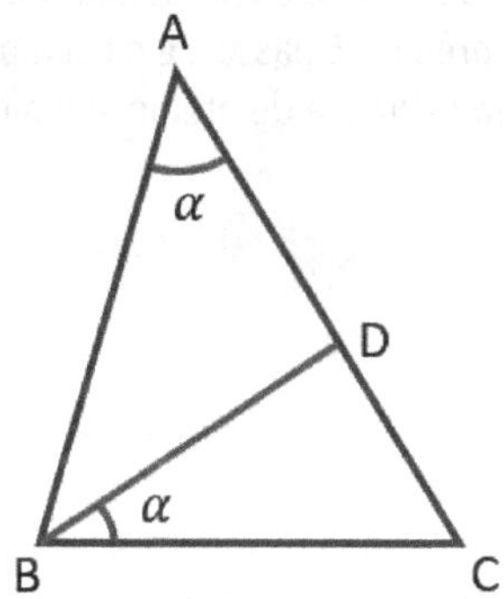

Visto que os ângulos $B\hat{A}C$ e $D\hat{B}C$ são congruentes (têm mesma medida), o segmento $\overline{CD}$ mede, em cm:

A) 2

B) $\frac{8}{3}$

C) $\frac{7}{3}$

D) $\frac{5}{2}$

E) 3

Resolução

Se chamarmos o ângulo $B\hat{C}D$ de α, podemos notar que os triângulos ABC e ADC são semelhantes:

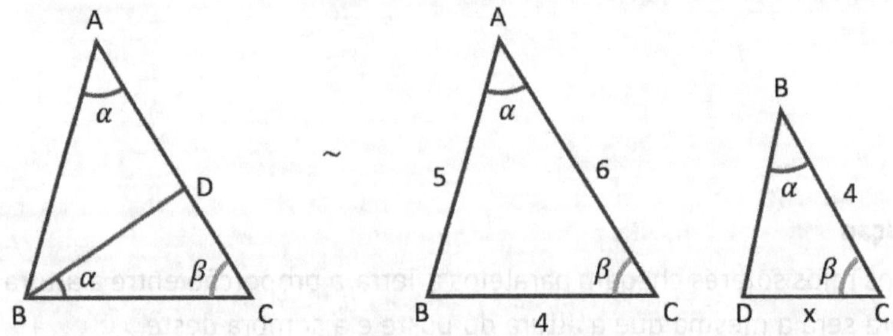

Então:

$$\frac{AC}{BC}=\frac{BC}{CD}\Rightarrow\frac{6}{4}=\frac{4}{x}\Rightarrow x=\frac{16}{6}=\frac{8}{3}\text{ cm}$$

Questões

6. Um engenheiro, cuja altura mede 1,80 m, quer estimar a altura de um prédio. Para isso, mede o comprimento da sombra do prédio, 25 passos, e da sua própria sombra, 60 cm. Sabendo que seu passo mede 80 cm, a altura estimada do prédio, em metros, é:

A) 50
B) 55
C) 60
D) 65
E) 70

7. Para calcular o comprimento da diagonal de um pentágono regular, pode-se fazer o seguinte procedimento: traça-se inicialmente duas de suas diagonais, obtendo a figura a seguir.

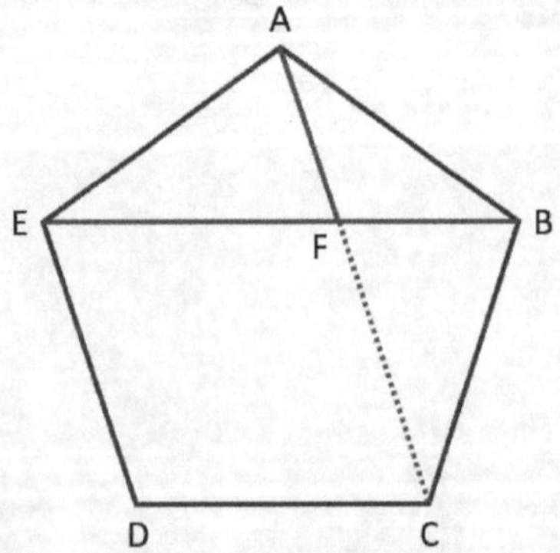

Nessa figura, é possível deduzir que os triângulos *ABE* e *FBA* são semelhantes e que *EA* = *EF*.

Gabarito: C

Então, com base nessas informações, podemos deduzir que a medida de uma das diagonais de um pentágono regular cujos lados medem 2 (cada um) é:

A) 3

B) $\sqrt{5}+1$

C) $\dfrac{\sqrt{5}+1}{2}$

D) $\sqrt{6}$

E) $\sqrt{7}$

Gabarito: b

Triângulo retângulo

Quando um triângulo possui um ângulo reto (90°), ele é chamado de triângulo retângulo. Neste, o lado oposto ao ângulo de 90° é chamado de hipotenusa e os demais lados são chamados de catetos:

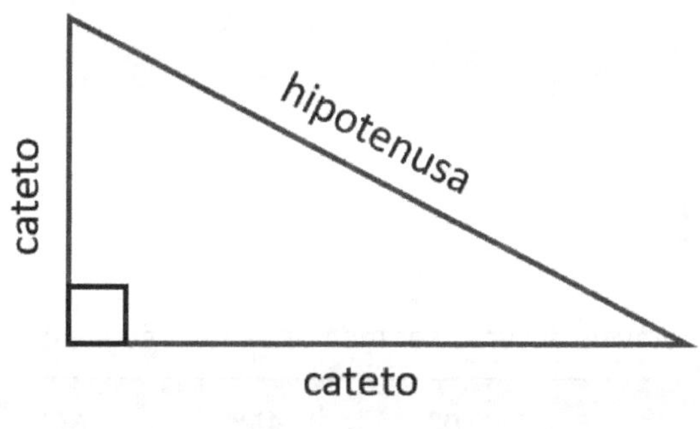

Teorema de Pitágoras

O teorema de Pitágoras é válido para qualquer triângulo retângulo.

"A soma dos quadrados das medidas dos catetos é igual ao quadrado da medida da hipotenusa."

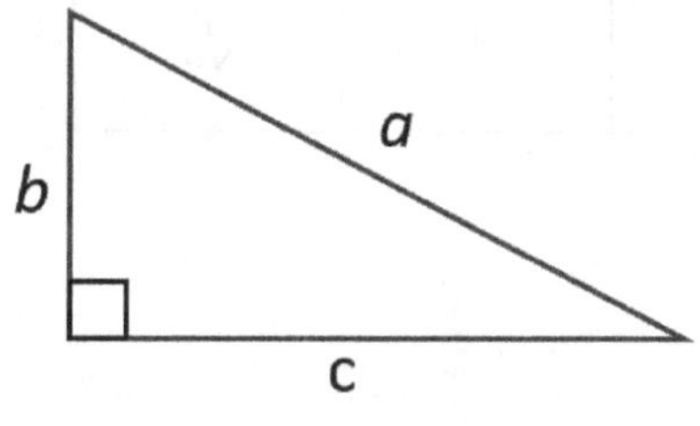

$$a^2 = b^2 + c^2$$

Relações métricas no triângulo retângulo

Além do teorema de Pitágoras, em um triângulo retângulo, são válidas as relações trigonométricas, em que podemos relacionar o valor dos lados com seus ângulos.

Escolhemos, inicialmente, um ângulo agudo no triângulo retângulo e chamamos de θ. Oposto a esse ângulo, temos o chamado cateto oposto (*CO*) e, adjacente ao mesmo ângulo, o cateto adjacente (*CA*). Note que, para ser cateto oposto ou cateto adjacente, depende do ângulo agudo escolhido. O cateto oposto de um ângulo agudo será o adjacente do outro:

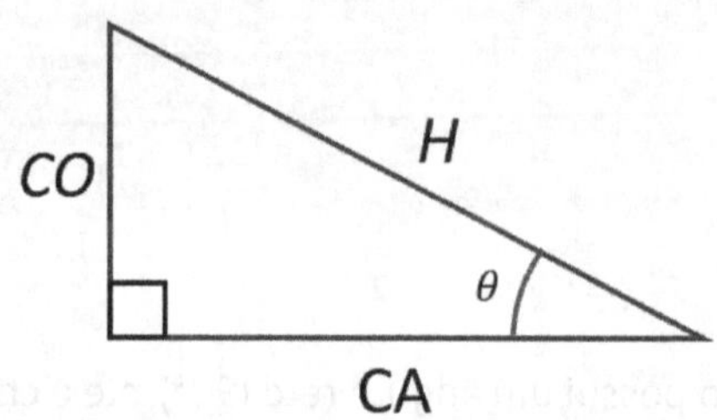

Feito isso, são válidas as relações trigonométricas apresentadas a seguir:

- **Seno:** $\text{sen}\,\theta = \dfrac{CO}{H}$
- **Cosseno:** $\cos\theta = \dfrac{CA}{H}$
- **Tangente:** $\text{tg}\,\theta = \dfrac{CO}{CA}$

Alguns valores notáveis deverão ser memorizados. São eles:

	30°	45°	60°
seno	$\frac{1}{2}$	$\frac{\sqrt{2}}{2}$	$\frac{\sqrt{3}}{2}$
cosseno	$\frac{\sqrt{3}}{2}$	$\frac{\sqrt{2}}{2}$	$\frac{1}{2}$
tangente	$\frac{\sqrt{3}}{3}$	1	$\sqrt{3}$

Exercícios resolvidos

8. Na figura a seguir, há $AC = 3$, $AB = 4$ e $CB = 6$.

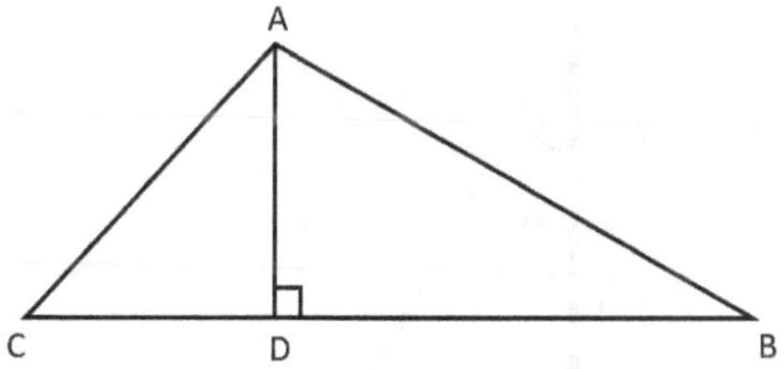

A medida de CD é:

A) 17/12

B) 19/12

C) 23/12

D) 25/12

E) 29/12

Resolução

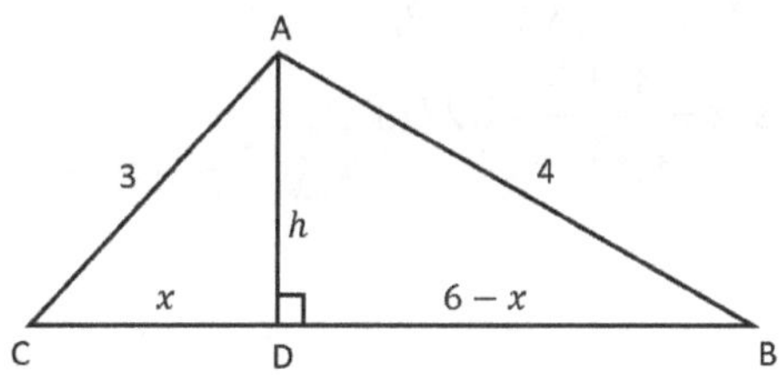

Segundo a figura, temos o sistema:

$$\begin{cases} x^2 + h^2 = 3^2 \\ h^2 + (6-x)^2 = 4^2 \end{cases} \sim \begin{cases} x^2 + h^2 = 9 \\ h^2 + 36 - 12x + x^2 = 16 \end{cases} \sim \begin{cases} h^2 = 9 - x^2 \\ h^2 + 36 - 12x + x^2 = 16 \end{cases}$$

Substituindo h^2 da primeira equação na segunda, temos:

$$9 - x^2 + 36 - 12x + x^2 = 16 \Rightarrow -12x = -29 \Rightarrow x = \frac{29}{12}$$

Gabarito: e

9. Uma escada está apoiada em uma parede, formando um ângulo de 30° com ela a uma altura de 2 metros do solo. O comprimento da escada é, em metros (use, se precisar, $\sqrt{3} = 1{,}7$):

A) 2,27

B) 2,43

C) 2,52

D) 2,58

E) 2,67

Resolução

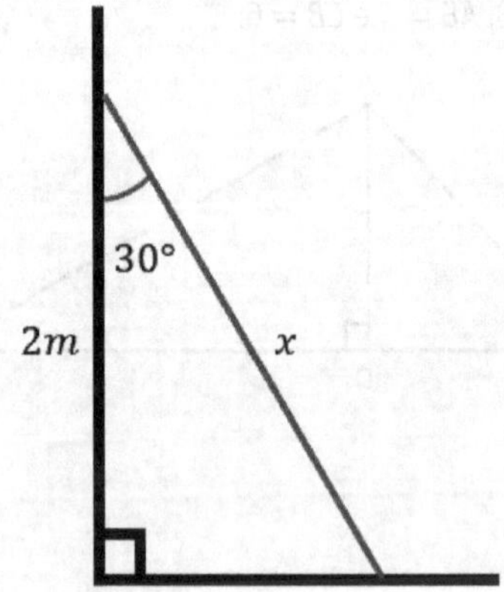

Temos:

$$\cos 30° = \frac{2}{x} \Rightarrow \frac{\sqrt{3}}{2} = \frac{2}{x} \Rightarrow x \Rightarrow \frac{4}{\sqrt{3}} = \frac{4\sqrt{3}}{3}\,m$$

Para $\sqrt{3} = 1{,}7$, temos $x = \frac{4 \cdot 1{,}7}{3} \cong 2{,}27\,m$

Gabarito: a

Questões

8. Um ciclista sobe, em linha reta, uma rampa com inclinação de 3 graus a uma velocidade constante de 4 m/s. A altura do topo da rampa em relação ao ponto de partida é 30 m.

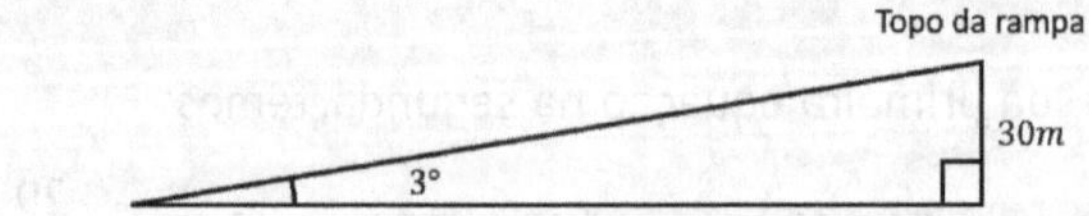

Use a aproximação sen 3° = 0,05

O tempo em minutos que o ciclista levou para percorrer completamente a rampa é:

A) 2,5
B) 7,5
C) 10
D) 15
E) 30

Gabarito: a

9. Para se calcular a altura de uma torre, utilizou-se o seguinte procedimento ilustrado na figura: um aparelho (de altura desprezível) foi colocado no solo, a certa distância da torre, e emitiu um raio em direção ao ponto mais alto da torre. O ângulo determinado entre o raio e o solo foi de $\alpha = 60°$. A seguir, o aparelho foi deslocado 4 m em direção à torre e o ângulo então obtido foi β, tal que $\text{tg}\,\beta = 3\sqrt{3}$.

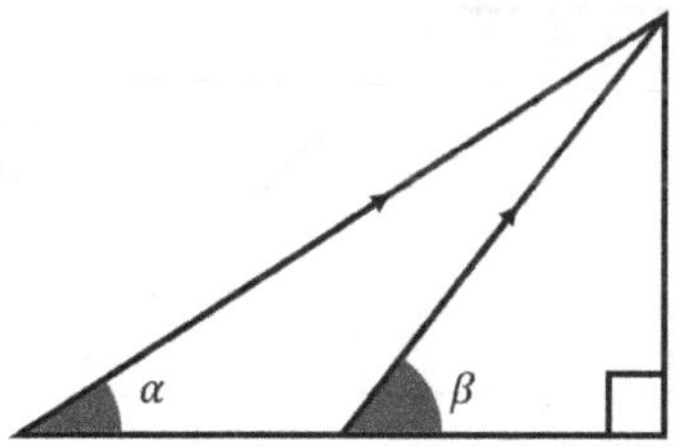

A altura da torre, em metros, é:

A) $4\sqrt{3}$

B) $5\sqrt{3}$

C) $6\sqrt{3}$

D) $7\sqrt{3}$

E) $8\sqrt{3}$

Gabarito: c

10. Em um triângulo retângulo, os catetos têm medidas inteiras e consecutivas. Se a hipotenusa mede 29, o perímetro do triângulo mede:

A) 74

B) 72

C) 73

D) 75

E) 70

Gabarito: e

11. No triângulo retângulo *ABC*, retângulo em *A*, $AB = 8$ e $AC = 9$. Tomamos os pontos *D* e *E*, respectivamente, sobre os catetos *AB* e *AC*, de tal forma que $BD = DE = EC$. O perímetro do triângulo *ADE* é:

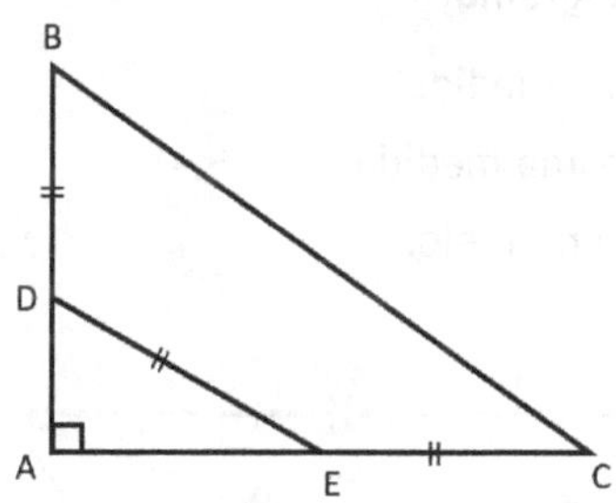

A) 11

B) $\frac{23}{2}$

C) 12

D) $\frac{25}{3}$

E) 13

Gabarito: c

8.3. Quadriláteros notáveis

Trapézio

Possui dois lados paralelos, chamados de bases do trapézio:

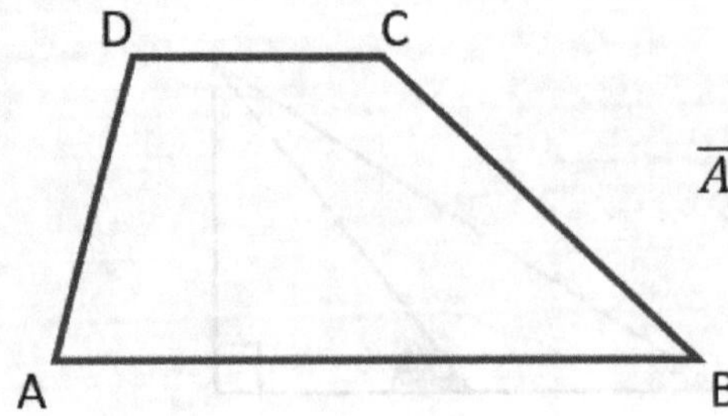

$\overline{AB} // \overline{DC}$

Paralelogramo

Possui os lados opostos paralelos:

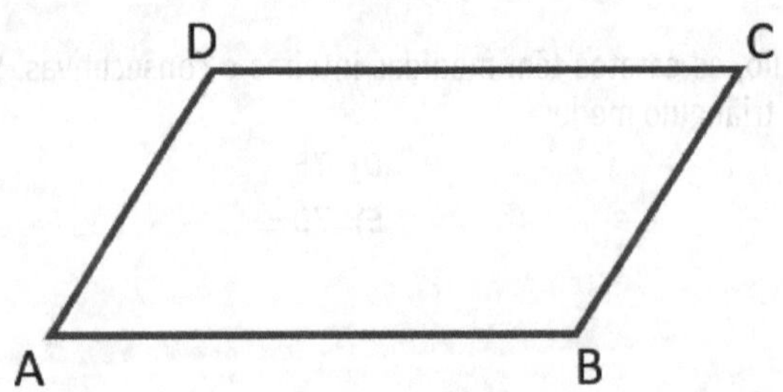

$\overline{AB} // \overline{DC}$

$\overline{AD} // \overline{BC}$

Propriedades do paralelogramo

- Os lados opostos têm mesma medida.
- Os ângulos opostos têm mesma medida.
- As diagonais se interceptam no meio.

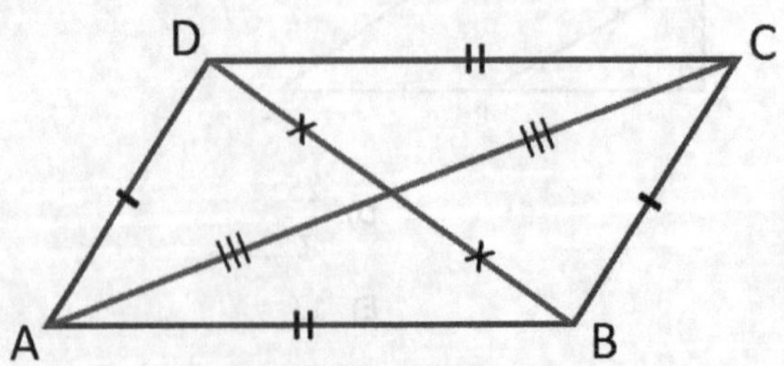

$\overline{AB} // \overline{DC}$

$\overline{AD} // \overline{BC}$

Losango

Possui todos os lados de mesma medida (equilátero):

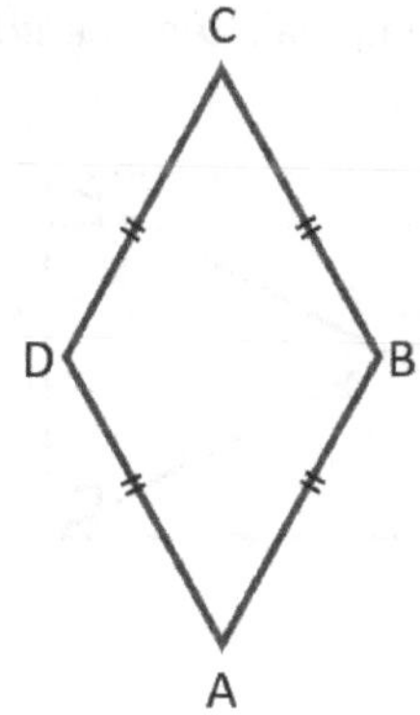

Note que o losango é um paralelogramo. Então, todas as propriedades do paralelogramo continuam válidas no losango.

Além disso, no losango, as diagonais são:

- bissetrizes dos ângulos internos (dividem o ângulo ao meio);
- perpendiculares entre si.

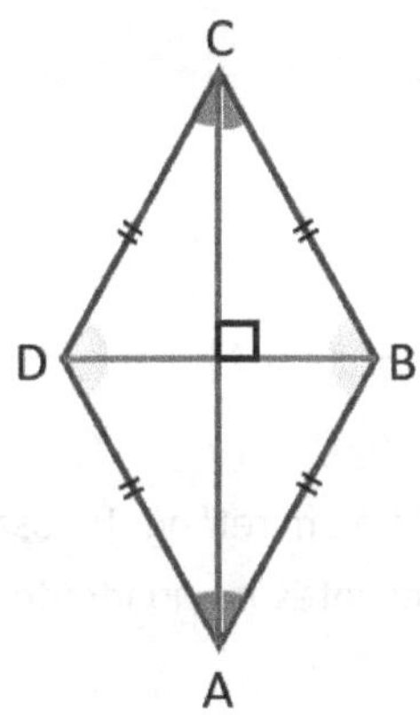

Retângulo

Possui todos os quatro ângulos retos:

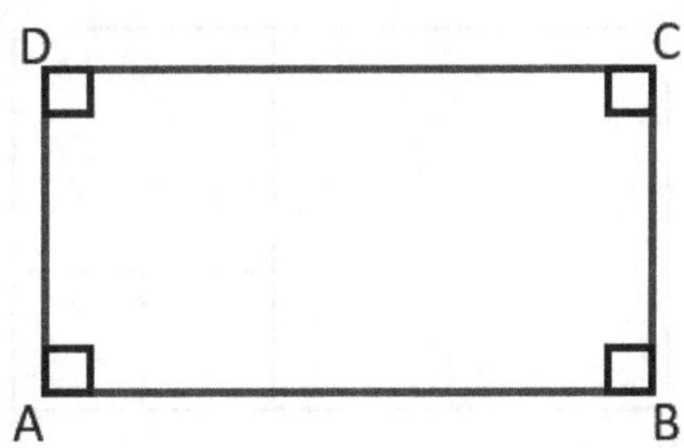

Note que o retângulo também é um paralelogramo (pois possui lados opostos paralelos). Logo, todas as propriedades do paralelogramo continuam valendo no retângulo.

Além disso, no retângulo, as diagonais têm medidas iguais:

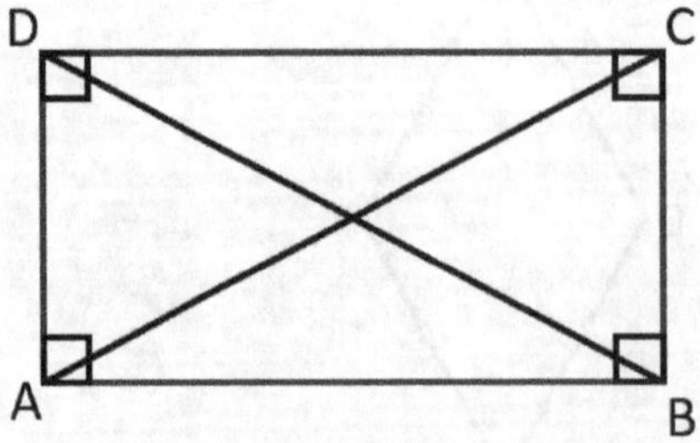

$$AC = BD$$

Quadrado

Possui quatro ângulos retos e os quatro lados de mesma medida.

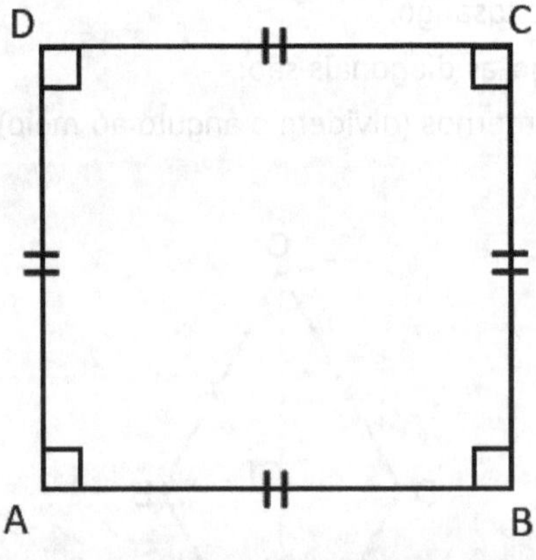

Podemos dizer que o quadrado é um retângulo losango. Então, todas as propriedades do losango e do retângulo estão presentes no quadrado.

Exercícios resolvidos

10. Na figura, o retângulo ABCD está dividido em 4 quadrados.

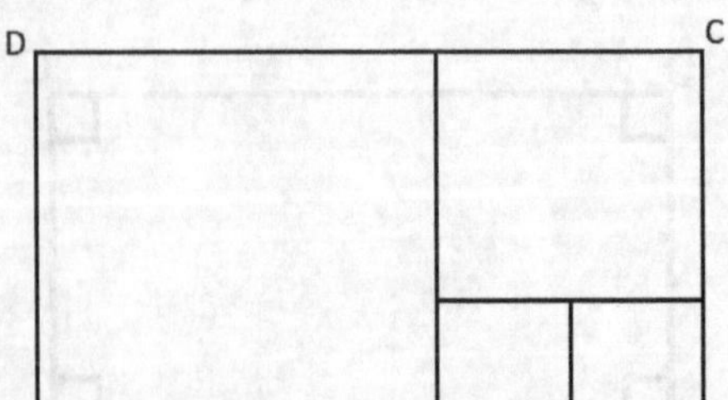

Então, a razão $\frac{AB}{BC}$ é igual a:

A) 2

B) 2,5

C) $\frac{5}{3}$

D) 1,6

E) $\frac{8}{5}$

Resolução

Vamos chamar o lado do quadrado menor de x:

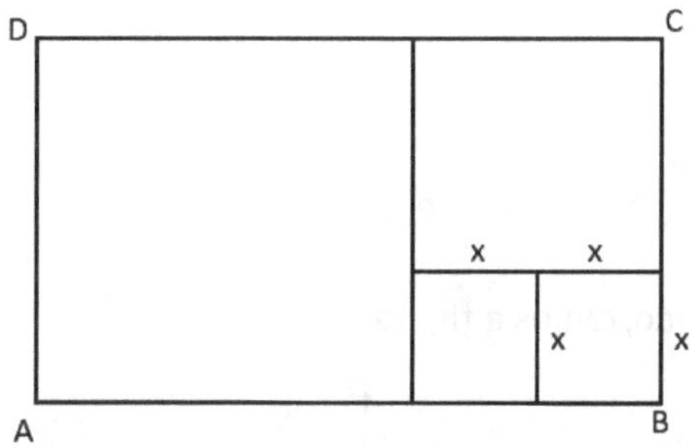

Com isso, o quadrado do canto superior direito terá lado igual a 2x:

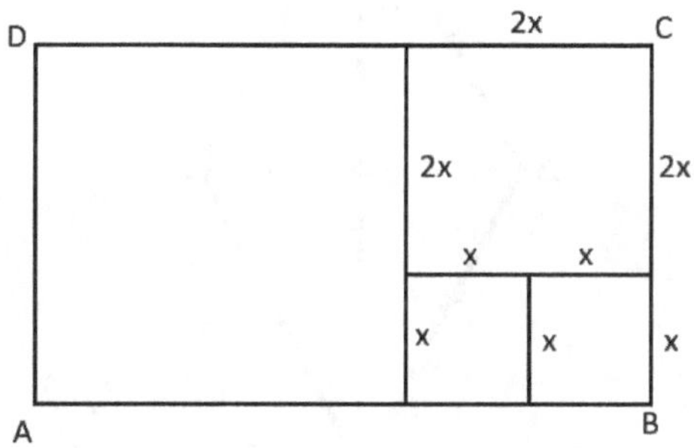

Note agora que o maior quadrado da figura fica com lado medindo 3x:

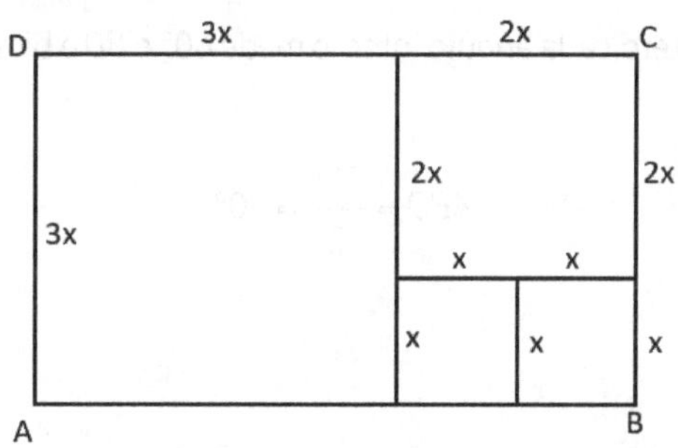

Logo:

$$\frac{AB}{BC} = \frac{5x}{3x} = \frac{5}{3}$$

Gabarito: c

11. Considere um triângulo equilátero ABC e um losango $ABCD$. Então, o ângulo $A\hat{B}D$ mede, em graus:

A) 15

B) 20

C) 25

D) 30

E) 45

Resolução

Segundo o enunciado, temos a figura:

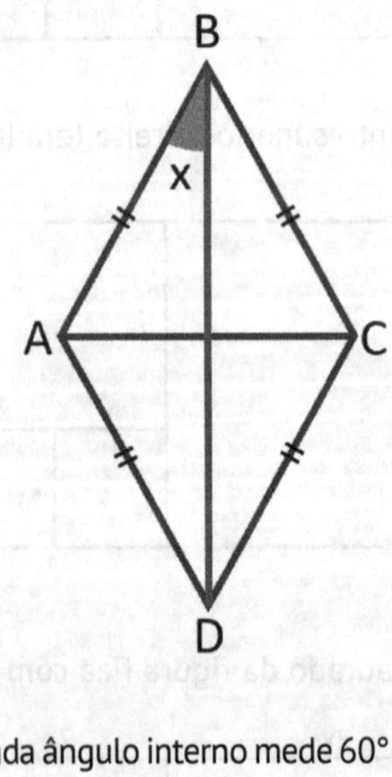

No triângulo equilátero, cada ângulo interno mede 60° e BD é bissetriz de um desses ângulo.

Então:

$$A\hat{B}D = \frac{60°}{2} = 30°$$

Gabarito: d

Questões

12. Na figura a seguir, *ABC* é um triângulo retângulo com $AB = 3$ e $AC = 4$ e *ADEF* é um quadrado. O lado do quadrado mede:

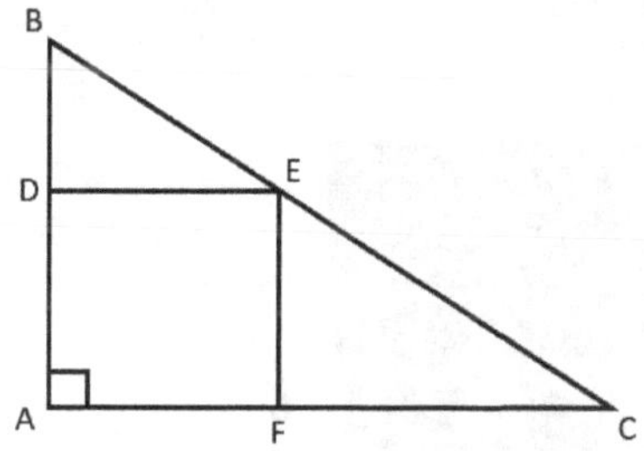

A) 2
B) 12/7
C) 2,4
D) 13/7
E) 2,5

Gabarito: b

13. Na figura a seguir, o retângulo *ABCD* está dividido em 5 quadrados:

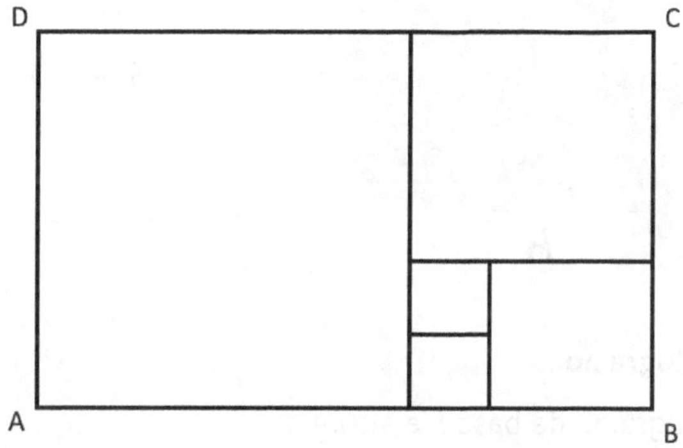

Então, a razão $\frac{BC}{CD}$ é igual a:

A) 0,75
B) 5/8
C) 5/9
D) 7/12
E) 2/3

Gabarito: b

8.4. Cálculo de áreas

Área do quadrado

Em um quadrado de lado ℓ:

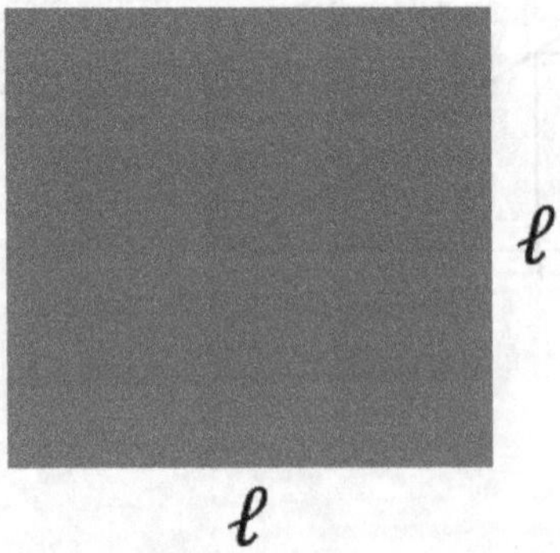

$$A = \ell^2$$

Área do retângulo

Em um retângulo de base *b* e altura *h*:

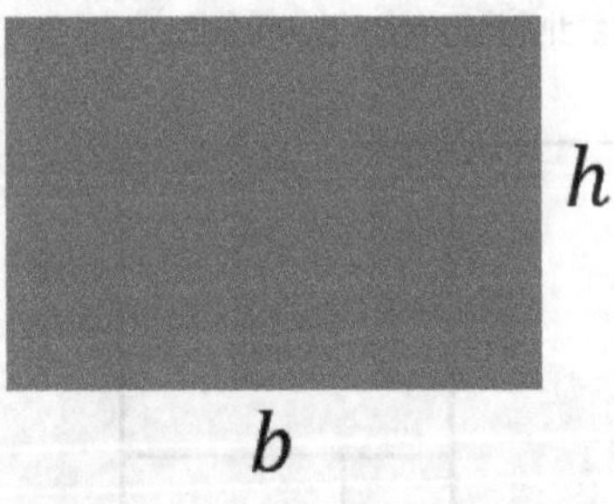

$$A = b \cdot h$$

Área do paralelogramo

Em um paralelogramo de base *b* e altura *h*:

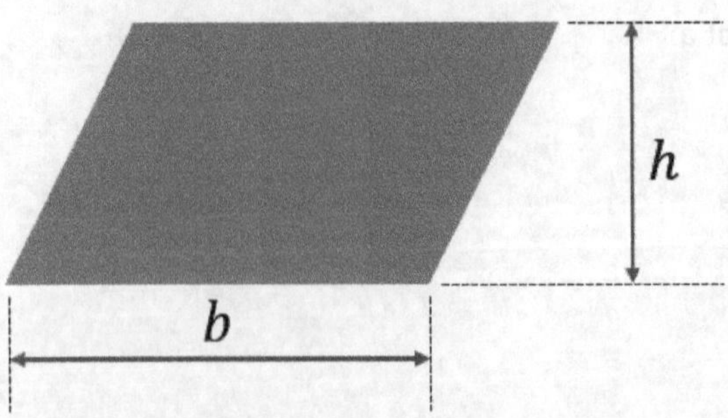

$$A = b \cdot h$$

Área do losango

Em losango de diagonais medindo *D* e *d*:

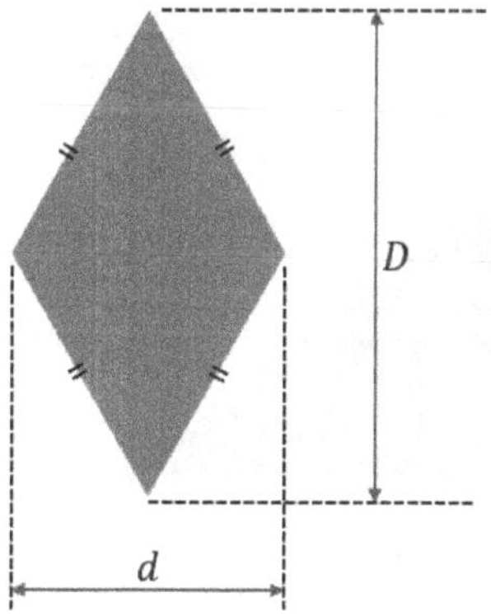

$$A = \frac{D \cdot d}{2}$$

Nota:

como o losango é um paralelogramo, a sua área pode ser calculada multiplicando-se a base pela altura:

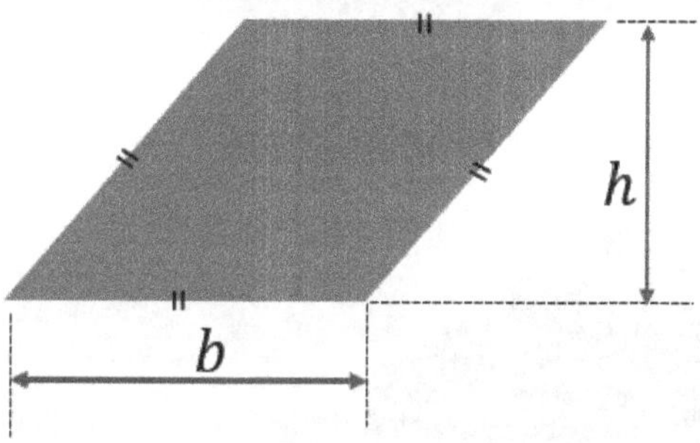

$$A = b \cdot h$$

Área do trapézio

Considere um trapézio de bases medindo *B* e *b* e altura *h*:

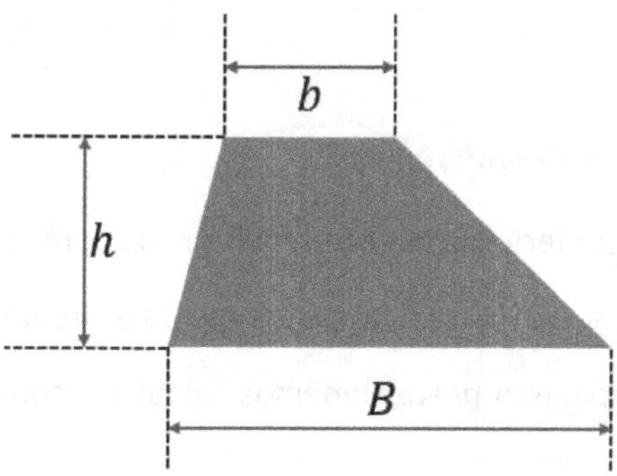

$$A = \frac{(B + b) \cdot h}{2}$$

Área do triângulo

Em um triângulo de base b e altura h:

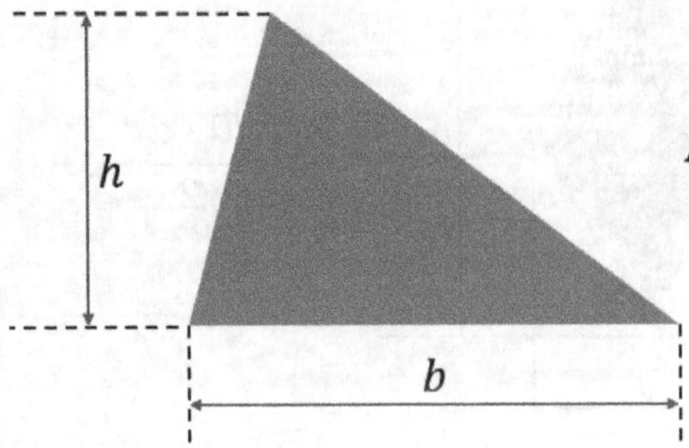

$$A = \frac{b \cdot h}{2}$$

Nota:

a altura de um triângulo é definida como a distância de um vértice à reta que contém o lado oposto. Por isso, às vezes, a altura fica externa ao triângulo:

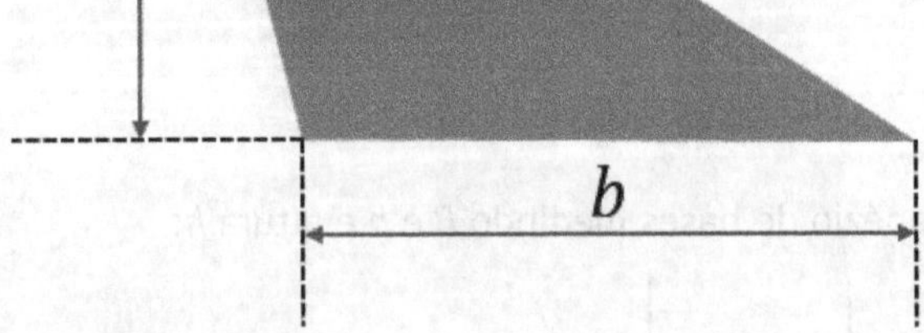

Área do círculo e comprimento da circunferência

Dado um ponto P no plano, a circunferência é uma linha formada por todos os pontos do plano que equidistam (que estão à mesma distância) do ponto P. Já o círculo é compreendido pela região interna à circunferência. Isso posto, podemos calcular o comprimento da circunferência e a área do círculo.

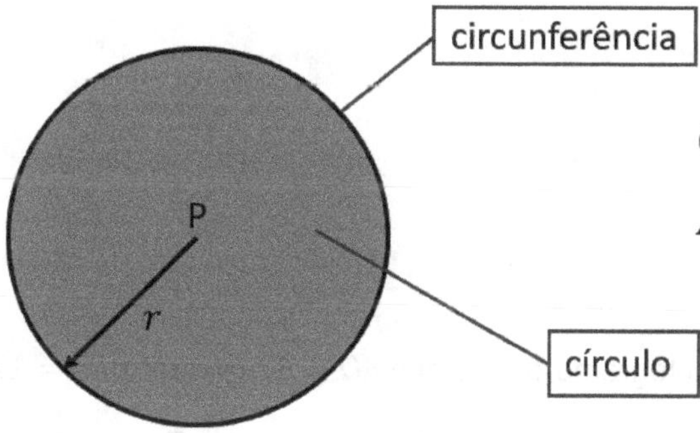

$$C = 2\pi \cdot r$$
$$A = \pi \cdot r^2$$

Exercícios resolvidos

12. Um quadrado de lado α tem mesma área que um círculo de raio $r = 5$. Então, α mede:

A) $\dfrac{\sqrt{5\pi}}{2}$

B) $\sqrt{5\pi}$

C) $5\sqrt{\pi}$

D) $\pi\sqrt{5}$

E) $\dfrac{5\sqrt{\pi}}{2}$

Resolução

$$a^2 = \pi \cdot r^2 \Rightarrow a^2\pi \cdot (5)^2 \Rightarrow a^2 = 25\pi \Rightarrow a = \sqrt{25\pi} = 5\sqrt{\pi}$$

Gabarito: C

14. No paralelogramo ABCD, há $\overline{BE} \perp \overline{AD}$, $BE = 5$, $BC = 12$ e $AE = 4$:

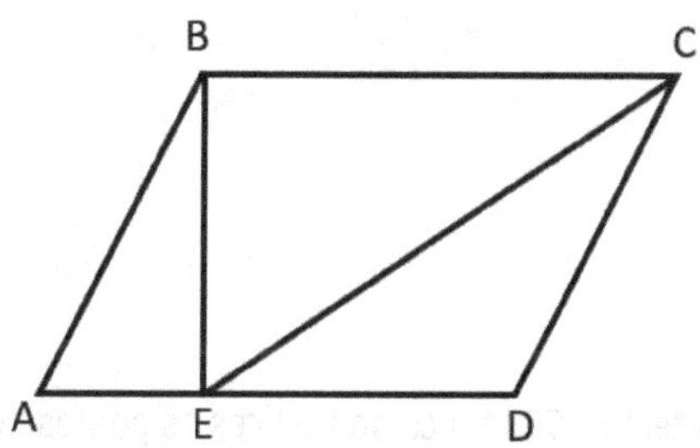

A área do triângulo *EDC* é:

A) 24

B) 10

C) 30

D) 20

E) 48

Resolução

Como *ABCD* é um paralelogramo, temos que $AD = BC$. Portanto, $ED = 12 - 4 = 8$:

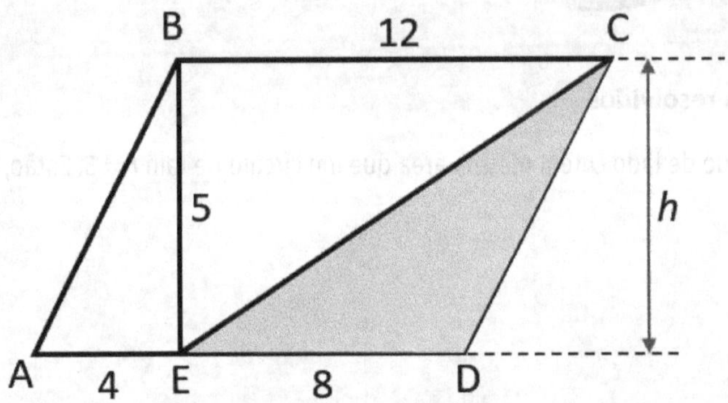

A altura do triângulo *CDE*, relativa à base *ED*, é 5. Logo, a área do triângulo é $A = \frac{b \cdot h}{2} = \frac{8 \cdot 5}{2} = 20$.

Gabarito: d

Questões

14. Em um paralelogramo *ABCD*, $AB = 7$ e $BC = 5$. A distância do lado AB ao seu lado oposto é igual a 4. Qual a distância do lado *BC* ao seu lado oposto?

A) 5,4

B) 5,6

C) 5,8

D) 6,0

E) 6,2

Gabarito: b

15. Nesta figura, o quadrilátero *ABCD* tem como vértices os pontos médios dos lados do retângulo *EFGH*, que, por sua vez, está inscrito em uma circunferência. O segmento *AC* e o raio dessa circunferência medem, respectivamente, 12 cm e 7 cm.

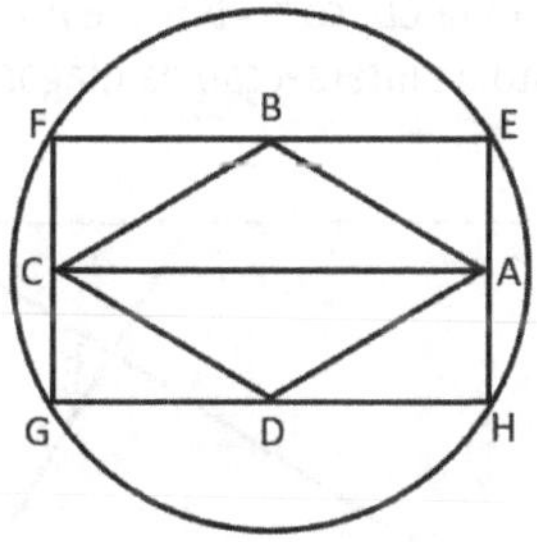

A área do quadrilátero *ABCD* é, em cm^2, igual a:

A) $6\sqrt{13}$

B) $8\sqrt{13}$

C) $10\sqrt{13}$

D) $12\sqrt{13}$

E) $13\sqrt{13}$

Gabarito: d

16. A figura representa um triângulo retângulo de vértices *A*, *B* e *C*, em que o segmento de reta *DE* é paralelo ao lado *AB* do triângulo. Se $AB = 15$ cm, $AC = 20$ cm e $AD = 8$ cm, a área do trapézio *ABED* (em cm^2) é:

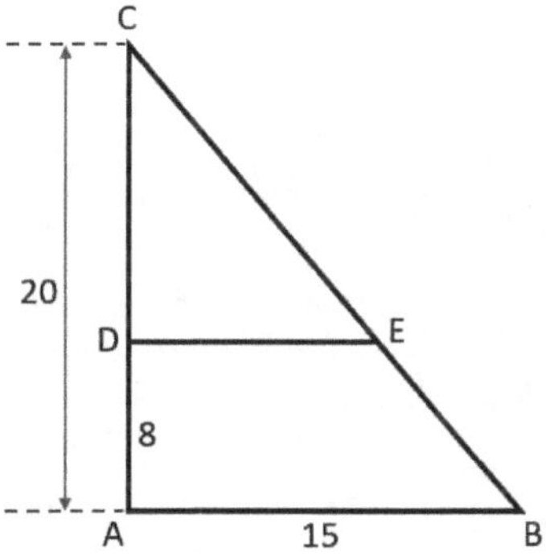

A) 84

B) 96

C) 120

D) 150

E) 192

Gabarito: b

17. A figura representa um retângulo *ABCD*, com $AB = 5$ e $AD = 3$. O ponto E está no segmento $\overline{CD}$ de maneira que $CE = 1$. F é ponto de intersecção da diagonal $\overline{AC}$ com o segmento $\overline{BE}$.

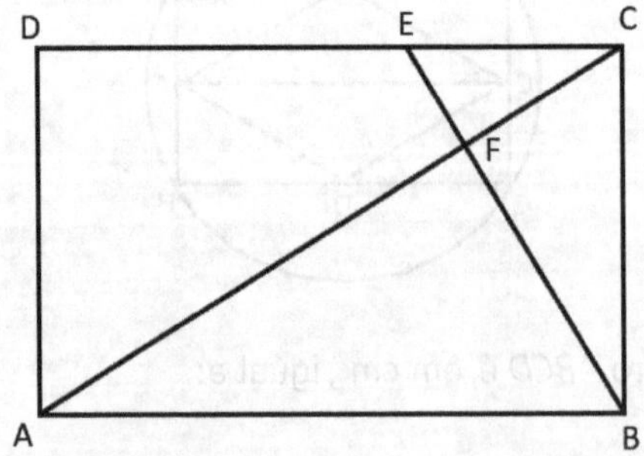

Então, a área do triângulo *BCF* vale:

A) 6/5

B) 5/4

C) 4/3

D) 7/5

E) 3/2

Gabarito: b

Nota:

CAPÍTULO 9. MATRIZES

9.1. Matriz

Matriz é uma tabela de números dispostos em linhas e colunas.

Ela pode ser representada entre colchetes ou entre parênteses.

Exemplos:

- Matriz 2×3 (lê-se dois por três), representada entre colchetes:

$$\underbrace{\begin{bmatrix} -2 & 1 & 4 \\ 3 & 6 & 5 \end{bmatrix}}_{\text{3 colunas}} \Big\}\ \text{2 linhas}$$

- Matriz 2×2 representada entre parênteses:

$$\begin{pmatrix} -1 & 2 \\ 0 & 1 \end{pmatrix}$$

Cada número dentro da matriz é chamado de elemento, e a sua posição será indicada por índices que representarão, respectivamente, a linha e a coluna.

$$a_{ij}$$

i → Indica a linha

j → Indica a coluna

Exemplos:

1. Na matriz $\begin{bmatrix} -1 & 0 & 2 \\ 1 & 4 & -5 \end{bmatrix}$, temos:

$a_{11} = -1, a_{12} = 0, a_{13} = 2, a_{21} = 1, a_{22} = 4$ e $a_{23} = -5$.

Lembre-se de que a leitura correta dessa escrita, por exemplo, $a_{23} = -5$, não é "a 23", mas, sim, "a 2,3" ou "a segunda linha e a terceira coluna".

2. Escreva uma matriz $M_{3\times2}$, em que $a_{ij} = 2i - j$.

Resolução

Sabemos que a matriz tem 3 linhas e 2 colunas. Assim, segundo a fórmula:

$a_{11} = 2(1) - 1 = 1$

$a_{12} = 2(1) - 2 = 0$

$a_{21} = 2(2) - 1 = 3$

$a_{22} = 2(2) - 2 = 2$

$a_{31} = 2(3) - 1 = 5$

$a_{32} = 2(3) - 2 = 4$

Logo, $M_{3\times2} = \begin{bmatrix} 1 & 0 \\ 3 & 2 \\ 5 & 4 \end{bmatrix}$

9.2. Tipos de matrizes

Matriz linha: possui apenas uma linha. Por exemplo:

$$\begin{pmatrix} 3 & -1 & 4 & 5 \end{pmatrix}$$

Matriz coluna: possui apenas uma coluna. Por exemplo:

$$\begin{bmatrix} -3 \\ 1 \\ 5 \end{bmatrix}$$

Matriz nula: todos os seus elementos são nulos (iguais a zero). Por exemplo:

$$\begin{bmatrix} 0 & 0 & 0 \\ 0 & 0 & 0 \\ 0 & 0 & 0 \end{bmatrix}$$

Matriz quadrada de ordem n: possui n linhas e n colunas. Por exemplo:

$$A_{2\times2} = \begin{pmatrix} -1 & 3 \\ 2 & 7 \end{pmatrix} \qquad M_{3\times3} = M_3 = \begin{bmatrix} 1 & -6 & 4 \\ 2 & 8 & -1 \\ 7 & 5 & 4 \end{bmatrix}$$

A matriz quadrada possui duas diagonais, quais sejam:

- **diagonal principal** – formada pelos elementos a_{ij}, tais que $i = j$;
- **diagonal secundária** – formada pelos elementos a_{ij}, tais que $i + j = n + 1$.

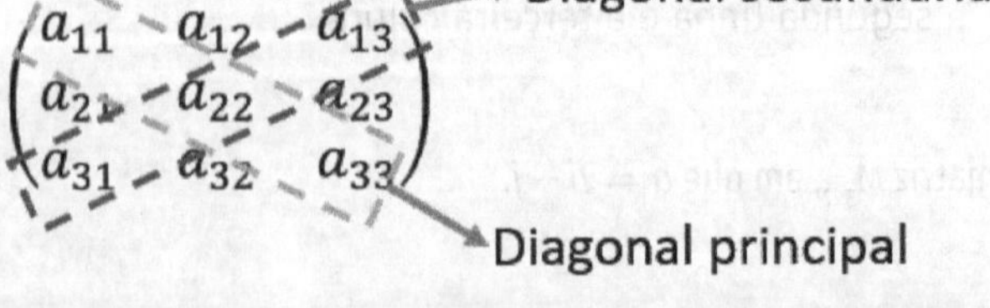

Matriz diagonal: é uma matriz quadrada na qual os elementos não pertencentes à diagonal principal são nulos. Por exemplo:

$$\begin{bmatrix} -2 & 0 & 0 \\ 0 & 3 & 0 \\ 0 & 0 & 7 \end{bmatrix}$$

Matriz identidade: é uma matriz diagonal em que os elementos da diagonal principal são unitários. Por exemplo:

$$I_2 = \begin{bmatrix} 1 & 0 \\ 0 & 1 \end{bmatrix} \qquad I_3 = \begin{bmatrix} 1 & 0 & 0 \\ 0 & 1 & 0 \\ 0 & 0 & 1 \end{bmatrix}$$

Matriz transposta: uma matriz é transposta da outra quando os elementos das linhas da primeira (matriz A) são iguais, respectivamente, aos elementos das colunas da segunda (matriz A^t), ou seja, $a_{ij} = a^t_{ji}$. Por exemplo:

$$A = \begin{bmatrix} -1 & 2 & 3 \\ 4 & -5 & 6 \end{bmatrix} \qquad A^T = \begin{bmatrix} -1 & 4 \\ 2 & -5 \\ 3 & 6 \end{bmatrix}$$

Exercícios resolvidos

14. Uma matriz $A_{2\times 3}$ tem seus elementos formados segundo a lei:

$$a_{ij} = \begin{cases} i + 2j & \text{se } i = j \text{ e} \\ i - j^2 & \text{se } i \neq j. \end{cases}$$

A soma dos elementos da segunda linha da matriz transposta de A é:

A) 1
B) 2
C) 3
D) 4
E) 5

Resolução

Temos:

$$A_{2\times 3} = \begin{bmatrix} a_{11} & a_{12} & a_{13} \\ a_{21} & a_{22} & a_{23} \end{bmatrix} = \begin{bmatrix} 1+2 & 1-2^2 & 1-3^2 \\ 2-1^2 & 2-4 & 2-3^2 \end{bmatrix} = \begin{bmatrix} 3 & -3 & -8 \\ 1 & 6 & -7 \end{bmatrix}$$

Então:

$$A^t = \begin{bmatrix} 3 & 1 \\ -3 & 6 \\ -8 & -7 \end{bmatrix}$$

A soma dos elementos da segunda linha é $-3 + 6 = 3$.

Gabarito: C

15. A matriz $A = \begin{bmatrix} a+b & 5b-5 \\ c-3 & 3d+4c \end{bmatrix}$ é uma matriz nula. Então, $a + 2b + 3c + 4d$ é igual a:

A) 0

B) 1

C) 3

D) 6

E) -6

Resolução

Temos:

$5b - 5 = 0 \Rightarrow b = 1$

$a + b = 0 \Rightarrow a + 1 = 0 \Rightarrow a = -1)$

$c - 3 = 0 \Rightarrow c = 3$

$3d + 4c = 0 \Rightarrow 3d + 4(3) = 0 \Rightarrow d = -4$

Então:

$a + 2b + 3c + 4d = -1 + 2(1) + 3(3) + 4(-4) = -6$

Gabarito: e

9.3. Operações com matrizes

Adição e subtração de matrizes

A adição ou a subtração de matrizes é possível apenas com matrizes do mesmo tipo, ou seja, elas precisam ter o mesmo número de linhas e o mesmo número de colunas. Caso esse pré-requisito esteja satisfeito, basta somar os elementos correspondentes. A regra é a mesma para a subtração entre matrizes.

Exemplo: Sejam $A = \begin{bmatrix} -1 & 2 \\ 5 & 10 \\ 7 & -3 \end{bmatrix}$ e $B = \begin{bmatrix} 3 & 4 \\ 11 & -2 \\ 6 & 4 \end{bmatrix}$. Calcule $A + B$ e $B^t - A^t$.

Resolução

$$A = B = \begin{bmatrix} -1 & 2 \\ 5 & 10 \\ 7 & -3 \end{bmatrix} + \begin{bmatrix} 3 & 4 \\ 11 & -2 \\ 6 & 4 \end{bmatrix} = \begin{bmatrix} (-1+3) & (2-4) \\ (5+11) & (10-2) \\ (7+6) & (-3+4) \end{bmatrix} = \begin{bmatrix} 2 & 6 \\ 16 & 8 \\ 13 & 1 \end{bmatrix}$$

$$B^t - A^t = \begin{bmatrix} -1 & 5 & 7 \\ 2 & 10 & -3 \end{bmatrix} - \begin{bmatrix} 3 & 11 & 6 \\ 4 & -2 & 4 \end{bmatrix} = \begin{bmatrix} (-1-3) & (5-11) & (7-6) \\ (2-4) & (10+2) & (-3-4) \end{bmatrix}$$

$$B^t - A^t = \begin{bmatrix} -4 & -6 & 1 \\ -2 & 12 & -7 \end{bmatrix}$$

Multiplicação de uma matriz por um escalar

Para multiplicarmos uma matriz por um número escalar, basta multiplicarmos todos os elementos pelo escalar.

Exemplos:

1. Dado $M=\begin{pmatrix} 2 & -5 & 1 \\ 7 & 3 & -4 \\ 4 & 2 & 6 \end{pmatrix}$, encontre $5M$

Resolução

$$5M=5\cdot\begin{pmatrix} 2 & -5 & 1 \\ 7 & 3 & -4 \\ 4 & 2 & 6 \end{pmatrix}=\begin{pmatrix} 5\cdot 2 & 5\cdot(-5) & 5\cdot 1 \\ 5\cdot 7 & 5\cdot 3 & 5\cdot(-4) \\ 5\cdot 4 & 5\cdot 2 & 5\cdot 6 \end{pmatrix}=\begin{pmatrix} 10 & -25 & 5 \\ 35 & 15 & -20 \\ 20 & 10 & 30 \end{pmatrix}$$

2. Dados $A=\begin{bmatrix} 0 & 3 \\ -7 & 2 \end{bmatrix}$ e $B=\begin{bmatrix} -1 & 6 \\ 2 & -2 \end{bmatrix}$, calcule $A+3B^t$.

Resolução

$$A+B^t=\begin{bmatrix} 0 & 3 \\ -7 & 2 \end{bmatrix}+3\begin{bmatrix} -1 & 2 \\ 6 & -2 \end{bmatrix}=\begin{bmatrix} 0 & 3 \\ -7 & 2 \end{bmatrix}+\begin{bmatrix} -3 & 6 \\ 18 & -6 \end{bmatrix}=\begin{bmatrix} -3 & 9 \\ 11 & -4 \end{bmatrix}$$

Multiplicação entre matrizes

Para entendermos a multiplicação entre duas matrizes, vejamos um exemplo.

Considere as matrizes $A=\begin{bmatrix} 1 & 3 & -2 \\ 4 & -2 & -1 \end{bmatrix}$ e $B=\begin{bmatrix} 3 & -2 \\ 5 & 4 \\ -3 & 6 \end{bmatrix}$. Para obtermos o produto $A\times B$, utilizaremos o seguinte diagrama:

$$B=\begin{bmatrix} 3 & -2 \\ 5 & 4 \\ -3 & 6 \end{bmatrix}$$

$$A=\begin{bmatrix} 1 & 2 & -2 \\ 4 & -2 & -1 \end{bmatrix} \quad \begin{pmatrix} p_{11} & p_{12} \\ p_{21} & p_{22} \end{pmatrix}$$

O elemento p_{11} da matriz-produto é obtido fazendo-se:

$$p_{11}=1\cdot 3+2\cdot 5+(-2)\cdot(-3)=3+10+6=19$$

Para obtermos o valor de p_{12}, fazemos:

$$B = \begin{bmatrix} 3 & -2 \\ 5 & 4 \\ -3 & 6 \end{bmatrix}$$

$$A = \begin{bmatrix} 1 & 2 & -2 \\ 4 & -2 & -1 \end{bmatrix} \begin{pmatrix} 19 & p_{12} \\ p_{21} & p_{22} \end{pmatrix}$$

$$p_{12} = 1 \cdot (-2) + 2 \cdot 4 + (-2) \cdot 6 = -2 + 8 - 12 = -6$$

Da mesma forma, calculamos p_{21} e p_{22}:

$$B = \begin{bmatrix} 3 & -2 \\ 5 & 4 \\ -3 & 6 \end{bmatrix}$$

$$A = \begin{bmatrix} 1 & 2 & -2 \\ 4 & -2 & -1 \end{bmatrix} \begin{pmatrix} 19 & -6 \\ p_{21} & p_{22} \end{pmatrix}$$

$$p_{21} = 4 \cdot 3 + (-2) \cdot 5 + (-1) \cdot (-3) = 12 - 10 + 3 = 5$$

$$p_{22} = 4 \cdot (-2) + (-2) \cdot 4 + (-1) \cdot 6 = -8 - 8 - 6 = -22$$

Assim, temos:

$$\begin{bmatrix} 1 & 3 & -2 \\ 4 & -2 & -1 \end{bmatrix} \cdot \begin{bmatrix} 3 & -2 \\ 5 & 4 \\ -3 & 6 \end{bmatrix} = \begin{bmatrix} 19 & -6 \\ 5 & -22 \end{bmatrix}$$

Com base nesse exemplo, podemos concluir que:

- a multiplicação de duas matrizes só será possível se o **número de colunas da primeira for igual ao número de linhas da segunda**;
- a matriz resultante da multiplicação terá o **número de linhas** da primeira e o **número de colunas** da segunda:

$$A_{m \times p} \cdot B_{p \times n} = (A \cdot B)_{m \times n}$$

a multiplicação de matrizes não é comutativa, ou seja, $A \cdot B \neq B \cdot A$.

Exercícios resolvidos

16. Se as matrizes $A_{3\times3} = a_{ij}$ e $B_{3\times3} = b_{ij}$, tais que

$$\begin{cases} a_{ij} = 1, \text{ se } i = j \\ a_{ij} = 0, \text{ se } i \neq j \end{cases} \text{e} \begin{cases} b_{ij} = 1, \text{ se } i + j = 4 \\ b_{ij} = 0, \text{ se } i + j \neq 4 \end{cases}, \text{então, a matriz } A + B \text{ é:}$$

A) $\begin{bmatrix} 1 & 0 & 0 \\ 0 & 1 & 0 \\ 0 & 0 & 1 \end{bmatrix}$

B) $\begin{bmatrix} 0 & 0 & 1 \\ 0 & 1 & 0 \\ 1 & 0 & 0 \end{bmatrix}$

C) $\begin{bmatrix} 1 & 0 & 1 \\ 0 & 1 & 0 \\ 1 & 0 & 1 \end{bmatrix}$

D) $\begin{bmatrix} 1 & 0 & 1 \\ 0 & 2 & 0 \\ 1 & 0 & 1 \end{bmatrix}$

E) $\begin{bmatrix} 1 & 1 & 0 \\ 0 & 1 & 1 \\ 0 & 1 & 0 \end{bmatrix}$

Resolução

Temos:

$$A = \begin{bmatrix} 1 & 0 & 0 \\ 0 & 1 & 0 \\ 0 & 0 & 1 \end{bmatrix} \text{ e } B = \begin{bmatrix} 0 & 0 & 1 \\ 0 & 1 & 0 \\ 1 & 0 & 0 \end{bmatrix}$$

Portanto:

$$A + B = \begin{bmatrix} 1 & 0 & 1 \\ 0 & 2 & 0 \\ 1 & 0 & 1 \end{bmatrix}$$

Gabarito: d

17. Se $\begin{bmatrix} x & y \\ 2y & 2x \end{bmatrix} - \begin{bmatrix} x^2 & -y^2 \\ y^2 & x^2 \end{bmatrix} = \begin{bmatrix} -6 & 2 \\ -8 & -3 \end{bmatrix}$ então $x \cdot y$ é igual a:

A) -6

B) -5

C) -1

D) 1

E) 6

Resolução

Temos:

$$\begin{cases} x - x^2 = -6 \\ 2x - x^2 = -3 \end{cases} \Rightarrow x = 3 \text{ e } \begin{cases} y + y^2 = 2 \\ 2y - y^2 = -3 \end{cases}$$

Portanto:

$$x \cdot y = 3 \cdot \left(-\frac{1}{3}\right) = -1$$

Gabarito: c

18. Dada a matriz $A = \begin{bmatrix} 5 & 2 \\ 7 & -3 \end{bmatrix}$ temos que $A^t + 2A$ será:

A) $\begin{bmatrix} 15 & 11 \\ 16 & -9 \end{bmatrix}$

B) $\begin{bmatrix} 17 & 1 \\ 19 & -4 \end{bmatrix}$

C) $\begin{bmatrix} 44 & 11 \\ 16 & 20 \end{bmatrix}$

D) $\begin{bmatrix} 15 & 6 \\ 21 & -9 \end{bmatrix}$

E) $\begin{bmatrix} 5 & 7 \\ 2 & -3 \end{bmatrix}$

Resolução

Temos:

$$A^t = \begin{bmatrix} 5 & 7 \\ 2 & -3 \end{bmatrix} \text{ e } 2A = \begin{bmatrix} 10 & 4 \\ 14 & -6 \end{bmatrix}$$

$$A^t + 2A = \begin{bmatrix} 5 & 7 \\ 2 & -3 \end{bmatrix} + \begin{bmatrix} 10 & 4 \\ 14 & -6 \end{bmatrix} = \begin{bmatrix} 15 & 11 \\ 16 & -9 \end{bmatrix}$$

Gabarito: a

19. Considere as matrizes $A = \begin{bmatrix} 1 & -1 \\ 2 & 0 \end{bmatrix}$, $B = \begin{bmatrix} 2 & 1 \\ 0 & 1 \end{bmatrix}$ e $C = \begin{bmatrix} 1 & 2 \\ -1 & 0 \end{bmatrix}$. Então, $AB + C$ é igual a:

A) $\begin{bmatrix} 3 & 0 \\ 1 & 1 \end{bmatrix}$

B) $\begin{bmatrix} 3 & 1 \\ 5 & 3 \end{bmatrix}$

C) $\begin{bmatrix} 1 & 0 \\ 0 & 1 \end{bmatrix}$

D) $\begin{bmatrix} 3 & 1 \\ -1 & 0 \end{bmatrix}$

E) $\begin{bmatrix} 3 & 2 \\ 3 & 2 \end{bmatrix}$

Resolução

Primeiro, vamos calcular o produto $A \cdot B$.

$$\begin{bmatrix} 2 & 1 \\ 0 & 1 \end{bmatrix} = B$$

$$A = \begin{bmatrix} 1 & -1 \\ 2 & 0 \end{bmatrix} \begin{pmatrix} 2 & 0 \\ 4 & 2 \end{pmatrix} = A \cdot B$$

Depois, somamos a matriz C. Assim, temos:

$$AB + C = \begin{bmatrix} 2 & 0 \\ 4 & 2 \end{bmatrix} + \begin{bmatrix} 1 & 2 \\ -1 & 0 \end{bmatrix} = \begin{bmatrix} 3 & 2 \\ 3 & 2 \end{bmatrix}$$

Gabarito: e

Questões

18. Considere a matriz $A = \begin{bmatrix} 1 & 2 \\ 3 & 4 \end{bmatrix}$. O elemento da segunda coluna e da segunda linha da matriz A^3 é igual a:

A) 56
B) 64
C) 118
D) 128
E) 27

Gabarito: c

19. Sendo $A = \begin{bmatrix} 1 & 2 \\ 1 & 3 \end{bmatrix}$ e $B = \begin{bmatrix} -1 & 0 \\ 0 & 1 \end{bmatrix}$, a matriz X que satisfaz a equação $2X = A - 3B$ é:

A) $\begin{bmatrix} \frac{1}{2} & 0 \\ 1 & 1 \end{bmatrix}$

B) $\begin{bmatrix} 4 & 2 \\ 1 & 0 \end{bmatrix}$

C) $\begin{bmatrix} 2 & 1 \\ \frac{1}{2} & 0 \end{bmatrix}$

D) $\begin{bmatrix} -2 & 1 \\ \frac{1}{2} & 0 \end{bmatrix}$

E) $\begin{bmatrix} -2 & -1 \\ -\frac{1}{2} & 0 \end{bmatrix}$

Gabarito: c

20. São dadas as matrizes $A = \begin{bmatrix} x & y \\ z & w \end{bmatrix}$, $B = \begin{bmatrix} x & 6 \\ -4 & 2w \end{bmatrix}$ e $C = \begin{bmatrix} 4 & x+y \\ z+10 & 1 \end{bmatrix}$, sendo $3A = B + C$. Então:

A) $x + y + z + w = 11$
B) $x + y + z + w = 10$
C) $x + y + z + w = 0$
D) $x + y + z + w = -1$
E) $x + y + z + w > 11$

Gabarito: b

21. Dadas as matrizes $A = \begin{bmatrix} 5 & 0 & -3 \\ 1 & -2 & 1 \\ 0 & 0 & -1 \end{bmatrix}$ e $B = \begin{bmatrix} 1 & -1 \\ 0 & 3 \\ 2 & 4 \end{bmatrix}$, o elemento C_{12} da matriz $3A = B + C$ é:

A) −17
B) 7
C) 3
D) −3
E) −6

Gabarito: a

22. Dadas as matrizes $A = [4 \ 0 \ 1]$ e $B = \begin{bmatrix} 1 \\ 6 \\ 2 \end{bmatrix}$, a matriz $C = B \cdot A$ é igual a:

A) $[\,6\,]$

B) $[\,9\,]$

C) $\begin{bmatrix} 4 & 0 & 2 \end{bmatrix}$

D) $\begin{bmatrix} 4 & 0 & 2 \\ 1 & 6 & 2 \end{bmatrix}$

E) $\begin{bmatrix} 4 & 0 & 1 \\ 24 & 0 & 6 \\ 8 & 0 & 2 \end{bmatrix}$

Gabarito: e

23. Uma matriz A é chamada de **simétrica** se $A = A^t$, ou seja, se a matriz é igual a sua transposta.

Considere uma matriz simétrica $A = \begin{bmatrix} a & 2 & -a \\ b & c & d \\ 3 & -1 & -4 \end{bmatrix}$. Então, $a + 2b + 4d$ é igual a:

A) 0

B) 1

C) -2

D) -3

E) -4

Gabarito: d

9.4. Matriz inversa

A **matriz inversa** de uma matriz quadrada A (notação A^{-1}) é uma matriz que satisfaz a condição:

$A \cdot A^{-1} = A^{-1} \cdot A = I$, em que I é a matriz identidade.

Notas:

- Nem toda matriz possui inversa, ou seja, nem toda matriz é invertível.
- Toda matriz inversa é também uma matriz quadrada.
- Se uma matriz A é inversa de B, então B é inversa de A.
- A inversa da inversa de uma matriz A é a própria matriz A, ou seja, $(A^{-1})^{-1} = A$.

Exemplos:

1. Verificar se as matrizes $A = \begin{bmatrix} 3 & 5 \\ 1 & 2 \end{bmatrix}$ e $b = \begin{bmatrix} 2 & -5 \\ -1 & 3 \end{bmatrix}$ são inversas entre si.

Resolução

Vamos multiplicar as duas matrizes e verificar se o resultado é a matriz identidade.

$$\begin{bmatrix} 2 & -5 \\ -1 & 3 \end{bmatrix} = B$$

$$A = \begin{bmatrix} 3 & 5 \\ 1 & 2 \end{bmatrix} \begin{pmatrix} 1 & 0 \\ 0 & 1 \end{pmatrix} = A \cdot B$$

Como $A \cdot B = I$, podemos dizer que as matrizes A e B são inversas entre si.

2. A matriz inversa da matriz $A=\begin{bmatrix} -2 & -5 \\ 2 & 4 \end{bmatrix}$ é:

A) $\begin{bmatrix} 4 & 5 \\ -2 & -2 \end{bmatrix}$

B) $\begin{bmatrix} 2 & -\frac{5}{2} \\ -1 & -1 \end{bmatrix}$

C) $\begin{bmatrix} 1 & -3 \\ 5 & -2 \end{bmatrix}$

D) $\begin{bmatrix} -\frac{1}{2} & -\frac{1}{5} \\ \frac{1}{2} & \frac{1}{4} \end{bmatrix}$

E) $\begin{bmatrix} 2 & 5 \\ -2 & -4 \end{bmatrix}$

Resolução

Considere a matriz inversa $A^{-1}=\begin{bmatrix} x & y \\ z & w \end{bmatrix}$. Então, temos:

$$\begin{bmatrix} x & y \\ z & w \end{bmatrix}=A^{-1}$$

$$A=\begin{bmatrix} -2 & -5 \\ 2 & 4 \end{bmatrix}\begin{bmatrix} 1 & 0 \\ 0 & 1 \end{bmatrix}=I$$

Do produto, concluímos que:

$$\begin{cases} -2x-5z=1 \\ 2x+4z=0 \end{cases} \Rightarrow z=-1 \text{ e } x=2$$

$$\begin{cases} -2y-5w=0 \\ 2y+4w=1 \end{cases} \Rightarrow w=-1 \text{ e } y=-\frac{5}{2}$$

Então:

$$A^{-1}=\begin{bmatrix} 2 & -\frac{5}{2} \\ -1 & -1 \end{bmatrix}$$

Gabarito: b

9.5. Determinantes

Determinante é um número real associado a uma matriz quadrada, por meio de uma função matricial. Esse número pode revelar várias características associadas à matriz.

Representamos o determinante de uma matriz escrevendo "det" na frente da matriz ou com os elementos da matriz entre barras verticais.

$$\det\begin{bmatrix} 1 & 2 \\ -3 & 4 \end{bmatrix} \text{ ou } \begin{bmatrix} 1 & 2 \\ -3 & 4 \end{bmatrix}$$

Notas:

- Somente as matrizes quadradas possuem determinantes.
- Se o determinante é nulo, a matriz não é invertível.
- A partir da matriz quadrada, pode-se calcular o seu determinante, mas o caminho contrário não é possível, ou seja, não se pode chegar à matriz a partir do valor do determinante.

Cálculo do determinante de ordem 1 (matriz 1×1)

O valor do determinante de ordem 1 é o próprio valor do elemento na matriz.

Exemplo:

$$\det[-3] = -3$$

Cálculo do determinante de ordem 2 (matriz 2×2)

O valor do determinante de uma matriz de ordem 2 é calculado multiplicando-se os elementos da diagonal principal e subtraindo-se o produto dos elementos da diagonal secundária.

Exemplo:

$$\begin{vmatrix} 2 & -1 \\ 3 & 4 \end{vmatrix} = 2 \cdot 4 - (-1) \cdot 3 = 8 + 3 = 11$$

$-$ $+$

Cálculo do determinante de ordem 3 (matriz 3×3)

Para o determinante de ordem 3, utilizaremos a regra de Sarrus.

Exemplo:

Dada uma matriz quadrada 3×3:

$$A = \begin{bmatrix} 2 & -1 & 3 \\ 1 & -2 & 4 \\ -3 & 2 & 5 \end{bmatrix}$$

Vamos reescrever as duas primeiras colunas no lado direito da matriz, na ordem em que aparecem:

$$\left[\begin{array}{ccc} 2 & -1 & 3 \\ 1 & -2 & 4 \\ -3 & 2 & 5 \end{array}\right]\begin{array}{cc} 2 & -1 \\ 1 & -2 \\ -3 & 2 \end{array}$$

Agora traçaremos uma flecha na diagonal principal e mais duas paralelas sobre os elementos à direita. Multiplicamos os valores em cada flecha e anotamos os valores dos produtos:

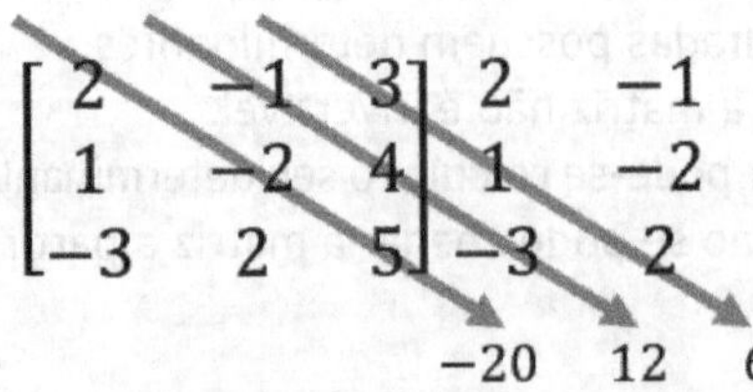

Em seguida, fazemos o mesmo com os elementos da diagonal secundária. Mas, desta vez, antes de escrevermos os resultados dos produtos, trocamos o sinal:

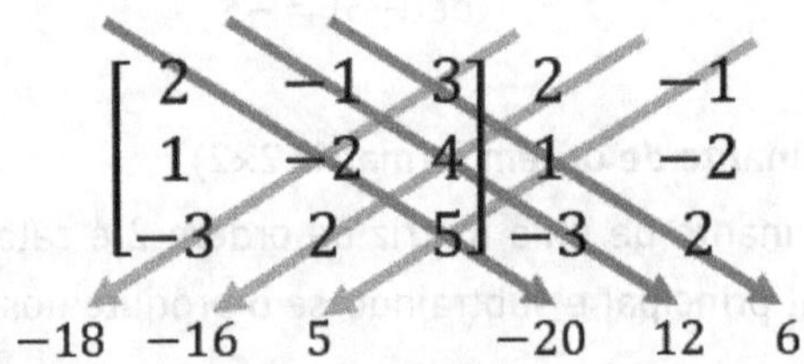

Para o cálculo do determinante, basta somarmos os resultados. Assim:

$$\det A = -18 - 16 + 5 - 20 + 12 + 6 = -54 + 23 = -31$$

9.5.1. Principais propriedades dos determinantes

Fila nula

Se a matriz possui uma linha ou coluna de "zeros", o determinante é nulo.

Exemplos:

$$\begin{vmatrix} -2 & 0 \\ 5 & 0 \end{vmatrix} = 0$$

A segunda coluna é nula ($C_2 = 0$)

$$\begin{vmatrix} 3 & 1 & 5 \\ 0 & 0 & 0 \\ 6 & -2 & 2 \end{vmatrix} = 0$$

A segunda linha é nula ($L_2 = 0$).

Filas paralelas iguais ou filas paralelas proporcionais

Se a matriz possui duas filas paralelas iguais ou proporcionais, o seu determinante é nulo.

$$\begin{vmatrix} 4 & 2 & -1 \\ 4 & 2 & -1 \\ 5 & -3 & 2 \end{vmatrix} = 0$$

As duas primeiras linhas são proporcionais ($L_1 = L_2$)

$$\begin{vmatrix} 1 & 2 & 9 \\ 3 & 6 & 5 \\ -5 & -10 & 3 \end{vmatrix} = 0$$

As duas primeiras colunas são proporcionais ($C_2 = 2C_1$).

Combinação linear entre filas paralelas

Se uma fila é combinação linear entre duas ou mais filas paralelas a ela, o determinante é nulo.

Exemplos:

$$\begin{vmatrix} 2 & 4 & -6 \\ -3 & 5 & 2 \\ -1 & 9 & -4 \end{vmatrix} = 0$$

Existe combinação linear entre as três linhas ($L_3 = L_1 + L_2$).

$$\begin{vmatrix} 2 & 5 & 1 & 4 \\ -1 & 4 & 3 & 5 \\ 3 & -2 & -4 & -5 \\ 7 & 8 & 5 & 17 \end{vmatrix} = 0$$

Existe combinação linear entre a 1ª, a 3ª e a 4ª coluna ($C_4 = C_1 + 2C_3$).

Determinante da matriz transposta

A matriz transposta possui determinante igual à matriz original.

$$\det A^t = \det A$$

Exemplo:

$$\begin{vmatrix} 1 & 3 & -5 \\ 6 & 2 & b \\ -2 & k & 3 \end{vmatrix} = \begin{vmatrix} 1 & 6 & -2 \\ 3 & 2 & k \\ -5 & b & 3 \end{vmatrix}$$

Troca de filas

Se trocarmos duas filas paralelas de lugar, trocaremos o sinal do determinante.

Exemplos:

$$\begin{vmatrix} 2 & 4 & 3 \\ 1 & 3 & 7 \\ -3 & 5 & 1 \end{vmatrix} = -\begin{vmatrix} 4 & 2 & 3 \\ 3 & 1 & 7 \\ 5 & -3 & 1 \end{vmatrix}$$

$$\begin{vmatrix} a & b & c \\ d & e & f \\ g & h & i \end{vmatrix} = -\begin{vmatrix} g & h & i \\ d & e & f \\ a & b & c \end{vmatrix} = \begin{vmatrix} g & i & h \\ d & f & e \\ a & c & b \end{vmatrix}$$

Fator comum em uma fila

Poderemos fatorar o determinante se houver um fator comum entre os elementos de uma fila.

Exemplo:

$$\begin{vmatrix} 1 & 18 & 3 \\ -2 & 54 & -1 \\ 1 & -36 & 1 \end{vmatrix} = \begin{vmatrix} 1 & \mathbf{18}\cdot 1 & 3 \\ -2 & \mathbf{18}\cdot 3 & -1 \\ 1 & \mathbf{18}\cdot(-2) & 1 \end{vmatrix} = \mathbf{18}\cdot\begin{vmatrix} 1 & 1 & 3 \\ -2 & 3 & -1 \\ 1 & -2 & 1 \end{vmatrix}$$

Então, como $\begin{vmatrix} 1 & 1 & 3 \\ -2 & 3 & -1 \\ 1 & -2 & 1 \end{vmatrix} = 5$, concluímos que:

$$\begin{vmatrix} 1 & 18 & 3 \\ -2 & 54 & -1 \\ 1 & -36 & 1 \end{vmatrix} = 18\cdot 5 = 90.$$

Determinante de uma matriz multiplicada por um escalar [det (kA)]

Quando multiplicamos uma matriz A, quadrada de ordem n, por um escalar k, temos:

$$\det(kA) = k^n \cdot \det A$$

Exemplo: A matriz M é quadrada de 4ª ordem e $\det M = -3$. Calcule o determinante de $2M$.

Resolução

Segundo o enunciado, $n = 4$ e $k = 2$. Então:

$$\det(2 \cdot M) = 2^{1} \cdot \det M = 16 \cdot (-3) = -48$$

Determinante do produto de matrizes (teorema de Binet)

O determinante do produto de duas matrizes quadradas é igual ao produto dos determinantes dessas mesmas matrizes.

$$\mathbf{\det(AB) = \det A \cdot \det B}$$

Exemplo: Dadas duas matrizes $\begin{bmatrix} 1 & 3 \\ 2 & -1 \end{bmatrix}$ e $\begin{bmatrix} 3 & -2 \\ 1 & 1 \end{bmatrix}$, podemos calcular os determinantes de cada uma delas e multiplicar os resultados.

$$\det\begin{bmatrix} 1 & 3 \\ 2 & -2 \end{bmatrix} = -2 - 6 = -8$$

$$\det\begin{bmatrix} 3 & -2 \\ 1 & 1 \end{bmatrix} = 3 + 2 = 5$$

$$\det\begin{bmatrix} 1 & 3 \\ 2 & -2 \end{bmatrix} \cdot \det\begin{bmatrix} 3 & -2 \\ 1 & 1 \end{bmatrix} = -8 \cdot 5 = -40$$

Podemos também multiplicar as matrizes e depois calcular o determinante.

$$\begin{bmatrix} 1 & 3 \\ 2 & -2 \end{bmatrix} \cdot \begin{bmatrix} 3 & -2 \\ 1 & 1 \end{bmatrix} = \begin{bmatrix} 3+3 & -2+3 \\ 6-2 & -4-2 \end{bmatrix} = \begin{bmatrix} 6 & 1 \\ 4 & -6 \end{bmatrix}$$

$$\det\begin{bmatrix} 6 & 1 \\ 4 & -6 \end{bmatrix} = -36 - 4 = -40$$

O resultado é o mesmo.

Determinante da matriz inversa

O determinante da matriz inversa é igual ao inverso do determinante da matriz original:

$$\det(A^{-1}) = \frac{1}{\det A}$$

Nota:

se o determinante da matriz for nulo, ela não admitirá a matriz inversa, ou seja, ela não será invertível.

Exemplos:

1. Calcule o valor de k para que a matriz $\begin{vmatrix} 2 & -3 \\ 5 & k \end{vmatrix}$ não seja invertível.

Resolução

A matriz não será invertível se o seu determinante for zero. Assim:

$$\begin{vmatrix} 2 & -3 \\ 5 & k \end{vmatrix} = 0 \Rightarrow 2k - (-15) = 0 \Rightarrow k = -\frac{15}{2}$$

Gabarito: para $k = -\frac{15}{2}$, a matriz não admite inversa.

2. Se A é uma matriz quadrada invertível, o valor de $\det(A^t) \cdot \det(A^{-1})$ é igual a:

A) $\sqrt{2}$

B) 1

C) 2

D) $2\sqrt{2}$

E) 0

Resolução

Sabemos que $\det(A^t) = \det A$ e $\det(A^{-1}) = \dfrac{1}{\det A}$. Então,

$$\det(A^t) \cdot \det(A^{-1}) = \det A \cdot \frac{1}{\det A} = 1$$

Gabarito: b

Questões

24. Dadas as matrizes $A = \begin{bmatrix} 1 & 2 \\ 0 & 1 \\ 1 & 1 \end{bmatrix}$ e $B = \begin{bmatrix} 0 & 1 & 2 \\ 1 & 1 & 1 \end{bmatrix}$, o valor de $\det(AB)$ é:

A) 0

B) 1

C) 2

D) 3

E) incalculável, pois A e B não são matrizes quadradas.

Gabarito: a

25. O módulo do determinante da matriz $\begin{bmatrix} 1 & 3 & 4 \\ 0 & -1 & \frac{1}{3} \\ -2 & 5 & 1 \end{bmatrix}$ é:

A) $\dfrac{38}{3}$

B) $\dfrac{28}{3}$

C) $\dfrac{38}{9}$

D) $\dfrac{38}{11}$

E) 38

Gabarito: a

26. O conjunto-solução para a equação $\begin{bmatrix} 1 & 2 & -1 \\ 0 & 1 & x \\ 1 & x & -1 \end{bmatrix} = 1$ é:

A) $\{1\}$

B) $\{-1\}$

C) $\{-1; 1\}$

D) $\mathbb{R}$

E) $\emptyset$

Gabarito: a

27. O determinante de uma matriz é 40. Multiplicando-se a primeira coluna dessa matriz por 3 e dividindo a terceira por 6, o determinante da nova matriz vale:

A) 80
B) 20
C) 0,5
D) 2
E) 1

Gabarito: b

28. Seja a matriz $\begin{bmatrix} 1 & 2 & 1 \\ 0 & -1 & 0 \\ 2 & 0 & 3 \end{bmatrix}$ e uma matriz B também quadrada de ordem 3. Se $\det(AB) = 8$, podemos afirmar que:

A) $\det B = -1$
B) $\det B = 0$
C) $\det B = 8$
D) $\det B = -8$
E) $\det B = 1$

Gabarito: d

29. Se $A = \begin{bmatrix} 2 & 1 & 1 \\ 3 & 1 & 2 \\ 1 & -1 & 0 \end{bmatrix}$ e $f(x) = -x^2 - x - 1$, então $f\left(-\frac{1}{\det A}\right)$ vale:

A) $-\frac{1}{4}$
B) $-\frac{3}{4}$
C) $-\frac{5}{4}$
D) -3
E) 1

Gabarito: b

30. A e B são matrizes quadradas de ordem 3 e $B = k \cdot A$. Sabendo-se que $\det A = 1{,}5$ e $\det(B^t) = 96$, então:

A) $k = 64$
B) $k = 1$
C) $k = \frac{1}{4}$
D) $k = \frac{3}{2}$
E) $k = 4$

Gabarito: e

31. Se $\begin{vmatrix} (a+b) & (a-b) & 0 \\ (a-b) & (a+b) & 0 \\ 2a & 2b & 1 \end{vmatrix} = 400$, então $\log a + \log b$ é igual a:

A) 1

B) 2

C) 10

D) 100

E) 1000

Gabarito: b

32. A matriz $A = \begin{bmatrix} x & 0 & 0 \\ 1 & 2 & 0 \\ -6 & 3 & \sqrt{2} \end{bmatrix}$ é tal que $\det A = \dfrac{2}{x}$. Então, x vale:

A) $\dfrac{1}{32}$

B) $\dfrac{1}{2}$

C) $\dfrac{1}{5}$

D) 5

E) 32

Gabarito: b

33. Se o determinante da matriz $\begin{vmatrix} \frac{1}{4} & \frac{1}{8} & 1 \\ 3 & -\frac{1}{6} & \frac{3}{4} \\ -1 & -\frac{1}{2} & -4 \end{vmatrix}$ é igual a $6 - \dfrac{3k-2}{5} - k$, então o valor de k é:

A) 1

B) 4

C) 9

D) 19

E) 24

Gabarito: b

34. Se $\begin{vmatrix} 1! & 3! \\ 2! & a \end{vmatrix} = 0$, então:

A) $a = 0$

B) $a = 1$

C) $a = 6$

D) $a = 12$

E) $a = 4!$

Gabarito: a

35. Sejam as matrizes $X = \begin{bmatrix} 4 & 6 & -1 & 3 \\ 0 & -1 & 2 & 1 \end{bmatrix}$ e $Y = \begin{bmatrix} 1 & 2 \\ -1 & 1 \\ 1 & 6 \\ 2 & 3 \end{bmatrix}$. O valor do determinante da matriz $X \cdot Y$ é:

A) 0

B) 1

C) −42

D) −43

E) −1

Gabarito: d

Regra prática para inversão de matriz 2×2

Para invertermos uma matriz $A = \begin{bmatrix} a_{11} & a_{12} \\ a_{21} & a_{22} \end{bmatrix}$ (quadrada, de ordem 2), podemos utilizar a fórmula:

$$A^{-1} = \frac{1}{\det A}\begin{bmatrix} a_{22} & -a_{12} \\ -a_{21} & a_{11} \end{bmatrix}$$

Exemplo: Encontre a inversa da matriz $M = \begin{bmatrix} 8 & -3 \\ 2 & -1 \end{bmatrix}$.

Resolução

Primeiro calculamos $\det M = 8 \cdot (-1) - 2 \cdot (-3) = -2$.

Assim:

$$M^{-1} = \frac{1}{\det M} \cdot \begin{bmatrix} -1 & 3 \\ -2 & 8 \end{bmatrix} = -\frac{1}{2}\begin{bmatrix} -1 & 3 \\ -2 & 8 \end{bmatrix}$$

$$M^{-1} = \begin{bmatrix} \frac{1}{2} & -\frac{3}{2} \\ 1 & -4 \end{bmatrix}$$

Questões

36. A inversa da matriz $A = \begin{bmatrix} 8 & -2 \\ 3 & -1 \end{bmatrix}$ é $A^{-1} = \begin{bmatrix} x & -1 \\ y & z \end{bmatrix}$. Então, $x + y + z$ é igual a:

A) −1

B) −2

C) 0

D) 1

E) 2

Gabarito: b

37. Sejam as matrizes $A = \begin{bmatrix} 2 & 3 \\ 1 & 1 \end{bmatrix}$ e $B = \begin{bmatrix} -1 & 3 \\ 5 & 2 \end{bmatrix}$.

Então, a matriz $A^{-1} + B^t$ é igual a:

A) $\begin{bmatrix} 1 & 0 \\ 0 & 1 \end{bmatrix}$

B) $\begin{bmatrix} 0 & 8 \\ 4 & 0 \end{bmatrix}$

C) $\begin{bmatrix} 1 & 4 \\ 8 & 1 \end{bmatrix}$

D) $\begin{bmatrix} 8 & 0 \\ 0 & 4 \end{bmatrix}$

E) $\begin{bmatrix} 0 & 1 \\ 1 & 0 \end{bmatrix}$

Gabarito: C

38. Para que a matriz $M = \begin{bmatrix} 1 & 2 \\ 3 & k \end{bmatrix}$ admita inversa, devemos ter:

A) $k \neq 0$

B) $k \neq 1$

C) $k \neq 6$

D) $k \neq -6$

E) $k \neq -1$

Gabarito: C

Nota: